宪政论丛

行政特许的私法分析

Administrative Franchise in Civil Law Perspective

王智斌 著

北京大学出版社

图书在版编目(CIP)数据

行政特许的私法分析/王智斌著.—北京:北京大学出版社,2008.11
(宪政论丛)
ISBN 978-7-301-14269-1

Ⅰ.行…　Ⅱ.王…　Ⅲ.私法-研究　Ⅳ.D90

中国版本图书馆 CIP 数据核字(2008)第 144293 号

书　　名:行政特许的私法分析
著作责任者:王智斌　著
责 任 编 辑:杨立范　王建君
标 准 书 号:ISBN 978-7-301-14269-1/D·2138
出 版 发 行:北京大学出版社
地　　址:北京市海淀区成府路 205 号　100871
网　　址:http://www.pup.cn
电　　话:邮购部 62752015　发行部 62750672　编辑部 62752027
出版部 62754962
电 子 邮 箱:law@pup.pku.edu.cn
印　刷　者:三河市新世纪印务有限公司
经　销　者:新华书店
650 毫米×980 毫米　16 开本　15.5 印张　250 千字
2008 年 11 月第 1 版　2008 年 11 月第 1 次印刷
定　　价:32.00 元

序

2003年8月27日，我国通过了《行政许可法》，确立了在行政许可领域个人自治优先、市场优先、自律优先与事后机制优先的原则。这一立法价值取向使《行政许可法》获得了高度评价和广泛赞誉。按照《行政许可法》的规定，行政特许是适用于有限自然资源开发利用、公共资源配置以及直接关系公共利益的特定行业的市场准入等需要赋予特定权利的许可，是行政许可的一种特殊类型。2007年3月16日通过的《物权法》规定了属于国家所有的自然资源，并将依法取得的建设用地使用权、海域使用权、探矿权、采矿权、取水权、养殖权、捕捞权确立为用益物权，在民事基本法中明确了适用行政特许的自然资源的范围以及经行政特许取得的自然资源使用权的用益物权性质。《行政许可法》和《物权法》的相关规定为我国行政特许制度勾勒了基本框架。

我国是以社会主义公有制为经济基础的国家，矿藏、水流、海域、无线电频谱资源属于国家所有，土地、森林、草原、滩涂、荒地等自然资源基本上属于国家所有，因此，行政特许在我国具有特别重要的意义。然而，囿于我国传统行政体制的影响，《行政许可法》和《物权法》的规定不甚完备，相关法律法规不配套，理论研究不足，特别是传统行政管理观念的顽强表现等多方面的原因，《行政许可法》实施过程中发生了一些背离立法精神的问题。这些问题的存在，不仅影响了行政特许制度的有效实施和功能发挥，而且衍生了行政不当干预民事、公权侵害私权、人为制造垄断、妨碍市场开放和公平竞争等弊害，直接影响到我国经济体制改革的成败。因此，加强对行政特许制度的理论研究，实在是我国法学界的时代课题。

《行政许可法》的颁布，极大地推动了我国学习和研究行政许可理论的热潮。但是，无论是在行政法学领域还是在民法学领域，都尚未见将行政特许作为一项专门制度进行系统理论研究的著述。行政特许是行政法上的一项制度，但是，其许可对象作为一类重要的财产，又是民法的调整对象，行政特许的法律效果则是被许可人依法取得使用自然资源和公共资源的民事权利。因此，行政特许制度的设计、运作既要遵循行政法的原则、理念，又要与私法自治的理念和民法的有关制度相契合。正是在这个意义上，从私法的视角对行政特许制度进行系统研究不但具有合理性，而且具有必要性。显而易见，这是一个横跨公法和私法两个领域，难度很大且前期理论研究成果相对匮乏的课题。王智斌同志知难而上，选择这个具有挑战性的时代课题进行研究，勇气可嘉。

王智斌同志于 1996 年获得民法硕士学位，具有良好的法学素养和扎实的民法理论功底，毕业后从事了多年的地方立法工作，积累了丰富的法治实践经验，并在公私法结合研究方面作了一些探索，取得了一些富有理论和实践意义的成果。2004 年，王智斌同志以优异成绩考取西南政法大学民商法专业博士研究生之后，根据她的知识结构和工作经验，我就建议她将民法和行政法的结合作为自己的研究方向，并相互取得共识。之后，她即开始了艰苦的理论准备和资料收集工作。通过三年的奋力拼搏，终于完成了其博士论文《行政特许的私法分析》。该博士论文受到评阅人和答辩委员的一致好评，本书就是在其博士论文的基础上形成的。

本书首次从私法视角对行政特许制度进行了全面、系统的研究，在行政特许的理论中引入了私法的理念，并在私法的理论框架中对行政特许的客体、功能、法律构造、特许权的法律性质和地位等基本问题进行了深入的探讨和理论构建，形成了一个较为完整的行政特许理论体系。在此基础上，对我国行政特许立法和实践的改进和完善提出了建设性的构想和建议。这些研究成果对完善我国行政特许法律体系有重要的参考价值，对改进我国目前行政特许的实践也将产生积极的影响。本书在实现公法与私法研究之间的互动互融方面作出了可喜的探索，甚至可以说开辟了一个新的研究领域，创造了一种新的研究方法。对于行政法学的研究现状我不敢妄加评论，但就民法学的研究而言，系统地研究公法或其某项制度对民事权利的影响和意义或者反过来民法的理论和制度应当如何在公法中发挥作用这样的成果确实罕见。市民社会是一个统一的整体，规范市民社会生活的法律应当协调一致，相互配合，共同为实现法律的调整目标服务。但是，学科的划分使学者们画地为牢,不同学科的学者之间鸡犬之声相闻,老死不相往来,严重制约了法学的整体发展水平和法律对社会生活的调整能力。《行政特许的私法分析》一书在跨学科研究方面进行了大胆的探索并初战告捷,这对我们具有示范意义。从这个意义上说,本书在研究领域和方法方面的创新意义甚至超过其具体的学术理论贡献。

许明月教授认为本书"在很大程度上丰富并更新了我国行政许可制度的法学理论体系,并可能在学术界引起广泛的学术争鸣"。但愿许教授的预言成真!认真的争鸣是学术进步的催化剂,更何况本书毕竟是一个初出茅庐的青年学者的创新之作,有些观点需要进一步深入分析论证,有些观点可能值得商榷或者将被否定。其实这些都不重要,重要的是作者所研究的问题能够引起重视和争鸣,在争鸣中,作者和所有参与争鸣的人都将得到提高,中国的法学研究也将在这种争鸣中不断进步,日益成熟起来。我们期待着这种局面早日到来。

看到学生的进步,是老师最大的快乐,分享学生的成功,是老师最大的幸福。当王智斌请我为她的新书作序时,我非常高兴,欣然应允,并将我对这本书和王智斌本人的一些感受写在前边。

谨此为序。

张玉敏

2008 年春

导　读

本书首次对行政特许制度进行了系统研究。现行法上,行政特许是指对“有限自然资源开发利用、公共资源配置以及直接关系公共利益的特定行业的市场准入等需要赋予特定权利的事项”由政府依法定的条件和程序确定并将权利授予特定主体的制度(《行政许可法》第12条第2项)。行政特许是配置资源的重要制度,具有以下三个方面的基本作用:(1)配置稀缺资源,解决市场囿于其自身的局限所无法解决的“公共物品的悲剧”问题;(2)相对公平地配置稀缺资源,从而保障市场的公平竞争和市场主体的合法权益;(3)对于获得许可的个人,其权利受到法律保护,任何人不得侵犯。在社会主义市场经济体制中,行政特许在资源配置领域发挥着越来越重要的作用。与行政特许制度所具有的重要性相比,当前我国行政特许的立法、法学理论研究和实践尚未形成完整有序的体系,尤其是作为传统公法制度的行政特许不足以达到有效配置资源、保护公民应有的权利和自由的目的。为此,本书在私法的理论框架中对行政特许作了系统研究。重点研究了行政特许的概念、客体、功能、构造以及经行政特许取得之特许权的性质和地位,初步形成了较完整的行政特许理论体系,并提出了完善我国行政特许立法的构想和改进行政特许实践的建议。

全书分为三部分,除引论外,共九章。第一章至第六章为本论,着重在理论上解决三个问题:(1)哪些有限资源应由行政特许配置;(2)以什么方式来公平配置;(3)被许可人取得的是什么样的权利。第七章为应用论,运用行政特许的基础理论,以出租车经营权为例进行实证分析。第八章、第九章为建构论,分析《行政许可法》中与行政特许相关的制度及其缺憾,提出完善相关法律的建议。

引论部分,旨在说明研究的目的、意义和思路。概要介绍行政特许的内涵、特征和作用，通过论述当前在行政特许制度中存在的问题及危害，分析其成因，指出对行政特许进行私法分析的必要性和迫切性。在此基础上提出研究解决问题的思路。

第一章通过与民事许可的比较，考察行政特许的概念。民事许可通常为财产权许可，如专利权许可和特许经营。民事许可的双方当事人法律地位平等，完全适用私法自治原则，许可的权利基础是私人财产权，从而区别于许可方恒定为国家，以国家治权为基础的行政许可。本书认为，行政许可包括两种类型，即财产权许可和行为自由许可。行政特许与一般许可相对，作为说明概念，是对《行政许可法》第 12 条第 2 项内容的概括，即有限自然资源开发利用、公共资源配置以及直接关系公共利益的特定行业的市场准入等需要赋予特定权利的事项。作为工具概念，是指行政许可中的财产权许可，一般许可为行为自由许可。本章指出，国家身份具有特殊性，既可以是公法主体，也可以充当民事主体。当国家基于其财产权作出许可时，是民事许可还是行政许可，取决于国有财产是私产还是公产。

本章首次对行政特许进行了理念类型化，这一理论创见有助于把握行政特许的本质。

第二章从行政法与民法关于公产的论争入手，分析行政特许的客体。根据财产使用目的的不同，国家掌握的财产可分为国家公产与国家私产。国家公产是直接供公众和公务使用的财产。国家私产是不直接供公众和公务使用而作为财政收入目的使用的财产。公产具有在公共使用期间所有权不可转让且不受时效约束的特点。在公产应受何种法律支配的问题上，有一元论和二元论之分。一元论以法国为代表，主张公产仅适用公法。二元论以德国为代表，主张公产既适用公法也适用私法。本书提出，我国应以二元论为基础建立国家公产制度。行政特许的客体为供特别独占使用的共用公产。据此，政府基于其私产所作的许可为民事许可，需经公产管理者许可才能进行公共利用的许可为普通行政许可，政府对共用公产的特别独占使用许可为行政特许。

本章根据我国国有自然资源所有权的意义和特点将其界定为公产，实现了行政特许客体的统一，同时消除了以往民法理论以一元论为前提将国有自然资源界定为私产带来的理论矛盾及与行政法理论的冲突。

第三章以知识产权的经济分析为进路，分析行政特许的功能。知识产权与行政特许都是国家法律直接规定的一种垄断利用权，但具有不同的功能：知识产权通过国家赋予私人产权形成纯公共物品（知识产品）的生产激励并内化正外部性。行政特许通过私人产权的界定配置拥挤的公共物品（特定的国家公产）并将负外部性内部化。知识产权的申请和注册程序不是行政许可而是对民事权利进行确认的行政行为。本章指出，不同类型的资源为资源配置政策提供了考量因素，自然资源只有如何分配的问题，制度资源则有是否应有此资源以及如应有此资源又如何分配的双重问题。广义的有限公共资源属于制度资源，为保障公民的权利和自由，要求对设定行政特许的合理性进行实体论证并有相应的程序保障。

本章首次对有限公共资源的含义进行了界定，有利于明确行政特许的适用范围。本书指出，有限公共资源具有广义与狭义两种意义。狭义是指自然资源以外的人工共用公产。广义上是指成立于人工共用公产、垄断行业的市场准入机会之上具有数量限制的行政许可本身。本章还首次提出了行政特许与有数量限制的普通许可的区别在于是否建立在特定公产之上。

第四章通过对行政特许中契约关系的审视，分析行政特许的构造。本书认为，行政特许具有两阶段的法律构造，即第一阶段由国家作为公共管理者准许相对人利用特定资源，第二阶段由国家作为资源所有者向被许可人转让财产权利。基于这一构造，为更好地体现公平与公正，维护交易安全，在《行政许可法》规定的行政特许应通过招标、拍卖等公平竞争方式作出决定外，还应完善以下两项配置制度：一是将民事合意作为授予行政特许的必经程序，即行政机关在通过公平竞争程序确定被许可人后，应与其签订协议，具体约定资源的开发利用方式、期限、有偿使用费、违约责任等内容；二是将登记作为授予行政特许的必须程序。

本章首次提出应建立统一的行政特许授予制度，完善了行政特许的配置机制。本章指出，已有法律法规对行政特许事项的配置仍以公法审批方式为主，无法达到有效配置资源的目的，应按《行政许可法》要求的公平竞争程序进行修改。

第五章在公权私权的语境下，分析特许权的性质。本书认为，财产权是具有经济价值的权利。财产权包括公法上的财产权和私法上的财产权，但公法上的财产权并不都是公权，基于公法产生而被赋予私法效力的财产权属于私权。特许权即是一种基于公法产生而被赋予私法效力的财产权。特许权的授予在程序上具有行政和民事双重性，但权利内容为私权，同时，因其事关社会公共利益，故在取得、转让、行使等诸多方面被课以种种公法上的义务，因而又具有某种公权属性。

本章探讨了行政特许的可转让性问题。指出行政特许的可转让性是基于其着眼于对物的开发利用条件而不具备人身属性，并与招标拍卖方式相配套。而目前我国的相关立法多与此原则不符，应予修改。

第六章以物权债权二元结构为背景，分析特许权的地位。在大陆法系财产权所具有的物权与债权、所有权与他物权、用益物权与担保物权的二元结构中，自然资源特许权的客体为他人所有的物且具有特定性，应定位于用益物权。对于以权利为客体的行政特许经营权，借用物权法上的体系化技术，应定位于"准物权"。在物权法定原则及物权法定主义缓和的潮流下，特许权具有用益性，为基础物权，应实行法定主义。现代公示系统的进步，为特许权从债权上升为物权提供了支持。在《物权法》中应当确立各类自然资源特许物权，并规定兜底条款，同时规定以权利为客体的无形物准用物权法的规定，在此前提下，特许物权法定之"法"可放宽到行政法规与地方性法规。

本章反思了传统财产权理论和体系，将自然资源特许权定位于用益物权，将政府授予的特许经营权定位于"准物权"，并提出在《物权法》将行政特许权的基本类型法定的前提下，可将物权法定的法源放宽，这有利于适应我国经济发展的需要生成新型物权。

第七章运用行政特许的基础理论，对出租车经营许可进行剖析。本书认为对出租车实行数量管制是必要的。由于数量限制，出租车经营权就成为政府掌握的一种有限公共资源。对这种有限公共资源的配置，以审批出租车经营主体，由其所属车辆进行营运的配置模式，必然衍生出分配不公、许可与社会需求脱节等诸多矛盾和弊端。对出租车经营许可应按行政特许的机制来配置，即以招标、拍卖等有偿竞争方式发放附有期限的许可，并允许转让出租车经营许可证。

本章分析、反思了当前北京等地出租车管理中产生矛盾的内在因素，对我国城市出租车行业的管理提出了改革建议。

第八章以私法为视角，研究行政许可法中的制度创新与缺憾。"听证程序"、"信赖保护"以及"拍卖招标"方式发放特许是《行政许可法》的三大制度创新。本书认为,听证程序为行政权力与公民权利之间的良性互动提供了制度渠道,但立法中存在听证程序的规定不全面的问题。在特许权的配置中引入招标、拍卖等公平竞争的市场化方式,在具有遏制腐败、优化资源配置的同时,存在特许配置方式过于单一,特许范围不明,特许条件不当的问题。信赖利益补偿制度的确立赋予了行政许可以财产权利属性,但原则上禁止许可转让的规定,仍延续了传统上许可的行政配置属性看法。此外,利益补偿还存在法律依据不明的问题。这些立法中的缺憾都势必增加实践中的困惑和法律实施的难度。

第九章在前面章节研究的基础上,提出完善行政特许制度的建议。较完善的行政特许制度应当具备规范的法律形式,并能有效地配置资源。为从制度安排上达到行政特许的理想效果,我国应当逐步建立公私法兼容的行政特许制度,即以二元论为基础完善行政特许客体的种类范围,在方式上结合运用公法手段和私法手段,在权利保护上建立公法私法兼容的制度体系。以此为目标,本章针对当前行政特许领域存在的诸多问题,提出了对《物权法》、《行政许可法》、自然资源保护以及公用事业方面法律法规的完善建议。

本书首次从私法的视角对行政特许制度进行了全面、系统的研究,在行政特许理论中引入私法理念,并在私法的理论框架中对行政特许的主体、客体、权利性质和内容以及权利取得的条件、程序进行了系统分析和理论构建。实现了民法学与行政法学研究成果之间的互动与互融,进一步丰富和完善了行政法和民法理论,填补了我国行政特许理论研究方面的空白。无论是研究的全面性、系统性,还是以私法为视角的研究方法,均属首创。

在研究过程中,本书不仅从实践中总结和提炼了行政特许领域存在的一系列疑难问题,而且尝试作了解答,研究成果富有创新性、开拓性和实用性。本书在理论层面和制度层面的创新点主要有:一是在行政特许的定义方面,受民事许可的启发,将行政特许界定为财产权许可,完成了对行政特许的理念类型化。二是在行政特许的范围方面,界定了有限公共资源的含义,提出了行政特许与有数量限制的普通许可的区分标准。三是在行政特许的客体方面,提出应以二元论为基础建立国家公产制度,在此前提下将国有自然资源界定为公产,实现了行政特许客体的统一。四是在行政特许的配置方面,提出应建立统一的行政特许授予制度,将民事合意与登记作为授予行政特许的必经程序，提出了强化私法配置手段的必要性及其完善方式。五是在行政特许的效力方面，反思了大陆法系财产权理论及构造，将自然资源特许使用权定位于用益物权，将行政特许经营权定位于“准物权”；提出在《物权法》对行政特许使用权作出概括性规定的前提下，在行政特许范围内可将物权法定之“法”放宽到行政法规和地方性法规；提出对行政特许的利益补偿应在《物权法》确立的民事法律途径的基础上进一步完善。这些观点和制度的整合与创新，为形成规范有序的行政特许法律体系，指导行政特许实践的发展，提供了有益的理论参考。

Abstract

This article first explores systematically many fundamental aspects of administrative franchise. In the existing law, the administrative franchise means the license which is given with the particular rights about the market access to the particular industries which include the development of limitted natrual resources, allocation of public resources and those are related to the public interests (Administrative License Law 12 section 2 article). The administrative franchise is one of the most important resources assign systems, it has three basic functions: (a) allocate the limitted resources, avoid the "tragedy of public goods"; (b) allocat the limitted resources in a fair and square way, thereby safeguard the fair competition of market economy and the legal rights and interests of the market body; (c) the franchise is protected by law even the owner of property can't trespass on it. The administrative franchise has become more and more important in the system of socialism market economy. Contrast to the importance of the administrative franchise, the legislation、theoretics research and the practice of the administrative franchise has not been in a well-ordered way. Therefor, this article is researching the administrative franchise systematically in the utilize of the principles from private law. The whole article is working over the concept, object, function, quality and validity of administrative franchise, shaping the theoretical frame of administrative franchise initially and making some legislational suggestions.

The whole article is composed of 3 parts, 9 chapters except for the introduction. Chapterl to in chapters 6 study three issues: (a) what kind of resources is needed allocate by the administrative franchise; (b) how to allocat the limitted resources in a fair and square way; (c) the character of franchise. Chapter 7 uses the basic theories of administrative franchise; it takes the power of management of taxi as the empirical analysis. Chapter 8 and 9 expands to the whole field of administratie license, then it analyzes the systems in Administrative License Law which are related to the private law, and making some legislational suggestions.

INTRODUCTION is aimed to illustrate the purpose, importance and thinking of this research. First, summerize the meaning characteristic and function of administrative franchise. Then, demonstrate the problems and harmness in the existing system of administrative franchise analyze the cause and point the necessity and the urgency of analyzing administrative franchise in private law. Finally, put forward the way to solve this problem on the basic of above.

FIRST CHAPTER analyzes the concept of administrative franchise by comparing with the civil license. Civil license is usually the property license, such as the license of patent and the franchise. The subject of cl is the equal civil objects so it can apply the principle of autonomy in private law. The basic of right of license is the individual property right, so it can be told from the al whose party is the state and the basic is the administrative power. This article considers that administrative license includes two types which are the license of property of right and the one of behavioral freedom. The administrative franchise is as the opposite concept of normal license. administrative franchise is the summary of the content of "12th section, 2nd article" in the Administrative License Law as the introduction of concept and it means the license of transfering the property right as the concept of tool. Normal license is the one of behavioral freedom. This chapter points out that the identity of the state is special, because it can only be the main body in public law, it can also be the civil subject. Whethier it is the civil license or the property right license when the state makes the license based on the property right is depend on whether the state-owned property is the private property and public property.

This chapter accomplishes the idealizational typehood of administrative franchise. It helps to grasp essence of administrative franchise.

THE SECOND CHAPTER analyzes the subject of administrative fran-

chise through the controversy of state-owned public property. The property controlled by government can be divided into the public property of government and private property of government according to thr different ways of using. The public property of government is supplied to the public and official business directly while the private property of government is using in that way indirectly. The theory of public property believes that the ownership of public preoperty is non-assignable and is not bound by prescribtion. The dualism is supported by this article. There are the monism and the dualism over the issue about what law dominates the public property. The former one is represented the public law. The latter one is represented by German, and it adovates that the public property is applied for both public law and private law. This article agrees the dualism. The object of administrative franchise is the welfare public property for the special exclusive use. Object of administrative franchise is the public property which is sreved for the public exclusively. The license which is based upon the private property from the government is called "Civil License", the one which is not uesd for the public until licensing of the manager of public property is called "Normal License". The one which is based upon the exclusive use of welfare public property from government is called "administrative franchise".

This chapter definites the state-owned natural resources as public property based on the features and meaning of them. It uniforms the subject of administrative franchise and diminishes the theoretic controversy which is made by the theory that state-owned natural resources is private property in the premise of monism and the controdiction with administrative theories.

THE THIRD CHAPTER analyzes the function of administrative franchise, comparing with the IPR. Although IPR and administrative franchise are both the monopolistic using power which is set and given by state law directly, the object of IPR (intellectural product) is the pure public goods and has the positive external features. It needs the private property rights given by state to impulse the production and also the restrains of right in order to maintain the inherent attribute of public goods of IPR. The object of administrative franchise (the specific governmental public propertyt) is the quasi-public goods and it has the negtive external feature. It needs the allocation from state to the rare resource and internalizes the external feature in the wan of definiting the private property right. The process of application and register in IPR system is not the administrative franchise but the administrative act to administrative franchisefirm the civil right. Then, it researches the sort of resource only has the problem of how to allocate, and the systematic resource and how to allocate this resource if there is so and puts forward the view that the settle of administrative franchise should be restrained and how to restrain.

This chapter confines the definition of limited public resource firstly; it helps to make a clear distinction of the bound of administrative franchise. It deems there are definitions on sensu lato and sense stricto. In latter one, it means the artificial welfare public property except for the natural resources. In former one, it means the administrative franchise itself with quantitive limitation which is based on the artificial shared public property and market access oppotunity of monopolized industry. This chapter mentions that the difference between administrative franchise and the normal license with quantitive limitation is based on whether it establishes on the specific public property.

THE FOURTH CHAPTERA analyzes the struture of administrative franchise by examining contract relationship. Because the administrative franchise has two stages legal structures. 1, the country permits the relative parts to use the specific resource as the public manager. 2, the country transfers the property right to licensee as the owner of resources. To improve the system of granting administrative franchise is supposed to enhance the utilization of private ways, and to confirm the civil consensus and register as the necessary process, except the administrative agencies should make decisions in way of fair competitions, such as biding and auction to the franchise according to the Administrative License Law.

This chapter suggests that it should be built up the uniform system of granting the administrative franchise firstly. Administrative License Law should regulate to this. Nowadays, the existing legislation should be modified according to the fair competition process in Administrative License Law.

THE FIFTH CHAPTER analyzes the charater of administrative franchise in the language situation of public right and private right. This article deems that the property right is right which has the economic value. And the property right is composed of the one in public law and the one in private law and is given the validity on private law, but the right which is based on the public law is not totally the public right. If the right is granted by the private law, it is a private right. Obtaining the administrative franchise means obtaining the right to explore and utilize and the right to manage, so it is a right which has the substantial content of exemplifies the economic interest directly namely the property right. By examining the contents and related theories of the franchise of government, it deems that the grant of franchise has the dualism in administrative and civil law. But the content of right is private right. Furthermore, it burdens some responsibilities on public law in obtaining, remising and exercising because it has the relationship with public interests. So it has the feature of public right.

This article seems the alienability of administrative franchise is based on the facts that it focuses on the conditons of exploring and utilization and it does not have the individual characters. It is suit for the wan of tendering and auction. Some related legislation are not suit for this principle, so they should be modified.

THE SIXTH CHAPTER analyzes the status of the franchise while it has ite setting of dualistic structure of RealRight and the Obligation Right. The tradional property right system of civil law system has the dualistic structure: the realright and the obligation right, the ownership and jus in re aliena. The object of natural resource franchise is the goods which is belonged to others and has the specificity. So it should be the right of beneficial use rather that the quasi-ownership. The franchise with object of right. Franchise should be the quai in rem by method of systematize the right of pledge in right as quasi right of pledge and the right to mortgage in right as quasi right to mortgage. In the tide of appeasing the legalism of Jus in Re, the franchise has the feature as the realright of usufruct. And it is the fundamental realright. So it is important to carry out the principle of legality of right. At the same time, the development of modern public anoucement system is quite supportive to the process in which the obligation rights raise to ownership right. But the law which is from the legalism of Jus in Re should expand to the field of administrative regulations and the local regulations on the condition that the Realright Law confirms the various natural resource franchise realright and make the inclusive section. Regulate the res incorporales to apply the Realright Law whise object is right in the operation of Realright Law.

This chapter reconsiders the system of tradional property right system, and confirms the object of natural resource franchise as the realright the right of beneficial use, the franchise whose object is right as the quai in rem. This chapter also points out that the law which is from the legalism of Jus in Re should expand to the field of administrative regulations and the local regulations on the condition that the Realright Law makes the inclusive section on franchise.

THE SEVENTH CHAPTER analyzes the operational license of taxi based on the fundamental theories of administrative franchise. It is necessary for the government to implement the quantity control on taxies. The right of operating taxi is a kind of limited public resource which is governed by government due to the quantity control. By franchising the subject of operating taxi, the pattern of controlling the main body which is ran by subordinate cars, must derive some controverisies and weakpoints such as the unfair allocation of society and the disjointedness between license and social demands because of the unproper application of the normal license system (namely granting the non-deadline license due to the pinciple of prior application and forbiding the transference). According to the basic principle of administrative franchise, the allocation of the operational license should through the pattern of cars control, namely granting the license with date restraint in method of some paid competitional ways such as tendering, auction and peimitting to transfer the operation license of taxi.

This chapter analyzes and thinks about the internal reasons of controversies which is aroused in the management of taxies in Beijing in the view of the manage mold of taxies in base of the basic priciples in administrative franchise. Then it arises some revolutionary suggestions.

THE EIGHTH CHAPTER analyzes the systematic innovation and leg-

islation shortcomings in the view of private law. Hearing proceeding, auction bidding for ghe issuance of licenses, and reliability protection are three system innovations of Administrative License Law. The hearing proceeding provides the systematic medium of communication to the optimistic interactive action between the administrative power and the citizens' right. At the same time, there are some problems about leaving out many important facts in the regulation of the hearing process in the license law. It is useful to prevent the black case work in order to abusing of power for personal gains and it optimizes the resource allocation in order to solve the asymmetry of supervisional information. However, the problem is that the way of franchised allocation is oversingle, the area of franchise is not clear, the condition of frachise is unproper. Administrative License Law these will influence the implement of impartial, widen the field of franchise in unproper way and make new monopoly artificially. The reliability protection gives the administrative license the attribution of property right. But the Administrative License Law set that the license is forbidded to transfer in principle. Its traditional view continues on administrative allocation of license. What's more, the profitable compensation still has some problems such as the legal basis is not clear, the process, area and standard of compensation are unknown. These drawbacks in the legislation must increase the problem of confusions in practice and legal enforcement.

THE NINTH CHAPTER brings forward some legislational suggestions on the base of innovations of theories and systems in aforesaid chapters. The perfect administrative franchise should have the normal legal standard, and can allocate resources effectively. Our country should establish the system of administrative franchise which is compatible of public and private law. It is the dualism on the object which should adapt both public and private law, it is the way to apply both methods in public and private law, and it is the system which is built up to make the public and private law compatible in right guarantee. Then this chapter brings forward some legislational suggestions on Realright Law. Administrative License Law and the ones related to the natural resource protection and public business.

This article studys the administrative franchise innovatively、roundly and systemicly from the perspective of private law. The whole article is working over the concept, object, function, quality and validity of administrative franchise, shaping the theoretical frame of administrative franchise initially and making some legislational suggestions. It not only enrichs and improves the theories in administrative law and civil law, and has a huge real significance.

This article brings forward a series of difficult problems in the practice field of administrative franchise, also try to solve the problems. The conclusions of the article are innovative and applied. The innovations in theories and systems of this article are: (a) on the concept of administrative franchise, it confirms administrative franchise as the license of transfering the property right, accomplishes the idealizational typehood of administrative franchise. (b) on the bound of administrative franchise, it confines the definition of limited public resource and the difference between administrative franchise and the normal license with quantitive limitation firstly. (c) on the object of administrative franchiseI, it points out that on the object of which should adapt both public and private law, on this condition it definites the state-owned natural resources as public property based on the features and meaning of them. (d) on the way of issuing of licence, it suggests that it should be built up the uniform system of granting the administrative franchise firstly. Nowadays, the existing legislation should be modified according to the fair competition process in Administrative License Law. (e) on the the charater of administrative, it reconsiders the system of tradional property right system, and confirms the object of natural resource franchise as the real-right the right of beneficial use, the franchise whose object is right as the quai in rem. And it points out that the law which is from the legalism of Jus in Re should expand to the field of administrative regulations and the local regulations on the condition that the Realright Law makes the inclusive section on franchise. And it also points out that the standard of compensation for the administrative franchise shoud be consummated under the Realright Law. All these innovations are important to complete related laws and provide the guide for practice in the area of administrative franchise.

目　　录

引　论

2004年7月1日，《中华人民共和国行政许可法》(以下简称《行政许可法》)正式实施。《行政许可法》的立法宗旨和意义不仅在于规范政府治理社会的行政行为，建设有限、理性、负责的政府，更在于扩大市民社会自由、自主的空间。[①] 行政特许是行政许可中的一种重要类型，根据《行政许可法》的规定，行政特许是适用于有限自然资源开发利用、公共资源配置以及直接关系公共利益的特定行业的市场准入等需要赋予特定权利的许可。[②] 有限自然资源的开发利用是指对土地、矿藏、水流、森林、山岭、草原、荒地和滩涂等自然资源的开发利用。公共资源的配置是指对市政设施、道路交通、航空航线、无线电频率等公共资源的利用许可。直接关系公共利益的特定行业的市场准入是指进入从事公用事业服务的行业，如自来水、煤气、电力、电信、邮政等与人民群众日常生活、公共利益密切相关的行业的准入。[③]

---

① 这一价值取向使《行政许可法》获得了高度评价和广泛赞誉，认为其颁行不仅有利于促进政府职能转变，建设有限、理性和法治政府，而且为市场经济体制的建立健全以及维护市场主体的平等经济自由提供了重要保障。参见周汉华：《行政许可法：观念创新与实践挑战》，《法学研究》2005年第2期，第3页；陈端洪：《行政许可与个人自由》，《法学研究》2004年第5期，第25页；王智斌：《行政许可法的制度创新与私权潜能》，《政法论坛》2006年第6期，第144页；杨建顺：《论政府职能转变的目标及其制度支撑》，《中国法学》2006年第6期，第28页；应松年、杨解君主编：《行政许可法的理论与制度解读》，北京大学出版社2004年版，第145—157页。

② 参见《行政许可法》第12条第2项。对行政特许的具体内涵，在我国一直有不同的认识。《行政许可法》出台后，行政法学界通常借助行政许可法草案中的分类概念，将《行政许可法》第12条第2项内容概括为行政特许。因此，当前作为说明立法内容的概念，行政特许是指适用于“有限自然资源开发利用、公共资源配置以及直接关系公共利益的特定行业的市场准入等需要赋予特定权利”的许可。本书对行政特许的实质定义进行了探讨，相关内容见第一章第三节“行政特许的界定”。

③ 全国人大法工委国家行政法室：《中华人民共和国行政许可法释义与实施指南》，中国物价出版社2003年版，第57—58页。

新出台的《物权法》规定了属于国家所有的自然资源，并将依法取得的建设用地使用权、海域使用权、探矿权、采矿权、取水权、养殖权、捕捞权确立为用益物权，以民事基本法的形式明确了行政特许适用的自然资源范围，以及经行政特许后取得的自然资源使用权的物权性质。《物权法》的上述规定以及相关制度、原理，为在民法的理论框架下研究行政特许，特别是行政许可法与民法的关联，经行政特许所取得之权利的性质、内容、保护以及取得程序提供了理论指导和法律依据。

行政特许根源于市场失灵。“市场确定难以发挥其导致资源配置效率时，经济学家把它称为市场失灵。当存在市场失灵时，依靠政府的作用。”[①]但是，并不是“市场失灵”就必然采用行政特许。行政特许的功能是通过私人产权的界定对拥挤的公共物品进行分配并将负外部性内部化，它仅在特定领域有效。行政特许的主要功能是分配稀缺资源，它具有以下三个方面的基本作用：(1) 配置资源，解决市场囿于其自身的局限性所无法解决的“公共物品的悲剧”问题；(2) 相对公平地配置稀缺资源，从而保障市场的公平竞争和市场主体的合法权益；(3) 对于获得许可的个人，其权利受到法律保护，任何人不得侵犯。行政特许的实质是行政权对市场的干预，是公权力对私权利的限制。行政特许的这一特点决定了对其进行私法分析的必要性和可行性，而分析的目的在于为行政特许确立合理性的标准并划定适用范围。

如同市场不是一种完美无瑕的资源配置机制，行政特许制度既有其优势功能也有其固有的缺陷。与一般许可相比，行政特许具有数量限制的特点。特许的数量限制决定了其只能为特定的人享有，并且特许一旦授予某一个或某些个人、组织以后，就排除了其他个人、组织享有该项特许的机会。经行政特许产生的社会关系在一定时期内具有持续稳定性的特点，即使这种分配是采取竞争手段完成的，垄断也会因此产生。由于行政特许可能带来不同层次的垄断利益，因而会引发下列问题：(1) 激励更多的人将财富用于影响政府权力的行使，增加社会成本，浪费社会财富。(2) 导致管制者为被管制者所“俘虏”。被许可人在利益驱动下有强烈的动机和条件去影响政

---

① 〔美〕斯蒂格利茨：《经济学》，黄险峰、张帆译，中国人民大学出版社 1996 年版，第 145 页。

府决策，被许可人或被许可人组成的垄断集团与分散的未经组织的消费者之间博弈的结果，往往是政府按照被许可人的要求作出对其有利的决定，从而损害公众利益。[①]（3）抑制新的竞争。行政特许所形成的资源使用关系一旦被持续稳定地确立，由于政府与垄断集团间信息不对称，加之垄断集团对既得利益的极力维护，禁止和抑制新的竞争者，使政府难以根据市场变化和国民需要进行政策调整。[②]（4）滋生腐败。由于行政特许会带来垄断利益，竞争各方必然全力争取，非法竞争行为随之增多。如果缺乏严格的法律控制，就会滋生腐败，导致管制理论中的"自肥"现象。[③] 土地管理领域中的"条子地"、"关系地"就是明证。此外，如果不能明确地划定行政特许设立的范围，还可能导致将本应充分竞争的行业纳入特许的范围，人为制造新的垄断。

《行政许可法》确立了个人自治、市场优先、自律优先、事后机制优先的立法精神，体现了有限政府的观念。但是，由于我国长期历史的影响和改革过程的复杂性，行政权力过大的弊端至今依然没有实质性的改变。一些地方和部门仍然习惯于"管"字当头，甚至将管理当做谋取不当利益的手段。因此，《行政许可法》实施以来，行政特许一方面发挥着越来越重要的资源配置作用，另一方面在实践中也出现了一系列背离《行政许可法》立法精神的严重问题。这些问题的存在，直接侵害了公民、法人和其他组织的权利和自由，阻碍了市场经济的顺利发展。表现主要为：

1. 特许范围不当扩大

如在目前纷纷推行的公用事业民营化过程中，由于未能区分自然垄断行业中的非自然垄断环节而不当扩大了特许的范围。在特许范围不明确的前提下，强调特许事项的市场化配置，引发了政府机关借特许经营之名，行管理收费之实，使"管理就是收费"这种广受诟病的做法堂而皇之地借改革名义卷土重来。

---

① 〔美〕理查德·B. 斯图尔特：《美国行政法的重构》，沈岿译，商务印书馆 2002 年版，第 24 页。

② "在位公司有很强的诱因游说管制者使用许可手段，使其不受新进入者的竞争威胁。"*OECD*, From Red Tape to Smart Tape, 32.

③ Stigler, G. "The Theory of Economic Regulation", 3 *Bell Journal of Economics and Management Science* (1971).

2．竞争环境缺失

通常情况下，市场主体是“通过市场进行竞争”，但在行政特许领域，由于行业的经济学特征要求理想的市场仅有单一厂商存在或不能进行过度竞争，企业面临的不是“通过市场进行竞争”，而是如何“通过竞争获得市场”的问题。[①] 但是，行政特许领域的限制竞争是以进入市场以前的充分竞争为前提的。而我国行政特许领域内存在的问题是，企业进入市场的竞争环境缺失的问题。最典型的例子是，直接关系公共利益的铁路和邮政行业，相关单行法明确规定这两个行业的国家专营性质，未向市场开放意味着该领域内不存在竞争主体。另外，由于特许条件设置不当，使进入行业内的竞争主体不足。

3．实施程序仍然以审批为主

《行政许可法》规定，除法律、行政法规另有规定外，对特许事项应实行招标、拍卖等竞争方式公平决定。行政特许的拍卖、招标被视为《行政许可法》的一项重要制度创新，但是，由于相关制度不配套，在实践中面临着缺乏可操作性的困境。根据有关法律、行政法规的规定，我国行政特许的实施程序仍然以审批发放为主。据统计，目前中国15万个矿山企业中仅有2万个矿山企业是通过市场机制取得矿业权，其他都是通过行政审批方式取得的。[②] 在稀缺资源配置领域，行政审批意味着行政机关掌握着分配经济利益的大权。由于审批过程不公开，使一些部门和个人能够屡屡搞暗箱操作、权钱交易，产生大量腐败现象。例如，几乎每次矿难都会牵出一批官员落马和腐败案曝光。行政特许权的滥用不仅导致了严重的社会后果，政治影响恶劣，而且使宝贵的财富浪费在向政府官员寻租而不是直接用于发展经济、投资生产。

4．被许可人的利益缺乏制度保障

首先，对于作出特许决定后，是否应当签订合同，如何签订特许经营合同，特许经营合同的性质是民事合同还是行政合同，特许是否应该有期限以及争议解决机制等问题，都无法律的明确规定，理论上认识不一，实践中十

---

① 参见周林军：《公用事业管制要论》，人民法院出版社2004年版，第86页。

② 参见高凌云：《能源资源价格改革是当务之急》，《南方都市报》2007年3月23日C03版。

分混乱。加之行政机关违法变更或撤回行政特许的行为大量存在,被许可人的信赖利益得不到切实保障。

存在以上问题的原因是多方面的。“由于行政许可法相对于传统体制而言是一场深刻的革命,因此,其实施必然会面临各种阻力或者挑战。”①强大的传统观念未能得到有效清算,使《行政许可法》先进的立法精神在实践中被扭曲,“新瓶装旧酒”不可避免。这是行政特许领域存在诸多问题的深层根源。《行政许可法》存在的制度性缺陷和相关法律不配套、不协调是存在这些问题的制度性原因。如《行政许可法》对特许范围的规定不明确,特许实施程序的规定不全面,违法设定行政许可的法律责任规定形同虚设。行政权的扩张本性和利益驱动则是政府滥用行政特许的内在动因。行政特许作为法定的唯一可有偿取得的许可,诱发了行政部门借特许收费、借特许“创收增效”的欲望,想方设法将本不应设定许可的事项设定为特许,将本来没有数量限制的普通许可变为特许。由于行政部门实际掌控着立法过程——立法项目由其提出、立法草案由其起草、公共利益由其论证,因此,在现行体制之下,上述问题得不到有效遏制。

另外,理论研究的薄弱也是一个重要的原因。在我国法学理论研究中,行政特许作为一项独立的制度尚未得到应有的重视,立法和实践中存在的一系列问题也尚未引起足够的关注。在行政特许领域还存在诸多理论空白和盲点:例如,“有限公共资源”以及“直接关系公共利益的特定行业”的具体含义;行政特许与有数量限制的普通许可的区分标准;作为行政特许客体的自然资源和公共资源的所有权性质;行政特许的可转让性问题;招标拍卖方式的选择与程序设计;特许合同的内容等等。行政特许一般性理论研究的阙如以及理论空白点的存在,是行政特许存在制度性缺陷的一个重要原因。可以说,正是理论研究的薄弱在一定程度上导致了《行政许可法》在实施中因缺乏足够的理论指导和支撑而出现偏差。因此,加强对行政特许的理论研究具有关键意义。因为面对行政权的扩张,既不能指望其进行有效地自我约束,也不能仅仅满足于先进的立法理念的指导,而必须依靠严密清晰的法律规范进行强有力的约束。而对行政许可法以及相关法律法规的完善有赖于行政特许理论的完善。

---

①　周汉华:《行政许可法:观念创新与实践挑战》,《法学研究》2005 年第 2 期,第 12 页。

然而，当前我国行政特许理论研究整体上还处于初级阶段，主要表现为：

1. 缺乏制度研究的系统性

在行政法领域，理论界通常按照行政权力的科学分类，分别对行政立法、行政处罚、行政许可、行政强制、行政收费等进行制度建构和理论研究。[①]关于行政特许，通常仅在行政许可的分类中有简单论述，并没有对行政特许的范围、功能、本质、效力等一系列基本问题进行深入探究。[②] 总体上，行政法学界尚未将行政特许作为一项独立的制度进行专门研究，目前国内尚无系统研究行政特许制度的专著。由于通常认为行政特许是一个行政法上或者公法上的问题，行政特许制度也未引起民法学界的注意。民法理论中涉及行政特许的理论研究主要有：对基于自然资源的开发利用形成的准物权的探讨[③]、无形财产理论[④]、与行政法学界关于行政合同的争论[⑤]。同样，民法学界对这些问题的研究也仅是在个别理论点上关涉行政特许。而且，现有的对行政特许领域个别问题的分析基本上局限在民法和行政法各自的范围内，并没有放在统一的框架下进行研究。

2. 缺乏问题研究的针对性

如前所述，行政特许实践中存在诸多亟待解决的问题。对于这些问题，

---

① 同样，在实践中，我国也按照行政权力的科学分类，分别对行政处罚、行政立法、行政许可、行政强制、行政收费等职能进行清理和规范。1996 年通过的《行政处罚法》显示了将行政权和行政行为的学理分类作为立法的观念框架的可行性，证明我们的立法者有能力发现各种类型的行政权存在的实质理性和运用过程的程序理性，并将这些发现上升为法律规则。《行政许可法》沿袭了这一立法思路和方式。目前，行政强制法、行政收费法正在制定中。

② 参见胡敏洁：《特许、行政法与规制工具》，《国家行政学院学报》2006 年第 5 期，第 36 页。苏宁雪：《论行政特许行为》，http://dyzy.chinacourt.org/public/detail.php? id = 12228，最后访问时间 2007 年 3 月 20 日。

③ 主要研究成果有崔建远：《准物权研究》，法律出版社 2003 年版；屈茂辉：《用益物权制度研究》，中国方正出版社 2005 年版；王卫国：《中国土地权利研究》，中国政法大学出版社 1997 年版；崔建远：《论争中的渔业权》，北京大学出版社 2006 年版；尹田：《中国海域物权制度研究》，中国法制出版社 2004 年版；有关物权法及民法典研究中的自然资源使用权部分等。

④ 梅夏英：《财产权构造的基础分析》，人民法院出版社 2005 年版；吴汉东、胡开忠：《无形财产权制度研究》，法律出版社 2001 年版。

⑤ 参见王玉梅：《BOT 投资方式若干法律问题探析》，载周旺生主编：《立法研究》第 5 卷，北京大学出版社 2005 年版，第 149 页。

仅审批方式不利于配置资源问题已引起实务界人士的一定关注。[①] 尽管有学者敏锐地意识到了特许中存在的范围不明确、特许与有数量限制的普通许可界限不清、特许合同性质难辨的问题，但仅仅提出了问题，并未进行深入研究并提出解决问题的思路和对策。[②] 因此，行政特许中诸多问题仍然未得到理论界的关注和研究，成为悬置的理论空白。从国外的理论发展来看，在英美法理论中出现了“新财产”概念，认为政府特许为新的财产形式。中国是一个刚走向市场经济的社会主义国家，有着各种异于西方发达国家的特殊情况。在公有制社会中，政府作为资源拥有者和控制者，行政特许的种类和数量都远胜于西方国家。因此，英美国家的理论有借鉴意义，但并不能替代和涵盖中国的行政特许领域的问题和研究。

3. 缺乏公私法结合研究的整体性

何以要对行政特许进行私法分析？从理念层面看，以传统的公权理念建构的法律规范体系背离了《行政许可法》的立法精神，不利于行政特许目标的实现。实践表明，作为传统公法制度的行政特许不足以达到有效配置资源、保护公民合法权利的目的。“公权建构的行政法学体系和行政法治体系已难以对其理论和实践问题进行自我修复。”[③]合理的制度建构与改进有赖于私法理念的引入和强化。从制度层面看，单以《行政许可法》关于行政特许的规定为限，即可作出如下判断：在行政特许的构成要素中自然资源所有权以及自然资源的开发利用权涉及民法上的物权制度、行政特许的竞争手段涉及民法上的契约制度，直接关系公共利益的特定行业的市场准入涉及民法上的主体资格制度。进一步，这些构成要素如何与行政特许中的其他要素相关联，形成一个和谐统一的制度整体，也都涉及民法理论，对这些问题的解答以及对行政特许进行理论建构离不开民法的基本概念、原理和制度。从方法论上看，由于行政特许在制度和理念上关涉私法，行政法学过去仅简单地从行政权、行政主体以及行政行为的角度认识行政特许，在方法论上存在片面性。要克服这种不足，就应当同时从私法、私法主体以及私权

---

① 参见陈曦（中共南宁市委组织部）：《行政特许与资源配置》，《湖北行政学院学报》2006 年第 6 期，第 33 页。

② 参见周汉华：《行政许可法：观念创新与实践挑战》，《法学研究》2005 年第 2 期，第 19—20 页。

③ 关保英：《行政法的私权文化与潜能》，山东人民出版社 2003 年版，前言。

的角度去认识行政特许，才能使得行政特许的理论体系具有全面性、完整性；才能使学术视野更开阔，具有多维性和全面性。

有鉴于上述问题的存在，本书拟通过对行政特许的私法分析达到以下几个目标：一是构建相对完整的行政特许理论体系。通过运用私法的概念、原理和制度对行政特许的基本理论问题和具体制度进行研讨，形成科学合理的行政特许理论框架。二是针对当前我国行政特许的立法和实践中存在的诸多问题，提出一些完善我国行政特许立法和实践的有益思考。

本书的研究思路是，以法律关系的构成为逻辑，按照从宏观到微观、从抽象到具体、从理论到实践的进路，分三部分对行政特许进行探讨。第一部分为基础理论，在私法的理论框架中，分别对行政特许的概念、客体、功能、构造以及经行政特许后取得的特许权的性质和地位问题进行探讨，完成行政特许的基本理论建构。第二部分为实例分析，为进一步理解与把握行政特许，选取当前社会矛盾较突出的出租车经营权作为个案研究的素材，运用行政特许的基础理论进行实例分析。第三部分为制度完善，先从私法视角评析《行政许可法》中“听证程序”、“信赖保护”与“特许引入招标拍卖”三大制度创新的意义与存在的问题，而后在全篇研究的基础上提出完善行政特许制度的基本构想。

第一章　行政特许的概念

——与民事许可相比较

许可广泛存在于人类社会，既有政治、经济、社会和管理领域的许可，又有法律领域的许可。在法律上，许可行为十分常见，公私法领域都可见其踪影。例如，在刑事司法领域，司法机关可以根据具体情况作出某些许可，如许可律师会见犯罪嫌疑人、许可取保候审等。许可，作为一种正式而独立的法律制度，主要表现为民事许可和行政许可。

许可概念在行政领域的应用是对私法概念的借用。但传统的行政许可的著作基本上是以行政许可的概念本身为论述的起点，并囿于行政法的理论和概念圈，少有从原理上、机制上进行探讨并对民事许可和行政许可加以比较。本书一改通常研究行政许可制度从罗列国内外有关行政许可的概念开始，再到对诸概念进行评析的研究范式，另辟蹊径，转换进路，以民事许可为起点，应用分析法学的方法，先追问许可概念在市民社会中应用时的含义和本质，再以此为对照，对行政许可和行政特许进行理念类型化和事实类型化，以期对行政特许有更深入的认识，并矫正行政法学界对行政许可本质的一些认识偏差。

第一节　民事许可与行政许可

法律概念通常被认为是组成法律规定或整套法律的基本单位。概念的作用在于特定价值之承认、共识、储藏，从而在适用过程中具有减轻重复思维负担的功能及其适用上的限界或应注意的事项。[①] 从逻辑及价值上，研究某一法律制度，应首先研究其概念。对于行政特许，也是如此。而“对一个概念下定义的任何企图，必须要将表示该概念的这个词的通常用法作为它的出发点”[②]。因此，语义分析是我们认识行政许可的逻辑起点。

在现代汉语中，许可通常的含义是：“准许、允诺”[③]。在英语世界中，许可(license)作为名词时，最基本的意义就是自由(liberty)，被允许。作为动词是指，通过授权而准许或者经由准许而取消法律的限制。[④] 值得注意的是，这里的“自由”不是先验的自由，不是作为宪法权利的自由，而是指被授权免于限制。正如霍菲尔德所言，自由作为一种法律关系，如果有任何确定的内涵就指向“特权(privilege)”[⑤]同样的东西。

在大众日常语境中(不管是在汉语环境还是在英语环境中)，人们对许可概念的理解和使用都是比较模糊的，如“获得了许可”或“许可某人做某事”等，虽然这样的理解和使用已经能够满足日常的沟通与交流，但是如果将许可概念引入法律体系中还是作上述理解的话，那么，在笔者看来可能会引起一些误解。在法律学规范语境中，许可已经内化为一种法律行为抑或法律制度，它的含义已经不是大众语境中的理解了，虽然在法律语境中对其

---

① 参见黄茂荣：《法学方法与现代民法》，中国政法大学出版社 2001 年版，第 52—100 页。

② 〔奥〕汉斯凯尔森：《法与国家的一般理论》，沈宗灵译，中国大百科全书出版社 1996 年版，第 4 页。

③ 《现代汉语词典》，商务出版社 2002 年版，第 1421 页。

④ *Webster's Dictionary*, *licence*, 2nd ed. ,The World Publishing Company, 1996. 转引自陈端洪：《行政许可与个人自由》，《法学研究》2004 年第 5 期，第 25 页。

⑤ Wesley Newcomb Hohfeld, *Fundamental Legal Conceptions as Applied in Judicial Reasoning and Other Essays*, Yale University Press, 1923, p.42. 霍菲尔德认为，严格意义的权利(right)和特权(privilege)不同。严格意义的权利是通过相关概念义务(duty)来确定的，义务是指一个人应当做或不应当做什么，与此相关，权利就是 claim，即主张和请求的意思。特权的确定法律含义是指一个人可以做某事的自由。特权的相反概念是义务，是对义务的否定。例如，X 有进入土地的特权，这就是说 X 没有不进入土地的义务，可以进入土地的特权是对不可以进入土地的义务的否定。再如，X 与 Y 签订了合同，约定 Y 可以进入土地，这样，Y 就有了进入土地的特权，因为，X 与 Y 的合同免除了 Y 不进入土地的义务。在特许经营(franchise)中，许可人所授予被许可人的一种法律利益也是特权。霍菲尔德认为，在英语中与特权(privilege)的意思最相近的词是自由(liberty)。参见王涌：《私权的分析与建构——民法的分析法学基础》，中国政法大学 1999 年博士论文，第 59 页。

内涵的提炼是以人众日常语境中的含义为基础的。从分析法学的视角来看,许可与自由、特权相关联,但并不能作为同义语来使用。因为,根据霍菲尔德的观点,权利、特权是基本法律概念之一[①],这些基本法律概念的"相反关系"和"相关关系"构成了基本法律关系。而许可是一个种属词,表示创设一个特定的自由(特权)所必需的一组构成性事实(operative facts)。[②] 准确地讲,"许可"表示创设一种特定的自由(特权)所必需的一组构成性事实(operative facts)。所谓构成性事实,也称组构性事实、因成性事实或处置性事实,是根据适用的一般法律规则足以改变法律关系,即创设一个新的法律关系或消灭一个旧的法律关系或同时具有上述两种作用的事实。[③] 私法中的许可是改变私法上法律关系的构成性事实。

一、民事许可

从本源上考究,许可是普通法上关于土地通行的一个概念。任何人没有进入他人土地,或者在他人土地上从事某种活动(比如狩猎)的自由。一个人要进入另一个人的土地从事活动,须得到所有权人的准许。一旦获得许可,被许可人就获得了进入土地活动的"特权";没有所有权人的同意而进入他人土地就是非法侵入。

土地进入的许可根据财产利益的有无分为两个极端,即纯粹许可和附利益的许可。所谓纯粹许可,也称为裸许可,就是单纯许可或容忍进入土地的人身性准许(personal permission),它不带有任何利益,不改变也不转让任何物的财产权,而仅仅使一个未经许可即违法的行为合法化。裸许可既可能是明示的也可能是默许的,是可以随意撤回的。通常的例子是宴会邀请,邀请就包含了进入主人住宅的许可。附利益的许可今天已罕见,指为了从

---

① 权利、特权、权力、豁免、义务、无权利、无能力和责任是霍菲尔德所提炼的八个"最小公分母"的法律概念。王涌:《私权的分析与建构——民法的分析法学基础》,中国政法大学1999年博士论文,第59页。

② Wesley Newcomb Hohfeld, 同上注,第32—35页。

③ 根据分析法学派学者霍菲尔德的观点,所谓构成性事实,也称组构性事实、因成性事实或者处置性事实,是根据适用的一般法律规则足以改变法律关系,即创设一个新的法律关系或消灭一个旧的法律关系或同时具有上述两种作用的事实。Wesley Newcomb Hohfeld, *Fundamental Legal Conceptions As Applied in Judicial Reasoning and other essays*, Yale University Press, 1923, p. 42.

别人土地上取走某物,如木材、鱼、猎物、庄稼等,而进入别人土地的许可。在该利益的存续期间,许可是不可撤回的。①

后来许可这个词被延伸到知识产权领域,比如专利、商标、软件的许可使用。知识产权许可通常采用书面合同的形式,以专利实施许可为例,有关合同称为专利许可合同,所涉及的是专利使用权有期限的租让,许可方通过出售许可证取得一定报酬,未经专利权人许可,以法律禁止的方式对专利发明创造加以实施的行为是专利侵权行为。知识产权的使用许可其实就是一种专门领域的合同,与租赁非常类似。在这里,"许可"创设的无疑是一种权利。由此看来,霍菲尔德的"许可——创设特权的构成性事实"的说法,针对的是最原始意义的许可——进入他人土地的许可,而不是使用权转让的许可。

在私法领域,还有一个特许(franchise)的概念。特许本质上是一种附利益的许可,是权利的赋予,中文习惯称特许经营。国际上通行的特许经营概念是指:"特许经营是这样一种安排:开发出经营某种商业体系的一方(特许人)允许另一方(受许人)按照特许人规定的条件使用其体系,同时取得一定的对价。这种关系是一种持续性关系,受许人按照特许人确立的标准和商业实践开展经营,并接受特许人的监督和持续的援助和支持。"②我国官方的定义为:"特许者将自己所拥有的商标(包括服务商标)、商号、产品、专利和专有技术、经营模式等,以特许经营合同的形式授予被特许者使用,被特许者按照合同规定,在特许者统一的业务模式下从事经营活动,并向特许者支付相应的费用"③的商业经营类型。

由上可见,民事许可牵涉两个主体,即许可人—被许可人;牵涉两个主体的意思表示,即被许可人的愿望—许可权人的同意(准予)。许可的概念在逻辑上预设了另一个概念——限制(restraint),没有限制就无所谓许可,违背限制就构成违法侵权,而限制的背后是权威。许可权人的权威来源于财产权。财产权具有排他性,这就构成了对他人的限制,经由许可的构成性

---

① Kevin Gray &Susan Francis Gray, *Land Law*, second ed., Butterworths, 2001, pp. 52—60.

② 世界知识产权组织在 1994 年发表的《特许经营指南》中定义,转引自何易:《特许经营法律问题研究》,中国方正出版社 2003 年版,第 2 页。

③ 见原国内贸易部 1997 年 11 月 14 日颁发的《中国商业特许经营管理办法》。

事实,他人于是获得了进入或使用的权利。上述意义的许可可笼统地称为财产权利许可。许可就是创设自由(特权)或权利的构成性事实。

因此,在私法领域实际存在的许可为财产权许可,即财产权人基于其财产权为被许可人创设权利的许可。在这种法律关系中,被许可人本来没有使用他人土地或知识产权的权利,未经许可而使用即构成违法。经许可后被许可人获得了原本没有的权利。私法领域的许可可以描述为:通过民事法律行为创设民事权利的构成性事实。其中,作出许可的主体是民事主体,准许行为是民事法律行为,许可的权威来自于私法上的财产权。

二、行政许可

人们在观念上区分政府职能和权力时发明了一系列的概念,如行政立法、行政处罚、行政强制、行政收费等,行政许可就是与这些概念相并列的一类,它是对政府行使的各行各业的许可管制权的概称。

许可概念在行政领域的应用是对私法概念的借用,但内涵更复杂、更丰富。人们的常识里都或多或少地有着各种行政许可的具象,常见的如驾驶证、工商营业执照。但对什么是行政许可,理论上众说纷纭[①],实务中更难把握。不但中国如此,国际上也是一样,我们很难在国外找到同样的一个概念,名称翻译起来都比较困难。[②] 这是因为它的使用范围太广,采用的手段多样化,且每个领域和每种手段差异太大。因而目前世界上还没有其他哪个国家制定过一部像行政许可法这样宏大的从整体上厘定政府权力和公民自由边界的法律。许多国家有建筑许可法、酒业许可法、娱乐业许可法、进出口许可法,但就是没有一部统一的"行政许可法"。[③] 而在我国,为清理和规范实践中极其混乱的行政管理立法和执法行为,从《行政处罚法》的制定开始,首创了将理论上的某类行政行为制度付诸立法进行集中规范的立法

---

① 我国行政法学界对行政许可的不同定义,可参见应松年、杨解君:《行政许可法的理论与制度解读》,北京大学出版社 2004 年版,第 65—67 页;汪永清主编:《中华人民共和国行政许可法释义》,中国法制出版社 2003 年版,第 6 页。

② 国外行政许可的概念可参见应松年、杨解君主编:《行政许可法的理论与制度解读》,北京大学出版社 2004 年版,第 62—65 页;张兴祥:《中国行政许可法的理论与实务》,北京大学出版社 2003 年版,第 3—6 页。

③ 英国 2003 年《许可法》(The Licensing Act)第 1 条第 1 款规定,许可的对象仅限于白酒的供应与销售、提供娱乐服务以及提供夜生活服务,许可的含义非常有限。

体例。出台于 2003 年的《行政许可法》采取的也是这一立法思路和模式。[①]

《行政许可法》第 2 条对行政许可进行了定义,该条规定:"本法所称行政许可,是指行政机关根据公民、法人或者其他组织的申请,经依法审查,准予其从事特定活动的行为。"该立法定义区别于学理定义,不是对许可本质的揭示,而是描述了许可事实形成的基本过程:申请—审查—准予。申请是相对人的行为,审查与准予是行政机关的行为,一个行政许可便由双方的行为组成。关键的是"准予"(作为一项法律制度,"准予"在这里不能简单地理解为肯定性的准许,还包括否定性的"不予准许"),"准予"的宾语是:"其"、"从事特定活动",这就意味着,"准予"的就可以从事特定的活动,未准予的就不可以从事特定的活动。换句话说,获得许可,就获得从事特定活动的自由或权利。

美国《联邦程序法》将行政许可分为名词性许可(许可证)和动名词性的许可(行为)。名词性许可包括:行政机关作出的准许证、证明、批准、登记、特许状、成员资格、法定豁免或其他形式的准许的全部或部分。该定义列举了通过许可事实形成的新的法律关系的证据性事实(霍菲尔德语)的诸种书面形式。动名词性的许可包括:行政机关对许可证的授予、续展、拒绝、撤销、暂停、废除、收回、限制、修改、变更、附加条件等行为。该定义比较完整地概括了许可作为构成性事实的诸种行为的具体表现。

根据前面的分析,行政许可的基本逻辑结构可以展现为:限制—准许—自由或权利。行政许可是私法意义上的许可在行政法领域中的运用,但其内涵更为复杂和丰富。比照私法领域的许可,行政许可可分为两大基本类型——财产权许可和行为自由许可。行政许可就是行政机关为公民创设财产权或自由的构成性事实,行政许可的结果是创设法律权利或自由。

(一) 行政许可之财产权许可

财产权许可是指政府基于其对资源的所有权或垄断经营权而通过与公民缔结合同的方式将使用权、开采利用权或经营权转让给公民的许可。国有土地使用许可和公用事业的特许经营具有代表性。

森林、山林、水源、野生动物等自然资源属于国家所有。航线、微波频

---

① 理论上与行政处罚、行政许可相并列的行政强制、行政收费方面的立法也正在进行中。

段、市政道路等稀有公共资源是由国家调配使用的。公用事业传统上是由提供“公共物品”[1]的公共部门垄断的。[2] 从资源的归属上看,有限公共资源和提供公共物品的机会(垄断经营权)在一定程度上都类似于国有自然资源,是国家所有的财产。在消费属性上,这些资源是供公共使用的(尽管自然资源归国家所有,但从目的上讲仍然是供公共使用的),具有非排他性。同时,由于这些资源具有稀缺性,在消费上具有竞争性。一旦允许人们任意使用,就会出现哈雷特·哈丁所说的“公共事物的悲剧”[3]。个人的努力越大,人们的境况就越坏。为避免“公共事物的悲剧”,需要某种形式的集体选择。这种集体选择的结果之一,就是制定普遍遵守的规则,通过制定法律禁止个人采取可能导致“公共事物的悲剧”的行为,即以事前手段限制人们任意使用有限的自然资源、公共资源,并借助政府这样的官僚机构来执行。同时,为保证最低限度的健康、文明生活的价值和资源的有效利用,政府又再以许可的方式将资源配置到个人手中。因此,财产权许可是一种将公共物品私人化并排他性地分配给特定社会成员的资源分配方式。

我国是公有制的社会主义国家,并曾长期实行计划经济,几乎所有重要的自然资源都归国家所有,公用事业也完全由政府垄断经营,因此,在我国

---

① 公共物品是具有非排他性和非竞争性的物品。非排他性是指一种物品一旦被生产出来,可以同时供许多人联合消费,无论个人是否对这种物品支付了价格,要排除他人消费这种公共物品是不可能的或交易费用很高。非竞争性是指增加一个人消费公共物品的边际社会成本或机会成本等于零,换言之,一个人对公共物品的消费不减少或不影响他人对这种物品的消费。有关公共物品的理论,参见方福前主编:《公共选择理论——政治的经济学》,中国人民大学出版社 2000 年版,第 31—34 页。

② 公共物品由政府来负责生产和提供的理由在于公共物品非排他和非竞争的特性,由私人提供会造成公共物品的利用不足(闲置)或者供给不足(公共物品缺位),而公共物品往往是人们生活中的不可替代物品,因而需要由政府来提供。当然,随着社会的发展变化,例如,出现能够低成本解决公共物品排他性问题的技术后,公共物品也可以由私人提供。从 20 世纪 70 年代开始,国际上出现了“公用事业民营化”或“私人完成公共任务”的潮流,国内近年也提倡在公用事业领域引入市场竞争,实行特许经营。

③ 例如,在一块“对所有人开放的牧场”上,每个理性的放牧人都从自己的牲畜中得到直接的利益,而其他人在牧场过度放牧时,每个放牧人承担的只是因公共牧场退化所造成的损失的一部分。因此,每个放牧人都有增加越来越多的牲畜的动力。最后的结果是牧场的退化和毁灭,所有放牧人都不能利用原来的牧场获利。布坎南认为“公共事物的悲剧”在解释财产权存在的理由上胜过“社会契约论”。参见〔美〕詹姆斯·布坎南:《财产与自由》,韩旭译,中国社会科学出版社 2002 年版,第 7—8 页。

的经济社会生活以及经济体制市场化转向过程中,财产权许可具有举足轻重的作用。而在一个非公有制的社会,行政许可主要的不是财产权利转让的许可,而是关于行为自由的许可。

(二) 行政许可之行为自由许可

宪政国家的基本政治哲学观认为,个人自由是先验的并决定了国家的目的(我国2004年修宪把人权保护作为国家的任务规定下来,表明这一命题在一定程度上已被接受,成为我国宪法文化的一部分)。但是,个人的某些行为易对他人和社会构成危害,因此个人自由是有限度的,法律就是对自由的强制性限制法则。法律对自由的限制有程度的区别:个人自由给他人和社会公共利益带来的危险越大,限制就应该越严,特别危险的行为在法律上就要禁止(如抢劫、杀人)。对付危险的行为可以采用多种法律手段:许可、强制、法律制裁(包括行政处罚、民事制裁和刑事处罚)。许可防患于未然,对于那些具有一定风险的行为实行准入制度,排除那些不符合条件的人的介入。强制是事中直接地消除危险,以实现行政目的。制裁是否定性的事后限制,惩前以毖后(这些手段并不必然互相排斥,可以结合采用)。行为自由许可就是法律对某些行为设有法定条件和限制,先验的自由必须经过行政过程的创设才能实现,成为法律自由。

行为自由许可有多种形式,从许可针对的对象及行政行为的方式上看,国外及我国常见的行为自由许可主要有以下几种:

1. 标准认定

标准认定包括公共服务资格认可和特定产品技术核准。

国家认为某个职业直接关系到公共利益,不能放任自由时,可以创设资格认定制度。在我国,一般认为资格认定就是许可,但严格地讲,资格认定按照该资格是否具有排他性可以分为两种类型。[1] 一种称为选择性资格认

① 在美国,对于职业的控制,存在三种不同层次的手段:第一,登记,是指要求从业者在官方登记机构登记姓名的制度安排,登记机关没有否决权;第二,资格证明,就是由政府机构证明某人具有某种技能,但不能阻止不拥有该种证明的人从事该行业的做法;第三,许可,严格的许可是指要想从事某行业就必须从公认的权威机构取得批准的制度安排。许可不是一个形式,而要求申请人证明具有特定能力或合乎特定标准,未取得许可的不能从事该行业,如果从事将受到罚款或监禁。参见 Milton Friedman, *Capitalism & Freedom*, The University of Chicago Press, 1962, pp. 144—145。

定，比如有些国家的注册护士和注册会计师制度，这些制度本身不排斥没有取得资格的人从事该职业，资格无非证明资格证持有人具有突出的业务能力，从而提高信用而已。因此，这种资格认定不具有许可的本质，而是一种证明。另一类资格认定称为排他性资格认定或职业许可，这种资格认定是强制性的要求，不具有资格的人便不能进入特定行业。职业许可制是对职业自由的限制，对公民生存权的限制，应该慎用。在西方的行业发展史上，某些行业很早就有严格的行业保护体制，并且具有巨大的影响力足以说服立法机关实行许可制度，以排斥一般公众的竞争，律师行业、医师行业是两个范例。中国现在许多行业纷纷实行资格考试和执业许可制度，不能排除存在一些不正当的考虑。

对某些直接关系公共安全、公共利益的设备、设施和其他特定产品物品，国家设定了技术标准，未满足标准的就不允许进入市场，比如食品、药品检疫制度，机电产品的核准。对于生产、销售不合格产品的行为，法律往往规定了制裁。这类许可是基于公共安全对市场的事先介入，对自由贸易的事先干预。

2. 登记

在实践中，“登记”被广泛地规定在法律、法规中，如企业注册登记、土地使用权登记等。由于在使用上的混乱，登记是否全部归类为行政许可，不能一概而论，需要从实质意义上来予以判断和区分。实际上，人们通常在两种意义上——即创设法律自由（权利）的构成性事实和证明特定主体拥有某种法律自由的证据性事实——来使用登记这个概念。前者就是许可，后者是一种证明，在性质上属于行政确认。[①] 作为行政许可的登记与作为行政确认的登记（狭义的注册登记）存在区别。一般认为，注册登记是行政机关对已经发生的事实或将要发生的事实依法予以书面记载的活动，行政机关在登记程序中没有裁量权，只能对正确的事实予以记载。行政许可的目的在于对行政管理相对人加以控制，经过审查后准许其从事特定的活动；登记注册的目的在于建立一种秩序，仅仅是履行法定手续，带有备案的性质。[②] 在权

① 行政确认是指，行政主体确定、认可法律事实、法律地位和法律关系时作出的行政行为。杨生：《行政登记：一种受排斥的行政行为》，《法制行政》2002 年第 1 期，第 38—41 页。

② 梁聿明：《行政许可制度要完善》，《中国行政管理》1999 年第 9 期，第 14 页。

利行使方面，行政确认中相对人的权利在确认之前即已存在，确认只是对业已存在的权利状态加以认定；而对于应经许可才能行使的权利，行政相对人在许可之前不得行使，只能在许可之后方可行使。具体而言，物权登记、结婚登记等，不是为当事人创设一种公法上的权利，而是对当事人既有的民事法律关系予以确认。可以说，是法律关系成立在先，登记在后。这类登记是为了维护法的安定性，特别是保护善意第三人的利益，一经登记禁止行政机关自行撤销，必须经法院判决后登记机关才可撤销（在西方，这类登记多是由法院来进行的）。而确认法人或其他组织民事主体资格的注册，如公司设立的注册登记、社会团体的注册等则属于行政许可，因为只有经过行政机关的登记，该组织才能取得拟制的人格化的法律地位。在这一法律关系中，登记在前，市场主体资格确立在后。《行政许可法》也是采取的这一思路，将确定主体资格的登记纳入了《行政许可法》的调整范围。

3. 批准

某些活动或行业对于生态环境、公众健康和安全、国家安全或宏观经济秩序直接具有较大危险，从事该类活动或行业需要符合法定条件并得到政府批准。这类许可在社会生活中是普遍和大量存在的，如卫生许可、建设规划许可、施工许可、出入境许可、机动车驾驶证等。

上述诸种行为自由许可中，除少量批准型许可外，许可机关都没有自由裁量权，凡是符合条件的就必须批准，无须行政机关作政策上的权衡。

（三）财产权许可与行为自由许可的区别与混合

上述两分法的理论意义在于便于我们明确不同类型的行政许可的不同性质与功能，在行政许可的实施上，分门别类地对不同的行政许可事项适用与其性质、功能相适应的实施程序与监督机制。第一，在性质上，行为自由许可为纯粹的公法行为，行政领域的财产权许可则具有行政和民事的混合性质（对此问题其后还会做专门分析）。第二，许可的功能不同。财产权许可的主要功能是配置资源，行为自由许可的功能则在于控制危险。第三，许可的程序不同。财产权许可一般采用公开拍卖、竞标、挂牌等公平竞争方式，还需缔结合同，行为自由许可不受此限。第四，收费标准不同。财产权许可原则上谋求经济效益最大化，而行为自由许可一般实行最小收费原则。第五，造成损害的责任不同。在财产权许可中，对合法有效的许可的撤销就是征用，而对于行为自由许可的撤销，即便行政机关违法，赔偿的范围仍然极其有限。

在两种典型类型的中间地带还存在一些混合许可。这些许可既涉及行为自由,同时由于特定的行为需要利用或破坏自然资源或公共资源,因此在不同程度上适用财产权许可的规则。比如,排污许可虽然是一种行为自由许可,但由于排污对于空气或水等自然资源造成损害,因此,实行有偿许可,征收排污费,有些国家排污许可证还可以有偿转让。再如,出租车许可证一方面可以看成营业自由许可,但因为出租车纯粹依靠利用公共道路赢利,从控制污染和节约道路资源考虑,出租车许可具有财产权许可的性质,因而,现在许多城市对出租车许可证实行拍卖。

三、民事许可与行政许可

本节运用分析法学对许可、民事许可、行政许可的概念进行了分析。从许可的基本语义上分析,许可牵涉两个主体,即许可人—被许可人;牵涉两个主体的意思表示,即被许可人的愿望—许可人的准许。许可概念在逻辑上预设了另一个概念,就是限制,没有限制就无所谓许可。因此,许可的基本逻辑结构可以展现为:限制—准许—自由或权利。但许可本身并不与权利、特权或自由等同,许可是创设自由(特权)或权利的构成性事实。

许可可分为公法意义上的许可和私法意义上的许可。公法意义上的许可包括但不限于行政许可(如刑事诉讼法中的许可)。公法领域的行政许可与私法领域的许可,在逻辑构造上呈现某种相似性,表现为得到批准或授权而获得相应的自由或权利。从分析法学方法论的视角来看,因其只注重逻辑形式与语义分析,展现出来的是事实无涉和价值无涉的分析结果,因而在逻辑形式的层面上,公法领域的行政许可与私法领域的许可未能得到十分清晰的区分,两者的区别还需要从一般法理学的理路来分析。

民事许可存在于私法领域,行政许可存在于公法领域。在行政许可中,行为自由许可是大量的典型的类型,就其与民事许可的区别而言,首先,是主体不同,民事许可中许可方与被许可方均为私法上的主体,而行政许可中许可一方恒定为国家。其次,是主体的地位不同,民事许可中双方地位平等,完全适用私法自治原则。而行为自由型行政许可中作为许可方的国家与被许可方为管理者与被管理者的关系,双方地位不平等,在法律规定的范围内贯彻国家意志(尽管听证程序的引入在一定程度上软化了行政权力)。

再次,是许可的权威基础不同,民事许可为财产权许可,其权利基础是私人财产权。私人财产权具有排他性,被许可人本来没有使用他人土地、知识产权或采取他人统一的业务模式(包括商标、商号、专利、专有技术、经营模式等)进行经营的权利,未经许可而使用即构成违法。而行为自由型行政许可的权利基础是国家治权,即公民原本享有某些权利和自由,只是法律设定了"法定条件和限制",许可就是审核公民是否具备法定条件。对于符合条件的,即予许可,从而"恢复自由"。在行为自由许可中,权利不属于国家,国家只是"法定条件和限制"的守卫者。依上述标准,可以清晰地将民事许可与行政许可中的行为自由许可区分开来。

至于民事许可与行政许可中的财产权许可的区别则较为复杂。由于民事许可主要是财产权许可,因此,就存在当国家作为财产权主体作出许可时,其为民事许可还是行政许可中的财产权许可的问题。这取决于作为许可方的国家是以公法主体的身份出现,还是以民事主体的身份出现,或者以双重身份出现。而这又取决于国有财产的法律性质和地位,即作为许可客体的国有财产是受公法支配,还是受私法支配,或者受公私法二元体系的支配。对这一问题,民法与行政法素有不同的认识,本书第二章将对此问题进行专门探讨。

第二节 行政特许的概况

行政特许是行政许可的一种类型。根据不同的标准,可以将行政许可分为不同的种类。这些分类绝大部分标准清晰,所形成的类概念明确,在各种行政许可著述中的表述也大同小异。[①] 但唯独特许,情形复杂,其划分标准不一,对应概念也不同,所指的内容五花八门,各式各样。出现这种混乱现象的一个重要原因在于,在我国,"有关特许、许可等概念都是从德国传过

---

① 例如,根据许可的内容可分为行为许可与资格许可,根据许可的享有程度可分为排他性许可和非排他性许可,根据许可的对象可分为对人许可、对物许可,从立法政策角度可分为经济许可和社会许可等。有关许可的分类参见张兴祥:《中国行政许可法的理论和实务》,北京大学出版社 2003 年版,第 62—70 页。

来的"，"不是我国法律上的概念"。[①] 而在国外的有关理论和法律中，行政特许的含义并不一致，甚至称谓也不尽相同。

一、国外与特许有关的概念

在德国，法律上没有特许的统一定义，在行政法理论中有"控制性许可"与"特别许可"之分。在控制性许可中，行政机关在具体事件中事先审查是否违反特定的实体法规定，只要该行为符合实体法律规定即予以许可。控制性许可就好像高高竖起的栏杆，栏杆控制之下的便不得入内。如建设许可、职业法上的许可（旅店经营许可、零售业许可）、联邦公害防治法上的设施许可。特别许可，是法律将某种行为作为具有社会危害性或者不符合社会理想的行为予以普遍禁止，但在特别规定的例外情况下又赋予当事人从事该禁止行为的自由，籍此消除因法律的严格规定而产生的困境。因此，特别许可，又称为豁免或者免除。如议会周围一定区域不得集会，但特别许可除外。二者的区别主要在于：控制性许可是权利自由行使的恢复，它是在出于预防性控制的需要对某些活动自由予以临时、普遍限制的情况下对活动自由的恢复，而特别许可则扩大了公民权利的范围，公民据此可以从事法律禁止、但例外情况下准许的行为。[②]

在法国，特许一词（La concession）在行政法上经常使用，但没有确定的意义。通常是指和行政机关签订合同，得到特别允许做某种行为，或使用公产的权利，不是公务的管理方式，例如，公产制度中道路独占使用的特许。公务的特许与此不同，是公务管理的一种方式。法国行政法上的公务特许是指行政主体和其他法律主体签订合同，由后者以自己的费用和责任管理某种公务，管理活动的费用和报酬来自使用人的收费，盈亏都由受特许人承担。[③]

在日本，"许可"与"特许"和"认可"是不同的。"许可"是指对法律规定的一般禁止的行为，在特定场合、对特定的人解除其禁止的行政行为。从实质上讲，许可是由于行政上的目的，对人们本来可以自由从事的活动根据法令予以禁止，而在一定条件下通过许可的方式解除禁止，使其恢复到自由

---

① 张兴祥：《中国行政许可法的理论和实务》，北京大学出版社 2003 年版，第 77 页。

② 参见〔德〕毛雷尔：《行政法学总论》，高家伟译，法律出版社 2000 年版，第 209—210 页。

③ 王名扬：《法国行政法》，中国政法大学出版社 1988 年版，第 514 页。

的状态。"特许"是对国民设定其原本不拥有的权利或者权利能力的行政行为,如电气、铁路等企业的经营许可。"认可"是指行政机关补充第三者的合同行为、共同行为等法律行为,使其完成法律上的效力的行政行为,如农地权利转移的许可。关于许可和特许、认可的分类,其基础在于日本行政法学经典理论中对行政行为的分类。依日本行政法的经典理论,行政行为分为命令性行政行为(免除私人特定义务或者命令私人履行特定义务的行为)和形成性行政行为(赋予权利能力、行为能力、特定的权利或者设定总括性法律关系、使法律上的效力发生、变更、消灭的行为)。许可属于命令性行政行为,特许和认可则属于形成性行政行为。[①] 即许可是免除私人所负的一般性禁止义务(不作为义务)的行为,而特许是直接设定相对人的权利能力、行为能力、特定的权利或者总括性的法律关系的行为,认可则是补充第三者的行为使之完成法律上的效力的行为(补充性行为)。

在美国,一度将行政许可区分为"权利性质许可"和"特权性许可"(privilege)。[②] 前者是指许可申请人和持有人的权利受美国宪法规定的正当程序保护。后者则是指个人没有事先存在的权利而从政府方面取得特权,它源自政府的恩赐,不受宪法上正当法律程序的保护。对特权利益的保护,以创设特权的法律中的规定为限。[③] 20 世纪 60 年代以来,这一划分遭到越来越多的批评,美国法院修正了特权理论。最初的改变是扩大权利的范围,过去所谓特权的某些利益,法院开始将其划进权利的范围。例如,汽车驾驶执照、出国旅行护照和酒类营业执照,过去认为是特权,后来认为是个人的权利。[④] 其后是法院判例确定了从特权到法律上可以主张(entitlement)的权利的原则演变。所谓法律上可以主张的权利是指当事人依照法律规定可以直接享受的利益。最高法院在戈德伯格诉凯利案(Goldberg v. Kelly, 397U. S. 254, 267(1970))中认为,个人和组织依法可以主张的一切财产和自由利益,都受正当法律程序的保护。由此导致正当法律程序适用

① 杨建顺:《日本行政法通论》,中国法制出版社 2000 年版,第 367 页。

② 美国的法院传统上将执照分为两类,对于受社会尊重需要专门学问的职业,例如,律师、医师、建筑师等执照认为是个人权利;但对于从事其他许多职业的执照,例如,出售烈性酒、啤酒经营、弹子房、舞厅等执照,认为是个人的特权。

③ 王名扬:《美国行政法》,中国法制出版社 1995 年版,第 392 页。

④ 〔美〕施瓦茨:《行政法》,徐炳译,群众出版社 1986 年版,第 421 页。

范围爆炸性的扩张。联邦法院和州法院已经认为酒类营业执照持有人，对于继续营业利益具有法律上可以主张的权利，受宪法正当法律程序的保护。当事人对于吊销执照和拒绝更新执照的决定，享有宪法要求的听证的权利。在美国，除法律上“权利性质许可”与“特权性许可”的区别之外，在学理上还有多种关于“特许”观点。有学者归纳了“特许类的许可证”，是指具有数量限制，并且主要涉及经济利益，如出租车特许权、职业许可、电力企业许可、电信执照、飞机场停机泊位等。[①] 还有学者认为，“特许”(franchise)，是对有限资源进行配置的一种方式，如出租车业的经营许可。[②] 美国权威的《布莱克法律辞典》对行政许可的不同形式(包括许可、准许、登记、特许)作了相应的解释，其中，特许(privilege)是指法律上的特别的权利，是义务的免除(a special legal right, exemption, or immunity granted to a person or class of persons; an exception to a duty)。[③]

英国的许可证源于英王的特许权，如特许某些人拥有土地并在土地上居住等，后来随着英王行政权力的逐步缩小，特许权也不断减少，但政府在行政管理中却借鉴了这种运用许可权进行管理的方式。《牛津法律大辞典》把许可、特许、许可证、执照等统称为 Licence。

---

① 哥伦比亚大学法学院的 Peter Strauss 教授将行政许可分为三类，除特许类的许可证外，还有注册或者控制性的许可证，这类许可证既不涉及数量限制，也不涉及非经济性社会利益。包括钓鱼许可、汽车驾照、飞行员驾照等；控制对社会有害活动的许可证。这类许可证不涉及数量限制，但涉及重大的社会利益，如建筑许可、餐馆执照、危险废弃物排放许可、核电站安全许可等。Peter Strauss 教授 2000 年 7 月 4 日在中美政府规制与行政许可法研讨会上的发言，引自李富莹：《美国专家谈行政许可法》，国务院法制办：《政府法制参考》2000 年第 4 期。

② 加州大学 Stanley Lubman 教授认为，美国行政许可主要有四种：一是允许(permit)，即对具备了某种客观技能和水平的人从事某种活动的许可，如汽车驾照；二是资格证明(certification)，即对具有相应教育经历或者专业资格的人从事特定职业的一种能力证明；三是特许(franchise)；四是执照(license)，是对经营关系公众健康、社会福利事业的一种许可，如餐馆经营执照。Stanley Lubman 教授 2000 年 7 月 4 日在中美政府规制与行政许可法研讨会上的发言，引自李富莹：《美国专家谈行政许可法》，国务院法制办：《政府法制参考》2000 年第 4 期。

③ 许可(licensing)除了指批准他人使用受到保护的工业产权外，还用来指代政府颁发许可证的程序(a governmental body's process of issuing a license)；准许(permission)则指许可证或者允许从事某项活动或者授权(a license or liberty to do something, authorization)；登记(register)则指对公司股东姓名、住址等事项的官方记载(an official record or list, such as a corporation's list of the names and addresses of its shareholders)。Bryan A Garner: *Black's Law Dictionary* 7th ed., West Group, 1999。

二、国内关于特许的认识

国内对于行政特许的论述,多以国外的理论为基础。由于各国关于行政特许的法律规定和理论各式各样,国内对行政特许这一概念的具体内涵,一直有不同观点。其中,德国行政法理论中的“特别许可”影响最大。国内关于特许的概念,要么是将“特别许可”的含义照搬,要么是将“特别许可”与其他关于特许的理论综合起来下定义。具有代表性的观点有:

1. 特许是对一般情况下严格禁止的行为,只在极其特别的条件下才能解除禁令的行为。与一般许可相比,条件更严格,申领程序更复杂,发放机关层次也较高。① 如向海洋倾倒二类废弃物需要向海洋局申请特别许可证,倾倒三类废弃物只要申请普通许可证。

2. 特别行政许可有两种情形:一是普遍禁止下的解禁许可。如持枪许可、爆炸物品生产销售许可;一是指有限公共资源使用许可,如无线电频率占用许可、基础设施经营许可等。②

3. 特殊许可是指除符合一般许可的条件外,对申请人还规定有特别限制的许可,又称“特许”,如持枪许可。同时,特许还可发生在自然资源的开发利用、有限社会公共资源的配置领域。特许涉及有限的特定对象之特别的权利和资格。③

4. 行政特许是法律之外的,在公共利益、国家利益、社会利益的前提下对法律的变通,它允许行政机关灵活执法。例如,湖泊属于水资源,不允许破坏。为了城市交通和城市发展的需要,行政机关可作出对该湖泊进行填土造地的决定。④

5. 认为行政上的特许,大体可分为从事经营行为的特许和非经营性的特许。非经营性的特许,是指不能带来经济收入的特许,例如,我国规定一

---

① 马怀德:《行政许可》,中国政法大学出版社 1994 年版,第 21 页。

② 参见北京市政府法制办:《北京市行政许可调查报告》2001 年 4 月印刷本,第 14 页;转引自张兴祥:《中国行政许可法的理论和实务》,北京大学出版社 2003 年版,第 84 页。

③ 参见罗文燕:《行政许可制度研究》,中国人民公安大学出版社 2003 年版,第 151 页。也有观点认为,特殊许可,又称特别许可,仅指除符合一般的法定条件外,还对申请人有特别限制的许可,因而又称特许。参见李震山:《论行政许可行为》,《1998 年海峡两岸行政法学术研讨会实录》,台湾地区政治大学法学院 1999 年版,第 191—193 页。

④ 高向荣:《论行政法上的特许行为》,《湖北民族学院学报哲社版》2000 年第 1 期,第 30 页。

个夫妇只能生一个小孩，然而在特殊情况下可能会允许某些夫妇多生一个小孩。经营性的特许，主要是与经济活动有关的事业。[①]

在实务界，行政特许概念的多样性表现为立法上的随意性，"同样的名称，用于规范不同的事物。如，特许这一名称，既用于枪支管理，又用于特种行业管理，还用于野生动物保护"[②]。例如，1997 年通过的《中国公民自费出国旅游管理暂行办法》，确立了由主管机关颁发审核证明和经营中国公民自费出国旅游业务特许证制度；1992 年发布的《陆生野生动物保护实施条例》，确立了由野生动物主管部门或其授权的单位颁发特许猎捕证。

第三节　行政特许的界定

一、《行政许可法》中的特许

2003 年 8 月，《行政许可法》正式出台。《行政许可法》没有规定行政"特许"这一概念。而此前，国务院提请全国人大常委会审议的《行政许可法（草案）》在行政许可的分类中列举了"特许"，并以专条规定了特许的适用范围。国务院的起草说明对"特许"的解释是，"特许是由行政机关代表国家向被许可人授予某种权利，主要适用于有限自然资源的开发利用、有限公共资源的配置、直接关系公共利益的垄断性企业的市场准入等。海域使用许可、无线电频率许可是典型的特许。特许的功能主要是分配稀缺资源，一般有数量限制"[③]。在说明中，特许与普通许可、认可、核准和登记相并

① 刘强：《政府特许经营权法律问题研究》，西南财经大学 2002 年硕士论文。

② 张兴祥：《中国行政许可法的理论和实务》，北京大学出版社 2003 年版，第 62 页。

③ 国务院《关于〈中华人民共和国行政许可法（草案）的说明〉》，载全国人大法工委国家行政法室主编：《中华人民共和国行政许可法释义与实施指南》，中国物价出版社 2003 年版，第 233 页。

列[①],从关于普通许可、认可、核准和登记的具体说明中可以看出,这四者尽管适用范围和对象不同,但具有合条件性、一般没有数量限制的共性,从而在整体上区别于特许。

在制定行政许可法的过程中,基于特许的复杂性,各方争议较大,最终全国人大常委会审议通过的《行政许可法》文本中没有出现"特许"的概念,仅在第 12 条第 2 项中保留了原草案关于特许适用范围的规定,只是表述稍有差异——"有限自然资源开发利用、公共资源配置以及直接关系公共利益的特定行业的市场准入等,需要赋予特定权利的事项"。尽管如此,在《行政许可法》出台后,有关行政许可的诸多著述中,都将《行政许可法》第 12 条第 2 项内容概括为"特许"。[②] 特许的概念最终经由立法统一了起来。但是,对特许与其他几类许可之间的区别,行政法学界只是依据《行政许可法》的规定做了一些直观的阐释(这也是我国法学研究的一个普遍现象,一部法律出台后,相关研究大都成了"注释法学"),对两者在权源上和机制上的差异却没有深究。而该条的规定,充其量是对行政特许概念的事实类型化,对行政特许概念的理念类型化还有待进一步抽象。

① 国务院关于许可法草案的说明的具体内容为:"普通许可是由行政机关确认自然人、法人或者其他组织是否具备从事特定活动的条件。它是运用最广泛的一种行政许可,适用于直接关系国家安全、经济安全、公共利益、人身健康、生命财产安全的事项。普通许可的功能主要是防止危险、保障安全,一般没有数量控制。""认可是由行政机关对申请人是否具备特定技能的认定,主要适用于为公众提供服务、直接关系公共利益并且要求具备特殊信誉、特殊条件或者特殊技能的资格、资质。认可的主要功能是提高从业水平或者某种技能、信誉,没有数量限制。""核准是由行政机关对某些事项是否达到特定技术标准、经济技术规范的判断、确定,主要适用于直接关系公共安全、人身健康、生命财产安全的重要设备设施的设计、建造、安装和使用,直接关系人身健康、生命财产安全的特定产品、物品的检验、检疫。核准的功能也是为了防止危险、保障安全,没有数量限制。""登记是由行政机关确立个人、企业或者其他组织的特定主体资格。登记的功能主要是确立申请人的市场主体资格,没有数量控制。"国务院《关于〈中华人民共和国行政许可法(草案)的说明〉》,载全国人大法工委国家行政法室主编:《中华人民共和国行政许可法释义与实施指南》,中国物价出版社 2003 年版,第 233—234 页。

② 《行政许可法》最终没有对许可的分类作专门规定,条文中没有出现草案及说明中的分类概念,但在许可的范围中保留了每一类许可内容以及其后相应的特别程序规定。同特许一样,普通许可、认可、核准、登记在《行政许可法》出台后,也成为行政法理论和实务界的通行概念,尽管法律中没有直接规定。

二、行政特许的定义

本书认为，特许，无论是谓之“特殊许可”还是“特别许可”，都是相对于“一般许可”[①]而言。之所以能成为一般许可的对立概念，必定是在内涵上与一般许可有实质性差异，而不仅仅是严苛程度有所不同。在国内外关于特许的各种观点中，将特许视“普遍禁止的解除，于例外情形特许为之”（德国法中的特别许可），或者认为特许是“对申请人有特别限制”的，都不应成立为特许。理由在于，前面提到的这些许可只是因为较严重地涉及国家安全或公共安全，而规定了严格的取得许可的条件，但也只是对公民行使权利的条件的核实，而不是赋予权利；同时，公民此次不符合行政许可的条件，也不意味着他不享有权利或者下一次不能再申请行使这项权利。在许可的适用条件和功能上，这些许可与普通许可并无二致。正是在这个意义上，德国学者毛雷尔认为，特许与普通许可的区别只是程度上的差异，而无本质上的区别。既如此，将本属普通许可的一部分情形又特别概括为特许与之并列，既无必要，又徒增逻辑上的混乱。

在法学方法论中，关于法律概念，理论上认为法律概念具有两方面的功能：一是说明功能，即仅仅只是作为为说明现存法律制度的状态提供客观情报的手段；一是工具功能，即在法律解释理论中作为推导出实践性解释基准（应然基准）的手段。为实现说明功能形成的概念为“说明概念”，为实现工具功能形成的概念为“工具概念”。[②] Philipp Hecky 也主张应区别编纂概念（die Ordnungsbegriffe）与当为概念（die Sollegriffe），他认为“只有利益（die Interessen）经由转而当为观（die Sollvorstellung）后，对法规范（die Rechtsnormen）的产生始有因果关系；反之编纂概念仅属观察法律，说明法律的衍生

---

① 从文义上讲，特许与普通许可或者一般许可相对应。由于目前行政法理论界和实务界受《行政许可法（草案）》的影响，已习惯于将《行政许可法》第 12 条第 1 项的有关内容称为普通许可（即本书所称的“批准”型许可），为与此概念相区别，本书使用一般许可一词来概括特许以外的其他四类许可（即《行政许可法（草案）》中的普通许可、认可、核准和登记）。

② “说明概念”与“功能概念”的区别，参见〔日〕藤田宙靖：《行政法学的思考形式》，第 346—347 页。转引自易继明：《私法精神与制度选择——大陆私法古典模式的历史含义》，中国政法大学出版社 2003 年版，第 68 页。

结果,对法规范的产生,并无因果关系"[①]。其所谓编纂概念相当于说明概念,当为概念相当于工具概念。

从编纂角度看,特许与一般许可相对应,其上有行政许可。然而,何以将行政许可分为一般许可与特许,如同将法律行为分为契约与非契约,将契约分为有偿与无偿一样,在这处理过程中不能离开价值的考虑,属于当为问题。"盖对所观察的对象进行类型化时,便已有基本的价值取向在里面。因为用不同的方法来区分,区分的结果就有不同的功能,这些不同功能的设定本身便具有目的性,它是带有意志的价值判断。"就行政许可而言,区分普通许可与特许的目的在于,确定不同性质和功能的许可,并设定与其性质和功能相适应的适用条件、实施程序与救济机制。

依此标准考察,在有关特许的法律制度和理论中,以下三种概念为工具概念:其一,将特许视为政府授予的特权并表示权利救济之不同,如美国法中的特权性许可;其二,将特许概括为对国民设定其原本不拥有的权利或者权利能力的行政行为,如日本行政法中的特许;其三,认为特许是对有限资源的配置。如前所述,特权性许可在现代法治下已式微,因而作为工具概念的特许的内涵只能从权利的属性和功能上进行抽象。

如前所述,在行政许可中,财产权许可的权利基础是国家财产权。财产权许可的功能在于保护和最优配置国家掌握的稀缺资源。而行为自由许可的权利基础是国家治权。行为自由许可是对公民是否具备法定的行使权利的条件的审核。行为自由许可的功能在于控制危险。在行政许可中,相对于大多数的行为自由许可,财产权许可具有完全不同的权威基础和功能,并且是少数的、特殊的。因此,如果将行为自由许可称为一般许可,那么财产权许可就是特许。至于特许应当是特殊许可还是特别许可,本书认为,德国法上的关于特别许可为"普遍禁止的例外解除"的观念已相对固定,影响深入人心,因此,如果一定要给"特许"一个全称,特殊许可更为适当。

① Philipp Hecky, *Begriffsbildung und Interessenjurisprudenz*, Verlag Gehlen, 1968, S. 188. 转引自黄茂荣:《法学方法与现代民法》,中国政法大学出版社 2001 年版,第 49 页。

三、对许可性质诸观点的评析

在基本行政立法领域,《行政许可法》开概念解释之先河[①],在第2条即开宗明义地表明:"本法所称的行政许可,是指行政机关根据公民、法人或者其他组织的申请,经依法审查,准予其从事特定活动的行为。"但这个定义还是相对简单的,它回避了对行政许可本质的解答。[②] 作为一种学理或学术的分析,势必不能回避对行政许可性质的解答。[③]

在我国,对行政许可的性质一直没有统一的认识,学理上多种观点并存且争论较大。目前,行政法学界关于行政许可性质的不同观点及其评说主要有:

一是"特权说",即认为许可是行政机关授予公民、法人的一种特权,许可的前提是对一般人的普遍禁止。[④] 学界认为,特权说把行政许可作为一种特权,等于承认公民、法人的权利来自于行政机关的授予与恩赐,这与法治国家的原则相悖,违反了人民主权原则(因为人民的权利来自法律的明确授予,行政机关只是执行法律而已,本质上不存在行政机关可以授予某种特权)和法律平等原则(如果将许可视为特权,等于承认了获得许可的人和其他人之间存在法律上的不平等)。[⑤]

二是"赋权说",认为行政许可是"行政主体依法赋予行政相对人某种

---

① 在我国的法律体系中,《刑法》、《民法通则》以及一些单行的重要法律中往往有一些基本概念的解释。然而,一些重要的行政法律,如《行政诉讼法》、《国家赔偿法》、《行政复议法》、《行政处罚法》,却未对具体行政行为、国家赔偿、行政赔偿、行政复议、行政处罚等基本概念作出解释和说明。

② 在这里有一个疑问,就是作为一个立法定义是否有必要达到对其本质揭示的程度?抑或立法定义与学理定义的界限在哪里?在现今我国的大部分法律中,只有少数几部法律中的立法定义涉及对其性质的揭示,如《民法通则》第54条规定:"民事法律行为是公民或者法人设立、变更、终止民事权利和民事义务的合法行为。"该条的规定使得法律行为概念严格限缩在合法行为的界域内,即只要是法律行为,就只能是合法行为,将能够引起法律意义的事实行为排除在法律行为之外。由此观之,我们可以推断出,立法定义并不必然涉及对其性质的揭示,当然这个推断在逻辑上是不严密的。

③ 在提出这个问题时,蕴含着这样一个潜在的哲学判断,即对于事物性质的揭示有助于加深对其的理解与把握,对于行政许可而言,亦然。

④ 参见江必新、周卫平编著:《行政程序法概论》,北京师范大学出版社1991年版,第109页。

⑤ 参见张吕好:《论行政许可的性质和作用》,《法学杂志》1996年第2期,第21页。

权利和资格的行政行为”[1]。行政许可是一种赋权行为，相对人本没有此项权利，只是因为行政机关的允诺和赋予，才使其获得一般人不能享有的权利或资格。行政法学界认为“赋权说”存在认识偏差，主要是作出具体行政行为的行政主体是无权“赋予”行政相对人以权利的，权利是法定的（包括享有权利和行使权利），许可在于审查是否符合行使法定权利的条件。[2]

三是“解禁说”，即认为行政许可的内容是国家普遍禁止的活动，但为了适应社会生活和生产的需要，对符合一定条件者解除禁止，允许其从事某项特定的活动，享有特定的权利和资格。[3] 同样，学界认为，解禁说以对一般人的普遍禁止为前提，这一前提有违法律平等原则，也与我们建设社会主义民主法治国家的理想以及我国人们享有广泛、真实的权利相悖。并且，以“普遍禁止”为前提，在字面意义及理解上，既然是“普遍禁止”，就不应允许有“许可”的存在，只有在有条件的限制（或有限的禁止）的表述下，才可与许可对应起来。[4]

四是“折衷说”，即认为行政许可既是对行政相对人禁止义务的免除，又是对行政相对人权利或资格的授予。[5] 对此，学者们认为，该观点对一个事物的性质没有给出一个清晰的答案。

五是“证权说”或者“权利验证说”，即认为行政许可是对权利人行使权利的资格与条件加以验证，并给予合法性证明（而非权利的赋予）。[6] 这一

---

① 胡锦光、杨建顺、李元起：《行政法专题研究》，中国人民大学出版社 1998 年版，第 147 页。罗豪才教授也持这种观点。参见罗豪才：《行政法学》，北京大学出版社 1996 年版，第 175 页。

② 郭道晖：《对行政许可是“赋权”行为的质疑——关于享有与行使权利的一点法理思考》，《法学》1997 年第 11 期，第 8 页。

③ 参见马怀德：《行政许可》，中国政法大学出版社 1994 年版，第 421 页。

④ 参见应松年、杨解君主编：《行政许可法的理论与制度解读》，北京大学出版社 2004 年版，第 86 页。

⑤ 参见方世荣：《行政许可的涵义、性质及公正性问题探讨》，《法律科学》1998 年第 2 期，第 31 页。

⑥ 郭道晖：《对行政许可是“赋权”行为的质疑——关于享有与行使权利的一点法理思考》，《法学》1997 年第 11 期，第 8 页。另参见应松年、杨解君主编：《行政许可法的理论与制度解读》，北京大学出版社 2004 年版，第 89 页；该书认为“权利验证说”混淆了行政许可与确认，因而是不当的，但同时主张行政许可在实质上的特性“是一种对当事人行使权利的资格或条件是否具备的核准行为”，笔者看来这与权利验证说在内涵上是一致的，只是表述上更为准确而已。罗文燕：《行政许可制度研究》，中国人民公安大学出版社 2003 年版，第 151 页。

观点得到了当前行政法学界较为普遍的支持。但也有学者认为,将所有的行政许可都认为是确权行为时就会面临解释不通的局面。如警察许可可以视为权利的确认,而公共企业的设立则很难说是确认权利。[①]

对这些不同观点,有学者认为它们相互之间并不是截然对立的,只是认识角度不同造成的。[②] 笔者认为,从行政许可种类的多样性和复杂性方面来看待这一问题可能更恰当。

行政许可的一个重要特点就是种类复杂,各种行政许可之间在性质、功能、程序等方面都有所不同。因此,具体到一种行政许可的性质是什么,需要结合行政许可行为的具体形态,从其对自然人、法人或者其他组织权利义务的影响上去分析、界定。对行政许可性质的揭示,应当在区分受不同规则调整的行政许可的基础上进行归纳和提炼。

上述关于行政许可性质的观点大都只是对部分类型的行政许可本质的归纳,对另外部分的行政许可缺乏足够的解释力。例如,"赋权说"认为自然人、法人或者其他组织本没有某项权利,只是因为行政机关的允诺和赋予才获得被许可的权利,这应当仅限于财产权许可。"解禁说",就权利有条件地恢复而言,对应的只是行为自由许可。[③] 目前较多地认同的"认证说",即"行政许可是一种对当事人行使权利的资格或条件是否具备的核准行为"这一界定,其实也仅涵盖了行为自由许可。

对于广为学界所批评的"特权说",笔者倒认为如果以分析法学派对特权的定义为基准,可能会得出不一样的结论。分析法学派认为,狭义的权利(right)与特权(privilege)是不同的,狭义的权利是与义务(duty,即个人应当做或不应当做什么)相对的,权利就是claim,即主张和请求的意思。而特权是指一个人可以做某事的自由。特权是对义务的否定。例如,X与Y签订了合同,约定Y可以进入X的土地,这样,Y就有了进入土地的特权。因为,

① 参见张兴祥:《中国行政许可法的理论和实务》,北京大学出版社2003年版,第10—11页。

② 同上书,第10页。

③ 在日本行政法中,"一般禁止的解除"型许可在行政法学中被称为警察许可。例如,在日本,当铺、公共浴室、饭店等一般的营业许可具有警察许可的性质。因为这类营业行为原本属于私人可以自由从事的活动,但为了防止这类活动对公共秩序可能造成的恶劣影响,在制度上以法律的方式设定一般性禁止,然后根据具体的申请,当申请人无不适当情况时便解除该禁止即给予许可,允许其从事原本可以自由从事的活动。参见朱芒:《日本的行政许可——基本理论和制度》,《政府法制研究》2000年第8期,第22页。

X 与 Y 的合同免除了 Y 不进入土地的义务。[①] 在行政许可中,经许可后,权利人(广义的)就享有做或不做某事的自由,即特权。因此,从分析法学的语境来看,特权说并不像我国行政法学界普遍批评的那样,与法治国家的原则相悖,违反了人民主权原则和法律平等原则。这一批评是在中文的语境中展开的,因为中文"特权"一词的含义与分析法学派中的 privilege 实在是相差太大了。笔者认为,行政法学界在评论特权说时,没有考虑到我国有关行政许可及特许的有关概念、理论都是从国外引进,在术语的借用上可能存在引人误解的情况。但尽管对特权说的批评可能有失偏颇,特权说仍然存在没有涵盖所有许可类型的问题。从许可的权利是否可以自由行使来看,许可分为"权利性许可"(可放弃的许可)和"附义务许可"(不可放弃的许可)。前者被许可人可以自由放弃行使所许可的权利,后者被许可人则附有必须行使该权利的义务和责任,如公用事业特许。在此情形下,采取分析法学派对特权的界定,特权说可以解释大多数权利性许可,但却不能覆盖附义务的许可。

《行政许可法》根据行政许可的事项范围和作出方式将行政许可分为普通许可、特许、认可、核准和登记五类。根据本书的分析,从许可的机制上看,行政许可分为一般许可(即行为自由许可)和特许(即财产权许可)两大类,两者在功能和性质上不同。对于行为自由许可而言,许可是对当事人行使权利的资格或条件是否具备的核准行为。对于财产权许可而言,许可是对当事人赋予特定权利的行为。例如,通常的营业许可本属私人的自由领域,只是为了防止对社会公众产生不良影响,才由法律规定具备一定条件的人才可行使其权利,对这种行政许可可以归于权利的确认;但电、气、水等供给事业及运输事业,是提供国民生活必需的服务的公益性极高的事业,其营业本来不适合于委任给私人自由经营,而应得到国家的特别承认,在接受国

① 这是霍菲尔德狭义解释的观点。现代分析法学派的创始人边沁最早在《特定的法理学的范围》一书中区分了 liberty 和 claim 两个概念,认为这是两种不同的权利。第一种权利 liberty 不依赖于相应的法律义务而存在,是做或不做什么的自由权;第二种权利 claim 则依赖于相应法律义务而存在,即要求他人做或不做什么的权利。相对于这两种权利,有两种法律,信赖于义务的权利是由强制性法律授予,而不需要义务的权利,则是由非强制性法律或许可性法律授予。后者又有三种情形,其一就是积极的许可或撤销(active permission, or countermand),法律许可某些行为,而在此前,法律禁止或强制做或不做某事。霍菲尔德在英语中与特权(privilege)的意思最相近的词是自由(liberty)。参见王涌:《私权的分析与建构——民法的分析法学基础》,中国政法大学 1999 年博士论文,第 59 页。

家业务监督的前提下实施，这种营业许可有特许经营的属性，应与权利的确认有所区别。如果对行为自由许可和财产权许可这两种基本许可类型的不同点不加详察，就很难科学地把握行政许可的性质。

就行为自由许可与财产权许可而言，两者呈现不同的外在形式特征、反映了不同的内在权利义务关系，而其共同点是允许某人做某事(《行政许可法》即采取了这一表述)。通俗地讲，行政许可是指个人或组织不经行政机关事先同意就不得从事某一活动，未经许可从事某一规定的活动即为违法。"至今人们对许可的行为的性质仍莫衷一是，但有一点可以肯定，即相对人申请许可获得的权利，无论是一般权利还是特许权，对一般人都是普遍禁止的，行政机关仅是有条件地向特定人解禁。"①因此，笔者在整体上赞同"解禁说"，但认为应对其中的"对符合一定条件者解除禁止"的说法稍作修正。因为对于行为自由许可而言，法律设有相关行使权利的条件，在此前提下存在行政机关"对符合一定条件者解除禁止"。而对于行政特许而言，某些种类的特许并未设定行使权利的条件，而只是由个人或组织通过拍卖方式来取得有数量限制的权利或资格。在笔者看来，从反映行政许可内在属性和具有整体涵盖性上看，可以将行政许可直接定性为对禁止行为的解除。

小　　结

从民事许可与行政许可的结构分析中可以得出这样的结论：民事许可为民事权利让渡的一种方式，主要表现为财产权许可。行政许可包括财产权许可和行为自由许可，前者是转让财产使用权的一种方式，后者是行政权对公民权利和自由进行事前抑制和干预的一种手段。行政特许与一般许可相对。作为说明概念，行政特许是对《行政许可法》第 12 条第 2 项内容的概括。作为工具概念，行政特许是指财产权许可，一般许可为行为自由许可。

国家身份具有特殊性，既可以是公法主体，也可以充当民事主体。当国家基于其财产权作出许可时，其为民事许可还是行政许可中的财产权许可，取决于国有财产是私产还是公产。

---

① 应松年主编：《行政行为法》，人民法院出版社 1993 年版，第 424 页。

第二章　行政特许的客体

——国家公产的论争

行政特许是政府对其掌握的有限自然资源、公共资源以及垄断行业的经营机会的许可利用,有限自然资源和公共资源以及垄断行业的经营机会均属于政府管理或所有的财产。政府管理或所有的财产在理论上涉及行政法和民法上的“公产”制度。

公产源于罗马法,是一个古老的法律范畴,但在内容上至今还缺乏系统的界定,在性质上究竟应受私法还是公法支配,也还存在极大的争议。公产制度中诸多问题的存在,一方面在于民法着重于研究私人所有权,对公产的理论建构并不注重,另一方面在于在行政法领域,公物法绝大部分是基于不成文的规则,是在学理和司法中发展起来的,并侧重于公物的利用和管理关系。而对于行政特许,离开对公产内容和性质的普遍认同和准确定位,将面临行政特许的理论构造难以达成,实践中有关特许的市场化配置及可转让性问题无法解释的尴尬困境。因此,本章专门针对公产的有关问题展开讨论。

第一节　公产的概念

当今世界各国都存在公有或公共所有或公共财产的法律词语,英文为 public property,西语为 propiedad public,法语为 domaine public。这些词语可译为“公产”。公产与私产相对应。公产关涉私法,许多国家的民法典都对公有财产有所规定。公产也是行政法的内容(在行政法领域称为公物),在行政组织法上被认为具有与公务员一样的重要性,即公物是作为行政的物的手段而存在，与作为行政的人的手段而存在的公务员相对应。[①] 此外，经济学以“私人能拥有什么”的问题为进路，对公产有其独特的分析视角和理论工具。

公产概念的形成，严格地说，确立于近代资产阶级革命之后，但它的理论渊源可追溯至古罗马法。

一、罗马法：公产概念之源

公产与私产的区别在古代罗马法上就已经存在。罗马人根据物可否为个人所有将物区分为公有物和私有物。古罗马法学家盖尤斯在他的《法学阶梯》中有过经典的表述：“那些由人法支配的物品或者是公有的，或者是私有的。”“公有物被认为不归任何人享有，实际上它们被认为是全体的或共同体的。私有物是归个人所有的物品。”[②]公有物即是不为任何人所有、而为某个社会共同体的全体成员所共有的财产。这些财产被分为三类：一是供人类共同享用而不限于罗马市民享用的共有物（res communes），如空气、阳光、海洋等；二是由全体罗马市民共同享有的公有物（res publicae），如河川、公路、牧场等；三是由市府团体拥有的公用物（res universitatis），如戏院、斗兽场等。[③] 公有物被看作是社会中所有成员共同享有的，实际不归任何人所有，对任何一部分公有物任何人均不享有处分权。这样，公有物就存在一个管理并维护秩序的问题。在古罗马，这种公共管理机关即为国家。

在罗马法物的分类中，还有一个基本分类，即交易物（拉 res in commercio 又译流通物）与非交易物（拉 res extra commercium 又译非流通物）。这一分类的作用在于界定哪些客体可以自由流转并纳入到私法规范中。在罗马法中，只有可交易的物才称为财产（拉 patrionio），不可交易物一般不称为财产或者说是私法中的财产。这意味着罗马法实际上是将公有物排除在私法财产范围以外的。

公有物和私有物是从主体角度划分的，而交易物和非交易物是从能否

---

① 肖泽晟：《公物、公物法与公营造物》，载应松年主编：《当代中国行政法》（上卷），中国方正出版社 2005 年版，第 435 页。

② 〔古罗马〕盖尤斯：《法学阶梯》，黄风译，中国政法大学出版社 1996 年版，第 82 页。

③ 〔罗马〕查士丁尼：《法学总论——法学阶梯》，张企泰译，商务印书馆 1989 年版，第 49 页。

流通或流转,能否为私人自由占有、获得,能否纳入民事流转秩序划分的。尽管分类的角度不同,但基于非交易物不能为个人获得和公有物归共同体或不归任何个人所有的事实,两种分类形成了某种程度的竞合:交易物主要为私人所有;非交易物主要是公有物(除人法物中的公有物外,非交易物还包括因与祭祀有关的由神法规范的神法物)。公有物实际上就是那些因其被法定用于公共目的,才成为不可交易的物。

罗马法中关于公有物与私有物的划分以及公有物为不可交易物的制度和观念,对后世各国的财产管理制度产生了深远的影响,在其基础上形成了公产与私产的概念以及公产不可转让的特征。

此外,除了公有物外,古罗马社会的国家也掌握着可以参与商事流转的"自有财产",这一类物或财产即属于交易物的范畴。[①] 罗马社会在人类历史上较早地确立了公共机关这种公、私分立的财产体制,小到市镇,大到国家的公共机关除执行公共事务管理和公共秩序维护(包括维护公有物利用秩序)外,还拥有可交易的私产,以使国家能够参与市民生活。这种国家掌管公有物的同时,还拥有独立可交易财产的做法,为以后公共财产与国库财产的分离奠定了基础。

二、《法国民法典》:公产概念的确立

随着日耳曼人入侵,罗马帝国灭亡,罗马法所建立的发达的私法制度,被以原始部族习惯为主的日耳曼法所取代。[②] 日耳曼统治下的社会不断演变,形成欧洲中世纪的封建体制。封建财产所有权制度使以前罗马社会存在的所有权——无论是个人的还是公共的——消失和模糊。在整个中世纪

---

① 如在国家这一层次,罗马很早就确立了属于全体市民的公共金库(拉 aerarium)和属于皇帝(恺撒)国库(拉 fiscus)的区别。国库属私法调整,金库属公法调整。在市层次上,也存在"市有物"概念。乌尔比安的《论告示》曾对将市有财产等同于公有财产加以批驳:"市府的财产(拉 bona publica)曾被误认为公有财产(拉 bona civitatis):因为只有属于全体罗马人的财产才是公有财产。"〔意〕桑德罗·斯契巴尼:《物与物权》(民法大全选译),范怀俊译,中国政法大学出版社 1993 年版,第 22 页。

② 之后日耳曼法虽然吸收了某些罗马法的内容,但罗马法所建立的概念体系却没有接受下来。这一方面是因为日耳曼社会以财产集体或团体所有为特征,根本就不需要罗马法那一套划分和界定私人权利的概念体系;另一方面是因为日耳曼人原始落后,缺少抽象的理性思维,不宜接受和适用罗马法。

的欧洲社会,原来罗马法中的公有物一方面被纳入封建领主所有权或为共同所有权所吸收;另一方面,被纳入到国王所有权中。一切财产所有权成为既融入公权又包含私权,既属公又属私的一种公私不分的权利。

资产阶级革命的重要任务之一就是要粉碎封建社会的政治与经济、公权与私权、财产权与统治权不分的旧体制,将财产权利从政治的和社会的关系中解放出来,纯化为一种经济权利、一种所有权人可以独立自由处分的权利。资产阶级革命胜利后,他们寄希望于一部法典规范以个人所有权为核心的私权,营造一个个人自由的新社会秩序。《法国民法典》被誉为这样的新秩序的典范。

正如罗马社会将社会中可利用物区分为公有物与私有物那样,资本主义社会也不可能将所有的物都纳入到私人支配之下,成为任何人自由获取、排他利用的私产。因为一定量的公共财产是任何社会共同体或国家共同生活、建立基本的公共秩序的前提。因此,《法国民法典》在确立私人财产的同时,确立了公共财产。

1804 年《法国民法典》在财产分类一章中的"财产与其占有人的关系"一节,基本上区分出属于私人的财产和不属于私人的财产。不属于私人所有的财产分为公共所有财产和区、乡公有财产。《法国民法典》第 538 条至第 541 条确定了公共所有的财产范围。其公共财产的范围,除了罗马法归入共用物中的个别物(如空气)外,基本上与罗马法中的公有物范围相吻合。由此可见,《法国民法典》继承和重新恢复了罗马法所建立的个人所有权制度和公有物制度。

但是,《法国民法典》没有明确公共所有的财产是否可以转让交易,而只是规定:"不属于私人所有的财产,依关于该财产的特别规定与方式处分并管理之"(第 537 条第 2 款)。这意味着公共财产被纳入到与民法典(私法)不同的法律规范中。这一时期的主导思想似乎是:国家为公法上的主体,个人为私法上的主体;两种主体对应两种权利——公权和私权,适用两套法律体系——公法与私法。此外,作为当代第一部民法典的《法国民法典》在肯定公有财产的同时,并没有明确地提出"国家自有财产"(国家私产)的概念。

三、国家公产与国家私产的区分

国家公产与私产的区分在古罗马时期已有萌芽，如国家的金库及“市有物”。《法国民法典》虽然规定了公共财产，但并未区分公共财产与国家私产。这种区别是在近代法国行政法中首先由学说提出来而后为法院的判例所接受，最后出现于成文法中的。

（一）公产与私产概念的提出

1833年，第戎法学院院长V.普鲁东受民法学说的启发，著书《公产论》，对公产理论首次作出系统说明。他认为，在政治共同体的财产中，有一些属于共同体所有，可以用作谋取利益，如同私人的财产属于私人所有一样，为私产；另一些则是公共的财产，供一般公众使用，叫公产。正因为公共财产供公众使用，所以，在其用途未改变之前，它不得转让，也不得作为取得时效的标的。普鲁东的理论在19世纪后期很快为学术界和司法界所接受，认为公产不能转让，也不因时效而丧失。舆论界主张，必须把行政主体的财产在法律上一分为二，一类受私法规范，一类不适用私法规则。[①] 其后，将政府管理的财产区分为公产与私产的做法在法国得到了判例和成文法的肯定。在法国现实法上，公产一般受公法的支配，由行政法院管辖。私产一般受私法的支配，由普通法院管辖。[②]

（二）公产与私产的认定标准：客观标准与主观标准

公产与私产的区别标准主要是公共使用目的。[③] 所谓的公共使用有三层含义：一是非排他性，也就是说一个人对某项公产的使用并不能排斥他人的使用；二是同时性，允许不特定的多人同时使用；三是直接性，这种使用是直接利用公共财产的财产价值。[④]

公共使用目的的判定标准经历了由客观标准到客观标准与主观标准并行的变化。19世纪的公产理论认为，某些财产由于其自然特性只能为公共使用，而不能处在私人所有之中，例如，道路、河川、海岸等。20世纪以后公

---

① 王名扬：《法国行政法》，中国政法大学出版社1988年版，第303页。

② 同上书，第305页。

③ 公共使用目的体现了公共利益的要求，但不等同于公共利益，因为公共利益的范畴要大于公共使用目的。

④ 参见徐艳荣：《公物初论》，中国政法大学2004年硕士论文，第31页。

产理论有很大发展,认为公产的范围不限于自然性质属于公众使用的财产,虽然某些财产本身可以成为私人所有的客体,但是由于国家或者其他公共团体指定供公共使用,也可以归入公产之列。这种公共使用指定(德国法上称之为命名),既可以通过法律程序,也可以通过事实程序。

经过这样的发展,公产成为非常复杂的制度,公产与私产的区分具有相对性质。尽管公产与私产的分类具有一定的相对性,但法国等国的做法由于有效地保障了公众自由、平等、安全、免费(或低费)利用公物的权利,提高了公物的利用效率,因而对世界各国的财产管理制度产生了深远的影响,并使公物法成为大陆法系国家行政法的重要组织部分。

(三) 公产与私产的定义

在现代法上,国家公产是指属于国家所有且直接为公众使用或为公共利益目的由国家机构所使用的财产。成为公物须具备两项条件:一系直接供公的目的使用;二系处于国家或其他行政主体支配之下。[①] 国家私产则是指公产以外其他可供收益或处分的国有财产,如政府管理的动产、“存放于国外的外汇、投资于营利事业之公股等”[②]。私产也称财政财产或者国库财产。

国家公产与国家私产的区分表明,并非所有政府支配的财产都是公产。在此,值得注意的是,公产的概念与我国公有财产的概念截然不同。我国公有和私有的概念是从主体角度划分的,归个人所有的即为私有,归全民(国家)或集体所有的即为公有。而公产与私产是依客体性质划分的,公产是那些为公共利益和目的而存在的财产。因此,尽管对全民所有的财产进行支配的主体主要是行政主体,但是这些财产中的很大一部分仍然属于私产的范畴,这类财产并不直接服务于社会公共利益,而是通过扩大财产和为公共预算获取收益而间接地服务于公益(即所谓的财政财产或国库财产),如经营性的国有资产、国家出于收益原因进行投资的不动产等。因此,公有财产中只有部分财产属于公产。

(四) 民法典中的公产与私产

许多国家的民法典对国家公产和国家私产作了区分,明确将公共机构

---

① 吴庚:《行政法之理论与实务》,中国人民大学出版社 2005 年版,第 135 页。

② 同上书,第 136 页。

管理的财产划分为两部分，一部分为公共或全民使用的财产，另一部分为国家私有财产或国库财产。这些国家有西班牙、意大利、墨西哥、阿根廷、委内瑞拉、智利、危地马拉等。例如，在大陆法系中较有影响的《智利民法典》将国家财产划分为“公用国有财产或公共财产”和“国家财产或国库财产”。[①]《墨西哥民法典》在第767条明确规定：“公有财产，分为公用财产，为公共事务之用的财产以及具有私有性质的政府财产”，紧接着对两类财产进行了界定：“公用财产，不得转让，也不因时效而消灭。在法律规定的范围内，所有公民都可以对其进行利用；如果没有特许或特别法的许可，不得进行专门利用”，“联邦政府、州政府或自治市政府，对为公共事务之用的财产和具有私有性质的政府财产，享有完全的所有权，但前一财产不得转让，也不因时效而消灭，只要它一直供公共事务之使用”。[②] 前面列举的其他国家的民法典也有类似规定。

公产与私产的作用、法律性质都有区别。行政主体的私产受私法的支配，法律地位同公民自有财产的法律地位一样。公民对其财产享有所有权，可以使用和处分其财产，取得由其财产所产生的利益。行政主体同样对其私产具有所有权，按照私法规则使用、处分其私产，取得其私产所产生的利益。与私产不同，行政主体的公产是供公众使用或供公务使用的，行政主体对它的支配受到很大限制。问题随之而来，行政主体对其公产所具有的权利性质如何？行政主体对公产是否具有所有权？如果具有所有权，是否是民法上的所有权？

第二节 公产的性质

公产的性质，实质上是公产应受何种法律支配的问题。在比较法上有一元论与二元论的区别。“法国有关公物之规范，完全属于公法之范畴，并无私法之适用，是为一元论；德、瑞等国之公物法既包括公法亦适用私法，故

① 《智利民法典》第589条规定：其所有权属于国家的财产，谓“国有财产”。国有财产的使用如属于全体国民，例如，街道、广场、桥梁、道路、近海及其海滩，谓“公共国有财产”或“公共财产”。其使用一般不属于国民的国有财产，谓“国家财产”或“国库财产”。

② 《墨西哥民法典》第768、770条。

称二元论。”①一元论与二元论各有其不同的法理基础，分别以具有代表性的法国和德国的法律规定及理论分析之。

一、法国法上的公产制度及理论

（一）公产上能否成立所有权之争

19世纪的法国，学说基于罗马法和《法国民法典》中的所有权观念，认为公产不能作为所有权的标的。各学者的论点不是完全一致，但出发点都是罗马法和《法国民法典》中的所有权观念。主要有以下两种理论：一种理论认为，所有权是具有排他性的独占权利，而公产是供公众使用的财产，同所有权的观念不相容。另一种理论主张，所有权含有使用、收益和处分的权能，行政主体对公产不享有这三种权能：首先，公产是供公众使用的财产，行政主体无使用权；其次，公产不产生任何收益，行政主体自然无收益权；最后，在公共使用公产期间，行政主体对公产无处分权。因此，行政主体对公产无所有权，只有保管的权利，它属于保存公产的一种警察权力。

在20世纪占支配地位的学说，是承认行政主体对公产享有所有权。20世纪初，M.奥里乌首先提出公产所有权理论，以后被绝大多数法学家所接受。他们认为，所有权的三种权能在公产中都程度不同地存在着：行政主体最低限度地使用公产；近年来，行政主体越来越多地从公产的利用中取得利益；行政主体虽然在公共使用期间不能转让公产，但这种限制本身就证明所有权的存在，否则没有必要加以禁止。如果行政主体对公产没有所有权，那么，在公共使用废除时，行政主体出卖这项公产的处分权是怎么来的。② 再有，在实际生活中，很多问题必须根据公产所有权的观念才能解决。例如，谁对公产负维修责任？谁对公产可能引起的损害负责赔偿？公产可能产生的收益由谁享有？公产在公共使用废除以后，出卖时价金归谁享有？所有这些问题的解答在法律无明确规定时，只能按公产所有权的理论来解决。法国的现实法律生活完全证实公产所有权的存在。

与法国的学说发展脉络相适应，法国的判例也历经从19世纪不承认行

---

① Vgl. HafeIin/MuIIer. aaO. ,S. 304F. 转引自吴庚：《行政法之理论与实务》，中国人民大学出版社2005年版，第135页。

② 〔法〕M.奥里乌：《公法和行政法纲要》，1914年法文版，第664—668页。转引自王名扬：《法国行政法》，中国政法大学出版社1998年版，第313页。

政主体对公产享有所有权，到20世纪以后明确承认行政主体对公产享有所有权的变化。在19世纪时，法院倾向于认为行政主体对公产没有所有权。例如，1869年最高法院在一个判决中只承认行政主体对公产的保护和看管权利。[①] 20世纪以后，法院的判例明确承认行政主体对公产的所有权。例如，最高行政法院于1909年在其一份判决中，承认巴黎市对它的道路享有所有权。在1923年，该法院称奥兰海港是属于国家的土地。法院允许行政主体提起关于公产所有权的各种诉讼。[②]

（二）公产所有权的性质

行政主体对于公产所有权的行使，只在供公众使用或公务使用的范围内才存在，于是人们经常把这种所有权称为"提供公共使用的所有权"。该特点引起人们的追问：公产所有权与民法上的所有权是否具有相同的性质？对此，法国学术界有两种理论的回答。

以民法为基础的理论认为，公产所有权就是民法上的所有权，只是由于供公共使用的缘故，受到行政法很多限制，在公共使用范围内排除私法的适用；一旦公共使用废除，行政主体就恢复全部民法上的所有权。依照这种解释，公产包含两个不同的因素：公共使用的使命和所有权。公共使用是对所有权所加的一种外在的限制，是所有权为了公共利益而承担的一种役权。尽管受到外在的限制，但公产所有权和一般的所有权的性质没有区别。法国最高行政法院在19世纪末20世纪初曾经在若干判例中持此观点。此类判例认为，国家、省和市镇都是各自公产的所有者。公共使用的使命是所有权以外的一种役权，国家是这个役权的最高决定者。

法国学术界大部分人士对上述判例持批评态度，认为其公产所有权统一理论，实际上取消了国家以外的其他行政主体对公产的所有权，不符合现实的法律情况。所谓公产的公共使用的使命是所有权以外的一种役权，实际上混淆了公法上的所有权和私法上的所有权。从行政主体自己使用的公务用公产来看，行政主体是这项公产的所有者，同时也是该项役权的主体。一个法律主体不能自己对自己主张役权。任何人利用自己的东西都是所有

---

① 〔法〕J. M. 奥比、R. 杜科扎德尔：《行政法》，《公有财产》1983年法文版，第344页，注5。转引自王名扬：《法国行政法》，中国政法大学出版社1998年版，第314页。

② 同上书，第314页。

权的行使，不是利用别人所提供的役权。在行政主体执行各种公务时，公产的所有权和公共使用是一个不可分离的整体。公产的公共使用是所有权的一种表现。最高行政法院认为，公产的公共使用的设定和废除，在法律无规定时，是根据所有权而采取的，不受私法的支配。这成为法国最高行政法院对公产及其所有权的法律性质的一般观点。根据这种观点，公产所有权应当认为是不同于私法上的所有权的另一种形态的所有权，是行政法上的所有权。它来自民法，同民法上的所有权相似，但是已经由行政法加以改造，使它具有公共使用因素，成为行政法上的公所有权。①

二、德国法的规定及理论

《德国民法典》对国家公产与私产的区分及其法律适用不同于法国。《德国民法典》对国家控制的财产没有作出区分，而笼统地认为国家财产（所有权）适用民事规范。对于具有公产性质的财产的认定，是通过物的流通能力来解决这一问题的：为公共目的的物，其流通受公法限制，它可以成为所有权的客体，但转让却被禁止。德国民法理论认为，即使是服务于公共用途（如街道、道路、水路）或服务于真正的国家目的（如用于行政管理的建筑物、学校）的物，仍存在于公法团体（如国家、市镇）的私法所有权中。但在对该物的公法规定范围内，这类所有权的私法内容要受到排挤。例如，对某一街道的所有权，仅只能在通过行政行为废除其作为街道的用途时（公法用途之废除），才能转让给私人，以供其自由使用与处分。对于公共物，除适用私法之物权法外，还适用属于行政法之法律；而在有疑问，且私法之效力范围并未完全丧失时，在适用上以行政法规范为准。总而言之，“在所谓的公共物上存在特殊的公共所有权的学说，广不为人们所接受”②。

因此，“德、瑞等国之公物法既包括公法亦适用私法，故称二元论”。我国台湾地区法制“亦属于二元论，除公物之设定、废止、使用目的之确定及依公物特征不能适用民法规定者外，有关公物之一般法律关系，仍受民法之支配，当无疑义。”③

---

① 王名扬：《法国行政法》，中国政法大学出版社 1998 年版，第 316、322—323 页。

② 〔德〕鲍尔、施蒂尔纳：《德国物权法》，张双根译，法律出版社 2004 年版，第 14 页。

③ （台）吴庚：《行政法之理论与实务》，中国人民大学出版社 2005 年版，第 135 页。

三、我国关于公产的理论及实务

在我国，公法学者和私法学者基于各自的法学理论和对公产价值理念的理解，对公产的性质形成了三种观点：一是公所有权说，二是私所有权说，三是折衷说。

（一）公所有权说

公所有权说，即行政法上的所有权说。最先为我国行政法学者张树义所提倡，认为公产所有权的法律性质为行政法上的所有权，与民法上的所有权性质有所不同。[①] 在公所有权的基础上，行政法学者肖泽晟进一步提出了公物权的概念，认为"如果某项宪法意义上的财产基于其公共利益的需要而被某种特定使用或地役所约束，并使得所有权人在公共使用设定的存续期内不享有其所有权的全部权能，那么实际上就已经存在一种优先于所有权并排挤所有权的公共权力，我们称之为公物权"[②]。行政法学界关于公产性质的观点实际上追随了法国行政法理论。

民法学者高富强实质上也持这种观点。在其理论中国家财产被划分为两种：一种为公共财产，公共财产为全民利益而存在，不能被用于商业目的；另一种是在商业活动中可以进行市场交易的物或财产。在性质上，前者不属于民法上的财产，后者属于民法上的财产。国家对公共财产，只是以社会公共管理机构的身份行使管理权，不适用民法规范。而对于后者，国家享有民法上的所有权（对该财产享有完全的支配权），可以适用民法规范调整。[③] 也就是说，国家对公共财产所享有的权利只是行政法上的管理权，而不是民法上的所有权。

（二）私所有权说

私所有权说，传统上为民法学者所主张。面对公所有权说的挑战，我国民法学者提出了有力的辩驳。民法学者崔建远认为，公产所有权属于行政法上的所有权的观点不可取，以民法所有权来定性公产所有权完全符合法理。具体而言，行政法上的所有权观点存在两点不扎实：其一，它漠视了对

---

① 张树义：《行政法与行政诉讼法》，高等教育出版社 2002 年版，第 55 页。

② 肖泽晟：《公物、公物法与公营造物》，载应松年主编：《当代中国行政法》（上卷），中国方正出版社，第 449 页。

③ 参见高富平：《中国物权法：制度设计和创新》，中国人民大学出版社 2005 年版，第 97—100 页。

公产设定和废止公共使用的真正根源。该真正根源就是社会公共利益的要求,公产所有权自身既无设定和废止公产的公共使用的动力,又无法确定该公共使用的范围和程度。其二,在民法理论能够合理地、清楚地阐明公产所有权的情况下,却毅然抛弃民法所有权说,新创行政法上的所有权理论,其说明力便不够强劲。而说是公产不受私法支配,实际上私法的规范如影随形,时常发挥作用。[①]

在我国现行立法中,私所有权说获得了支持。无论是在公法,还是在私法中,都将国家对公共财产的权利看作是私所有权。以致有学者认为:"可以肯定地说,我国立法是不知道公所有权或者公物权的概念的,甚至公共国有财产和普通国有财产的划分本身也没有被立法者所注意。"[②]

(三)折衷说

折衷说为国内一些行政法学者所提倡。认为国家对公共财产的权利(管理权)"并非单一法律性质可以说明,而是一种多方面的,概括性的权能"[③]。并且,在当代,公物制度的法律规范系统从公法一元化向公私法二元化调整方向转变,在法律适用上,公物一般应受公、私法二元体系支配。[④]

(四)本书观点

我国理论上关于公产性质的认识分歧表明,在当代对公产制度的研究已不再单独局限于民法或者行政法领域。公产制度应当成为我国公法学者和民法学者共同关注的对象,公产制度的建立和完善需要公法学和私法学的合力。

有学者提出了我国应采私所有权说的理由:(1)在传统的私所有权说观点占统治地位的国度里,贸然采行新的公所有权说,对于法学理论研究和立法的冲动将会是巨大的;(2)我国的民法理论和民事立法受到德国法的强烈影响,在目前德国法中,未采用公所有权说,采用民法所有权理论可以解释公共财产的现实;(3)保持私所有权说是推动我国公共设施建设,满足人民福利水平的需要。目前我国经济和社会发展的现实情况是公共设施缺乏,需要鼓励公共设施市场化、民营化,同时也将一部分国家公共设施转让

---

① 参见崔建远:《准物权研究》,法律出版社2003年版,第51—52页。

② 张建文:《转型时期的国有财产二元结构问题研究》,载刘云生主编:《中国不动产法研究》,法律出版社2006年版,第163页。

③ 梁凤云:《行政公产研究》,中国政法大学2001年硕士学位论文,第46页。

④ 参见徐艳荣:《公物初论》,中国政法大学2004年硕士学位论文,第6页。

给私人，这一切社会现实，要求保持私所有权说。[①]

笔者完全赞同这一观点。同时认为，仅确立公产的私所有权说还不足以在立法和理论上解决现实中的公产利用问题。由于公产应服务于公共利用目的，国家对之的管理和处置必须严格遵循公共用途限制等公法规范。因此，构建我国的公产制度，应当从我国现行立法已采私所有权的实际出发，借鉴德国法上关于公产制度二元论理论和立法，建立公产法律适用的二元体系，即公产上存在民法所有权，除对公产的设立、废止以及在公共使用范围内的利用和管理关系适用公法外，有关公产的一般法律关系仍受私法支配。这一二元体系不同于行政法学者主张的折衷说，该说以公产的公所有权为出发点，认为公产的法律规范系统是从公法一元化向公私法二元化调整方向转变。而本书所主张的二元论是以公产的私所有权为前提和基础的。

第三节　公产的构成

人类的思维对现实世界的把握是从对现实世界的分类开始的，所以，德国法学家 Arthur Kaufman 强调，“对事物的本质的思考是一种类型学的思考”。为了更准确地把握公产的内涵和外延，有必要通过分类的方式来对公产进行研究。构成公产的物体很多，将公产类型化，首先需要确定公产的范围。确定公产范围的目的在于把公产与不属于公产的财产区分开来。

一、公产的范围

公产一般指处于行政主体支配之下直接服务于公共利益的财产。对于公产与私人所有的私产，因为权利主体不同，是易于划分的。而在国家公产与私产的划分上，如果套用大陆法系关于国家公产与私产的理论来分析我国建立于社会主义公有制基础上的财产权，便会出现一些龃龉和抵牾。

（一）我国国家所有权的客体

在我国，国家所有权的客体具有广泛性。《宪法》和《民法通则》规定的

---

① 参见张建文：《转型时期的国有财产二元结构问题研究》，载刘云生主编：《中国不动产法研究》，法律出版社 2006 年版，第 163 页。

国家所有权客体有：属于国家所有的自然资源（法律规定属于集体所有的除外）、社会主义的公共财产、国有企业的财产。《物权法》对国家所有权的客体作了细化，具体包括：(1) 矿藏、水流、海域、城市的土地属于国家所有，森林、山岭、草原、荒地、滩涂等自然资源属于国家所有（法律规定属于集体所有的除外），法律规定属于国家所有的农村和城市郊区的土地、野生动植物资源等；(2) 依照法律规定为国家所有的道路、电力、通讯、天然气等公共设施；(3) 国家机关、国家举办的事业单位对其直接支配的不动产或者动产；国家投资设立的企业，国家投到企业的国家所有的不动产或者动产。但是，包括《物权法》在内的现行法并没有明确这些国家所有的财产，哪些属于国家公产，哪些属于国家私产。可见，在我国正式的国家立法上并不存在形式意义的国家公产制度。但这并不意味着我国没有实质意义的公产制度。有学者对我国改革开放以来涉及国有财产强制执行的司法实践进行了梳理，认为最高人民法院有关司法解释、批复、解答和通知等形成了实质意义上的国家公产制度。但司法实践中所形成的实质意义上的公产制度主要是关于公务公产的规范，对于公用公产的关注还比较少见。[①] 这种通过司法实践形成实质意义的公产制度的事实说明，国家公产制度和理论绝非学者们纯粹的理论上的兴趣所致，而是取决于某一部分国家财产对于国家遂行其任务和职能的必要性而产生的，可以断言，在任何一个国家中，即使不存在形式意义上的国家公产制度也存在实质意义上的国家公产制度。

根据公产与私产的定义，国家公产是直接为公众或者公务服务的国有财产，国家私产是为扩大财政目的可供收益或者处分的国有财产。在上述国有财产中，供公众直接利用的公共道路等公共设施以及国家机关、事业单位直接支配的不动产或者动产应属于公产，国家投资到企业的财产应属于私产。关于国有自然资源，大陆法系国家通常将其视为国家公产，而我国民法学界则普遍认为其属于私产，从而有异于大陆法系国家的公产理论及立法。

---

① 改革开放以来最高人民法院的司法解释、批复和解答中指明不可或不宜强制执行的国家财产主要包括：(1) 中国人民银行的国家财产；(2) 移交、撤销、脱钩企业开办单位的财产；(3) 地方政府预算外资金；(4) 货币资金形态的军产；(5) 社会保障基金；(6) 封闭贷款与粮棉油政策性收购资金。参见张建文：《民事程序法视野中的国家公产问题》，载《理论探索》2006 年第 1 期，第 142—145 页。

（二）国有自然资源的性质

近现代公产理论发端于法国，其理论认为公产负有公共使用的使命，是“不可转让且不受时效约束的”[①]。也就是说，公产所有权不能由个人享有，不得转让。[②] 根据我国《宪法》和民法的规定，城市的土地、矿藏、水流等自然资源属于国家专有，禁止侵占或以买卖及其他方式非法转让。故从公产所有权的不可转让性来判断，国有自然资源应属于公产。另一方面，传统公产理论认为在公产上禁止为私人利益设立民法上的物权关系，例如，用益权、抵押权等。[③] 因而如果套用传统公产理论将自然资源说成是公产，就会产生无法解释我国法律上的自然资源用益物权制度的问题。为此，我国民法学者大都将国有自然资源归为私产。

以当前主要的民法典建议稿为例，梁慧星教授主持起草的建议稿设定了公物条款，在此条款之外规定了国有矿产资源，但未将其纳入公物范畴。[④] 徐国栋教授主持起草的建议稿将国有财产区分为公有物与国家私有物，国有自然资源被分别纳入公有物与私有物。[⑤] 此外，学者高富平也认为国有土

① 〔法〕M. 奥里乌：《行政法与公法精要》，龚觅译，辽海出版社、春风文艺出版社 1999 年版，第 830 页。

② 参见王利明：《物权法研究》，中国人民大学出版社 2002 年版，第 292—293 页。

③ 法国行政法理论认为，行政主体允许私人利用公产的一部分，是行政法上的关系，不适用公产不能转让原则。参见王名扬：《法国行政法》，中国政法大学出版社 1998 年版，第 336 页。

④ 该建议稿第 273 条规定：“公有物和公用物属于国家所有的，不得转让，不得作为取得时效的客体。已不再作为公有物或公用物的，不在此限。公有物，是指为公众服务的目的而由政府机构使用的物。公用物，是指为一般公众使用的物。”第 272 条规定：“矿产资源，属于国家所有。矿产资源的开发和经营，依照法律特别规定。”参见梁慧星主编：《中国民法典草案建议稿附理由（物权编）》，法律出版社 2004 年版，第 68—69 页。

⑤ 该《草案》第 20 条规定：“由国家所有并直接由公众使用或服务于公众的物，为公有物。包括：(1) 由特别法确定其距离的领海；(2) 内海、海湾、港口和锚地；(3) 江河、河床、顺天然水道奔流的其他水体，以及其他一切能满足公众利益的水体，地下水亦包括在内，但不动产所有人可以在其利益范围内按照法律有规律地行使抽取地下水的权利；(4) 海滩和江河的近岸，正常海潮或通常涨水期间水流涨退的地域应理解为此等滩岸；(5) 可通航的湖泊以及湖底；(6) 在领海、一切种类的江河或可通航的湖泊中形成的或可能形成的岛屿；(7) 街道、广场、通道、水渠、桥梁以及其他一切为公共利益或共同社区建造的公共工程；(8) 国家所有的博物馆、美术馆、档案馆、图书馆及其收藏品；(9) 处在国家权力下的官方文件；(10) 具有科学价值的考古学上的以及古生物学上的废墟和矿层；(11) 法律规定的其他物。”第 25 条规定：“由国家所有但不由公众使用或不服务于公众的物，是国家私有物。它们有：(1) 不属于任何私人所有的无主不动产；(2) 金矿、银矿、铜矿、宝石矿以及化石场，但其土地表层的权利可属于私人；(3) 国家以任何名义取得的物。”参见徐国栋主编：《绿色民法典》，社会科学文献出版社 2004 年版，第 302—303 页。

地、水源、矿产等不动产,以及重要生产资料、经营性资产、商业投资等动产不同于公共财产,原则上是可交易、可以商业化利用的。[①]

笔者认为,从国有自然资源的性质和意义来看,其所有权本身不能转移。并且,其存在的目的是供公众使用,无论是采用哪种方式来使用,是一般利用、许可利用、特许利用、习惯利用,还是私法方式的使用,抑或是无偿使用或有偿使用,也无论是已提供给公众使用,还是预留为将来使用,都是要提供给公众使用的。因此,国有自然资源具有公产的属性,应当列为国家公产。至于将国有自然资源确定为公产,是否会使自然资源用益物权制度在理论上难以为继,笔者认为,这一疑问是由于对公产理论存在一些认识误区造成的。

首先,公产上存在民法上的所有权,公产也受私法支配。我国民法学者之所以将国有自然资源归为国家私产,实际上是以公产适用公法、私产适用私法为理论前提的。在此前提下,只有认为国有自然资源属于私产,才有适用民法规范的余地,也才能够使国家出让其资源的使用权或者从所有权中派生出资源使用权成为可能。但是,应当看到国家公产和私产分别适用公法和私法规范,只是法国行政法上的理论。而依德国、瑞士等国及我国台湾地区的公产理论,国家财产(所有权)一体适用民事规范,只有公物的设定、废止、使用目的的确定及依公物特征不能适用民法规定的,才适用公法。如采这一公产理论,完全可以解决自然资源所有权受民法规范调整的问题。这也符合我国现行立法的规定。

其次,公产的利用方式包括需经许可并有偿利用的方式。有民法学者认为,我国的矿产资源、水资源之所以不同于法国法上的公产,理由在于我国已经建立了矿产和水资源有偿使用制度,在法律上不存在公众自由地、无偿地使用问题。[②] 但即使在法国法中,有关公产是非生产性财产不能产生收益观点也已经过时。近现代公产理论认为,公产制度与经济收益不是对立的,按照最佳使用原则,行政主体必须为了公共利益尽量发挥公产的经济效益。[③] 例如,公产的利用通常受自由使用、免费使用和平等使用三个原则的

---

① 参见高富平:《中国物权法:制度设计和创新》,中国人民大学出版社 2005 年版,第 97—100 页。

② 崔建远:《准物权研究》,法律出版社 2003 年版,第 50—51 页。

③ 王名扬:《法国行政法》,中国政法大学出版社 1998 年版,第 341 页。

支配,但对公产的独占使用情形则完全不同:(1)这种使用不适用自由使用原则,需要得到行政主体的允许;(2)不适用免费原则,使用者必须交纳费用;(3)由特定人单独使用,不适用平等使用原则。矿产资源、水资源的许可使用即属于公产的特别独占使用。

笔者认为,对理论的改造和利用应既能解决中国特殊的实际问题,又不致使原有的理论框架和基础难以为继,否则就无所谓理论的借鉴了。在我国,社会主义社会根本利益上的一致性使得公有财产不像私有财产那样有强烈的实现对物质财富的控制和垄断的要求,公有财产是实现共同富裕的物质条件,是为全社会成员的共同利益而存在的,最重要的是如何合理利用财产,使之发挥最大限度的效益。如果将自然资源定性为直接追求财政收入的私产,则不仅与合理开发利用资源的国家所有权制度目的不符,而且可能将政府变成最大的商人,"唯利是图",损害公共利益。

综上,笔者认为,我国的国家公产应当包括《宪法》、《民法通则》及《物权法》规定的国家专有财产和一部分非国家专有财产,具体包括以下国家财产:

(1)国家专有财产。我国国家专有财产包括城市土地、水资源、矿产资源、海域、国家领土上空的空气空间、领海和大陆架、领海的底土和地下资源、国家专属经济区及其资源、内海海水及其底土等。

(2)不动产。主要包括国家道路、公路、桥梁、水坝;为灌溉、改良土壤以及其他为社会有益目的而构筑的水库、运河;广场、街道、街心公园和休闲用地、墓地以及其他社会设施和建筑;艺术的、历史的和建筑学上的纪念物;为政府和其他国家机关所必需的不动产和土地;为国家安全所必需的不动产和土地;以及法律归入公产的其他不动产。

(3)动产。主要包括民族艺术品、具有科学和文化价值的档案、博物馆的展品、艺术和科学的收藏品,以及法律将之归为公产的其他动产。

具体实践中,对于某项动产是否为国家公产或者国家私产,首先应当看立法是否有规范性的指定,在缺乏规范性指定的情况下,应当由法院依据法学理论和学说进行个案认定。

二、公产的类型

公产可以根据不同的标准作出不同的分类。[①] 其中,根据公物使用目的所作的分类是最基本的分类,对规范公产的利用关系影响也最大。根据公产使用目的、方式和利用人的地位的不同,公产可分为共用公产(或公众用公产)和公务公产(或行政用公物、行政财产)两大类。

(一)共用公产

共用公产(或公众用公产)是指公众直接使用的公产,属于对外使用的公产。共用公产具体又分为自由使用的公产、许可使用的公产以及特许使用的公产。

属于自由使用的公物首先是公共街道、道路和广场等,它们在使用目的的范围内可供任何人自由使用而不需要特别许可。

许可使用的公物需要公物管理者的许可,它既包括公营造物(指学校、医院等由人与物组合而成的组织体,成立目的主要是为了实现某种特定的事业)所属公物,也包括其他不具有公法人地位的非企业性单位提供的供公众使用的财产,比如墓地、运动场、公园、公法基金等。[②]

特许使用的公产是公物管理机关在特定的公产上为特定人设定权利,使其可以继续、独占地排除他人利用,例如,取水许可、在公路下方安装煤气管道的许可。公产的许可使用不同于特许使用,前者是为了加强公共设施的管理,确保其利用秩序而由行政主体先予许可,在这种使用中,使用者是不知姓名的群众,也不需要对公产享有任何特殊的权利,这类许可在本质上属于行为自由许可。在日本行政法上,前者意味着对自由的恢复,后者意味

---

① 在行政法领域,以公物实体的存在是否需要加工为标准,可将公物区分为自然公物与人工公物;以公物所有权的归属为标准,可将公物分为公有公物与私有公物;以公物的所有者是否与公物的管理者一致为标准,可将公物区分为自有公物和他有公物;以公物是否可以成为交易的标的为标准,可以将公物分为融通公物与非融通公物;以公物的利用是否征收使用费为标准,可将公物区分为不征收使用费的公物和征收使用费的公物;以使用上是否需要允许私用为标准,可将公物区分为专供公用公物和附带私用公物。参见肖泽晟:《公物、公物法与公营造物》,载应松年主编:《当代中国行政法》(上卷),中国方正出版社 2005 年版,第 437 页。

② 应松年主编:《当代中国行政法》(上卷),中国方正出版社 2005 年版,第 436—437 页。

着对相对人权利的赋予。①

（二）公务公产

公务公产（或行政用公物、行政财产）的目的在于执行公务，由公权力机关自己使用。如办公大楼等不动产，也包括动产，比如警察装备、公务员执行职务的器材设备等。

我国台湾、香港地区行政法学者将公产分为公共用物、行政用物、特别用物和营造物用物四类。这与共用公产和公务公产的分类层次不同，但具体类别基本相同。其中，特别用物是指，并非任何人皆可自由使用，而应经主管机关许可（或承诺）始得使用的公物。对特别用物，在许可范围内使用人有排他的权利。以我国台湾地区现行法制为例，特别用物不乏其例：如依"山坡地保育利用条例"，山坡地之利用均在主管机关监督管制之列，其中公有山坡地之适农牧造林者应由主管机关放租、放领或承受始得使用（该"条例"第 18 条、第 19 条）；又如河川地之使用，依"台湾省河川管理规则规定"，经公告为河川地者，凡欲使用，须经该主管"县政府"之许可，亦属特别用物之范围。②

（三）行政特许客体：独占使用的共用公产

行政特许是政府对有限自然资源和公共资源的许可利用及对垄断行业的经营许可，有限自然资源、有限公共资源以及对垄断行业的经营机会均属于国家公产。对这类公产的使用属于特别使用，需要经过特许，由私人取得单独占用一部分共用公产的权利，或者说"非任何人皆可自由使用之公物，而系应经主管机关许可（或承诺）始得使用之公物"，并且"在许可范围内使用人并有排他之权利"。因此，行政特许的客体属于国家公产中特别独占使

---

① 参见〔日〕盐野宏：《行政法》，杨建顺译，法律出版社 1999 年版，第 775 页。

② 公共用物是指，行政主体直接提供公众使用之公物，如道路、桥梁、广场、河川及领海等而言。公共用物之使用方式可区分为二：一是通常使用，指依公物的性质供通常使用，例如，道路系供公众通行之用；二是特殊使用，指公共用物的使用已超出其通常使用的范围而言，例如，在特定时段准许在道路上进行赛车或赛跑，又如在城市广场于定时定点准许设置摊位等，均属特殊使用之例。通常使用与特殊使用区分的意义在于：前者无需许可手续，任何人皆可使用，后者原则上应经主管机关的许可。行政用物是指，行政主体或行政机关供内部使用的公物，如办公厅、公务员执行职务的器材设备、警察装备、消防车辆及军队的武器等等。营造物用物是指，构成营造物之公物，例如，飞机场、港口及其设备，博物馆、图书馆及其典藏等皆属营造物用物。参见吴庚：《行政法之理论与实务》，中国人民大学出版社 2005 年版，第 135—136 页。

用的共用公产或特别用物。

三、公产的扩张

公产与私产的界限历来是相对的，随着社会的发展和进步，过去未能纳入公产范围的私人物品、曾经不具有财产价值的有体物以及人们没有意识到的无体物，都可能被逐步纳入公产的范围。

（一）公产的发展趋势

公产的范围大致可以从以下三个方面来描述：

一是作为传统公产的有体物，包括动产与不动产在内。自《德国民法典》将所有权的客体严格限定为有体物以来，传统公产的范围一直只限于有体物，而不包括无体物，一些国家的民法典对此有明确规定。[①] 在日本的传统行政法上，“公物，是指国家或公共团体直接为了公共目的而提供使用的有体物”[②]。基于公共用途的考虑，既可以把有体物的组成部分看作是独立的公产，如在私人地基上建立的交通指挥设备，也可以把独立的物群当做是公法上统一的公物来对待，例如，图书馆的书、带有其他设施的公路以及由几块地基组成的公共广场。

二是随着现代经济的发展与科学技术的进步而需要纳入公产范畴的新型有体物，如行政信息、无线电波、因特网、环境等。长期以来，大陆法系国家的学者都普遍认为公产只能是狭义的有体物，现在已经基本放弃了这种观念，例如，德国学者就普遍放弃了《德国民法典》第 90 条所要求的实体特征，而把领空、开放型海洋（在海岸线范围内）以及电流等列入了公物的范

---

① 例如，泰国民商法典《财产法通则》第 130 条规定：“公共物，包括为国家利益或公共利益之用的各种国有财产。具体有：(1) 废弃的土地，抛弃的土地，或根据土地法规定恢复国家所有的土地；(2) 具有公共用途的公众财产，如滩涂、水道、公路以及湖泊；(3) 具有特殊用途的国家财产，如堡垒或其他军用建筑物，政府官厅、军舰、武器以及军火。”《伊朗民法典》第 25 条规定：“为公共利益而使用的下列财产，如桥梁、商场、旅店、水库、学校，以及公众可自由出入的场所，任何人不得侵占。以上规定同样适用于公用的人造地下水道和水井。”“为公共服务或福利之用的政府财产，如防御工程、堡垒、壕沟、军事土地工程、兵工厂、武器、储备、军舰、政府的建筑物及其设备、电话线、博物馆、公共图书馆、有历史意义的纪念碑及其类似物。简而言之，无论是动产还是不动产，只要是为公共事务或国家利益而由政府使用的财产，都不能为私人所有。”

② 〔日〕盐野宏：《行政法》，杨建顺译，法律出版社 1999 年版，第 742 页。

畴。同时,德国的一些法律规定也显示出,即使非实体性的物也应纳入到公物的范围内,例如,根据《德国长途公路法》第 1 条第 4 款的规定,公路上方的空间也属于交通道路的组成部分,因而被置于公共用途之下。在民法领域,对于电、热、声、光以及空间等物理上表现为无形状态的物,一般都认为是有体财产的延伸,仍然属于有体物的范畴,因为它尽管是一种无形状态,但它仍然是一种不依赖人们客观意志的存在,而且能够为人们所支配。所以民法学者一般认为,在现代物权法中,有体物是指除权利以外的一切物质实体,即物理上的物,它不仅包括占有一定空间的有形物(各种固体、液体和气体),还包括电、热、声、光等自然力或"能"(energies)。①

三是因传统财产概念的扩张而相应应予扩张的公物,例如,全民所有的知识产权(即公共知识产品)、经营许可证、公共职位、国家科研项目等具有财产价值的权利。将具有财产价值的权利视同财产,以获得宪法和法律的保护,是德国与美国等西方发达国家出现的一种新现象。以德国为例,《德国基本法》所保护的财产权的范围是逐步扩张的。如果按照历史发展阶段来对《德国基本法》所保障的财产权加以分类,则其财产权可分为三代:第一代是传统的防御性权利,主要是防止国家对动产、不动产、知识产权的侵犯;第二代是 20 世纪以来出现的劳工福利以及集体谈判权;第三代则是当代出现的分享权,即公正分享自然资源、国民产值,并在健康的环境下和平生存的权利。因而《德国基本法》保障财产权的重点已经从过去的"负向防御性权利转移到正向的福利和分享权利——例如,廉价住房和免费教育权"②。20 世纪 70 年代以前,《美国宪法》所保障的财产也仅包括财产法通常定义的不动产、动产和金钱或证券,但 20 世纪 70 年代发生的程序性"革命"则迅速确立了基于福利社会基础上的"新财产"概念,大大扩充了宪法保障的财产范围,社会福利、经营许可和公共职位原来仅仅属于政府授予的优惠(privilege),现在都已经被纳入宪法保障的财产的范围。③

(二) 公产与新财产权

是否将因财产权概念扩张而产生的权利纳入公产的范围,这在行政法

---

① 李双元:《比较民法学》,武汉大学出版社 1998 年版,第 247 页。

② 张千帆:《西方宪政体系》(下),中国政法大学出版社 2001 年版,第 332 页。

③ 同上书,第 224 页。

和民法领域都有争议。问题的症结在于,传统民法将所有权的客体严格限定为有体物,因此,既然公产上存在所有权,公产就应当限定在有体物的范围内,从而在外延上难以包容当代急剧膨胀的各种新型财产权。[①]

近年来,伴随《物权法》的颁行,许多学者认为传统民法仅仅以有体物作为规范对象的模式已经越来越不适应日益变化发展的社会的需要,当今世界正处于知识经济的时代,财富的概念已经发生本质的变化,财产已经不再仅仅局限于有体物,而更主要地表现为无形财产。[②] 例如,梅夏英博士认为:"随着经济、科学技术的发展,财产权日益呈现出多样化、无形化、专门化的局面,传统民法的民事权利体系已经不能涵盖目前既有的财产权利关系。"[③]有的学者干脆认为:"以权利为客体的权利不能仅仅因为它拗口就没有存在的理由,承认'权利的权利'只是需要比较高的抽象能力而已,在法律的领域内这种抽象比比皆是。"[④]

基于传统财产权在当代的局限性,学者们提出了不同的重构理论,主要有以下几种思路:(1) 保留传统的所有权制度,但引入更高层次的财产权概念,建立无形财产体系。无形财产包括除所有权以外的其他权利。[⑤] (2) 不引入财产权概念,保留所有权制度,以所有权表述财产归属,但另外建立与所有权平行的占有制度,以占有权表述财产利用。并将物定义为"特定主体所直接支配的财产利益"[⑥]。(3) 放弃传统所有权的概念,完全借鉴英美法中财产权的概念。依此设想,物权、债权将不复存在,而代之以各种具体财产权利的组合。[⑦]

上述几种思路都在不同程度上借鉴了英美财产权理论。笔者认为,由

---

① 行政法上的所有权是以民法所有权为基础,只是负有公共使用的使命,因此,无论是民法上的所有权还是行政法上的所有权,在客体的范围上是一致的。

② 王利明主编:《中国民法典草案建议稿及说明》,中国法制出版社 2004 年版,第 401 页。

③ 梅夏英:《财产权构造的基础分析》,人民法院出版社 2002 年版,序。

④ 赵慧廉:《财产权的概念》,知识产权出版社 2005 年版,第 61 页。

⑤ 参见梅夏英:《财产权构造的基础分析》,人民法院出版社 2002 年版,第 89 页,第 233 页。

⑥ 孟勤国:《物权二元结构论——中国物权制度的理论重构》,人民法院出版社 2004 年版,第 43 页。

⑦ 参见顾培东:《法学与经济学的探索》,中国人民公安大学出版社 1994 年版,第 136 页。

于无形财产的大量涌现,物权和债权互相渗透、差别日益淡化,借鉴英美财产法理论有一定的合理性。然而,重塑我国财产法体系是一个在理论上和技术上都相当复杂的问题,除理论上的圆融外,还需作多方面的权衡和考量。

在逻辑上,《物权法》主要以调整有体物为内容,所有权概念完全是建立在有体物的概念之上的。在法律上不可能存在以无体物为客体的所有权,否则将会出现债权的所有权、知识产权的所有权甚至所有权的所有权,所有权的客体将变得混乱不堪。在现实中,当前传统的所有权概念体系在实体物的范围内仍有相当的适用范围。并且,在我国大陆法系财产法传统已在理论上牢牢确立,若完全抛弃现有模式而照搬英美财产法理论体系,从理论上和实践上都会遇到一些困难,改变的代价会过高。因此,无形财产主要不应由《物权法》调整,但并非《物权法》完全不能调整这些财产关系。从财产的发展趋势来看,无形财产将会逐渐发展,并且在社会生活中的价值也越来越重要,而许多新的无形财产未必都会受到各个单行法律的规范。从我国现实情况来看,行政特许权也可以为权利人带来一定的利益,如特许经营权等,但行政特许权是通过行政程序而不是民事程序所获得的,可能暂时难以得到立法的确认和保护。为了使这些无形财产也可以受到法律的调整,便需要扩大《物权法》的适用范围。对无形财产的法律调整问题,可采取这样的立法策略:除法律法规另有规定以外,新的无形财产准用《物权法》关于物权的规定。①

关于公产的类型,笔者认为,公产既包括有体物(即物理上的物),也包括各种新型财产权利。有体物公产为物权和所有权的客体,权利公产属于财产权范畴,准用《物权法》的规定。

---

① 参见王利明:《物权法立法的若干问题探讨》,《政法论坛》2001 年第 4 期,第 12 页。由其主持的《中国民法典草案建议稿》第 667 条规定:“物权,是指权利人直接支配物并排除他人干涉的权利。除法律、行政法规另有规定以外,无体物准用本法关于物权的规定。”参见王利明主编:《中国民法典草案建议稿及其说明》,中国法制出版社 2004 年版,第 97 页。

小 结

通过本章的讨论,本书认为,政府掌握的财产根据财产使用的目的不同,可分为国家公产与国家私产。国家公产是直接供公众和公务使用的财产,国家私产是不直接供公众和公务使用而作为财政收入目的使用的财产。我国应当以公产的私所有权为基础,建立公产法律适用的二元体系,即公产上存在民法所有权,除对公产的设立、废止以及在公共使用范围内的利用和管理关系适用公法外,有关公产的一般法律关系仍受私法支配。在此前提下,国有自然资源应界定为公产。国家公产包括有体物和无形物(新财产权),有体物上存在所有权,无形物准用《物权法》的规定。行政特许的客体是国家公产,具体为特别独占使用的共用公产。政府基于其私产所作的许可为民事许可,需经公产管理者许可才能进行公共利用的许可为行为自由许可(普通行政许可),政府对共用公产的独占使用许可为特许。设定行政特许的目的在于解决国家公产的分散利用问题。

第三章 行政特许的功能

——以知识产权为进路

行政特许的概念分析表明，行政特许的主体一方是国家，一方是公民或法人。经过行政主体的特许，被许可人将获得自然资源的开发利用权、公共资源的使用权或特殊营业许可。知识产权（尤其是其中的工业产权）同样是通过行政程序获得的权利。因此有学者认为"知识产权和特许经营权的形成肌理是一致的，均是国家法律直接规定和赋予的一种垄断利用权"。①

行政特许的客体为国家公产，行政特许就是国家将这些集中在政府手中的自然资源、公共资源或市场机会资源分配到私人手中进行分散利用的方式。从经济学角度出发，所谓"有限自然资源"、"公共资源"和"市场准入机会"都是资源。因此，对特许功能的探寻，当以资源为线索。

本章首先以知识产权为进路，运用经济学上的公共产品和外部性理论，透视知识产权与行政特许在肌理上的差异，形成对行政特许功能的认识。而后，以资源为本位，通过对资源的分类分析，明确行政特许的范围，探讨对行政特许的设立限制。最后分析行政特许对于资源的作用，确立行政特许的功能定位。

第一节 行政特许与知识产权

传统经济学理论认为，市场经济本身就是一部复杂而精良的机器，通过市场的作用，资源被有效地在社会成员之间进行分配，并且最终实现公众的最佳福利。凯恩斯经济学的出现，从理论上打破了市场神话。庇古及其以

---

① 梅夏英：《财产权构造的基础分析》，人民法院出版社 2002 年版，第 147 页。

后的福利经济学，都致力于揭露市场机制的缺陷。福利经济学和凯恩斯主义都认为，市场机制并不像古典经济学所说的那样，是一架运转良好、能够自动调节、完美无缺的机器，市场也具有一些普遍性的缺陷，存在市场失灵。所谓市场失灵通常指垄断、公共物品、外部性、信息不完全和规模经济等。[①] 市场失灵为政府干预提供了可能。

行政法学界认为："公物，作为公物权的客体，无论是公众用公物还是行政财产，由其公共用途所决定，在消费时都具有较大程度的非竞争性和非排他性的特点，因而具有公益物品或准公益物品的性质。"[②]民法学者认为，知识产品的非物质特征导致了其公共物品属性。[③] 在法经济学家的眼里，"在现代社会中，一个越来越重要的公共产品例子是信息"[④]。同时，知识产品的生产和对有限资源的利用都是具有外部性的行为。

"概括地说，公共物品和外在性的存在为公共选择提供了理由。"[⑤]公产与知识产品都属于公共物品，对公产的利用和知识产品的生产又都具有外部性，那么作为公共选择的行政特许与知识产权制度是否具有相同的肌理与功能呢？以下先对公共物品及外部性理论作一简要介绍。

一、公共物品及外部性理论

（一）公共物品理论

公共物品又称公益物品、公共事物、公共品、公共财货或公共商品等，是西方经济学家在 20 世纪创造和发展起来的概念，西方学者称之为 Public Goods[⑥]、Social Goods[⑦]、Collective Goods[⑧]。这种理论将所有满足人类消费

① 参见方福前：《公共选择理论》，中国人民大学出版社 2000 年版，第 11 页。

② 肖泽晟：《公物、公物法与公营造物》，载应松年主编：《当代中国行政法》（上卷），中国方正出版社 2005 年版，第 436 页。

③ 李扬：《知识产权法定主义及其适用》，《法学研究》2006 年第 2 期，第 9 页。

④ 方福前：《公共选择理论》，中国人民大学出版社 2000 年版，第 45 页。

〔美〕罗伯特 · D. 考特、托马斯 · S. 尤伦：《法和经济学》，施少华、姜建强等译，上海财经大学出版社 2002 年版，第 94 页。

⑤ Dennis C. Mueller. *Public Choice II*, Cambridge: Cambridge University Press, 1989, p. 11.

⑥ *Governmentand Economic Choice*(1978) By T. F. Poqueand L. G., Sgontz.

⑦ *Public Financein Theoryand Practice*(1980) By R. A. Musgrave and P. B. Musgrave.

⑧ *Government Finance*(1978) By W. D. Gardner.

需要的产品分为公共物品和私人物品(private goods)两大类。分类的标准是物品在消费上是否具有排他性(excludability)和竞争性(rival)。排他性是指一个人消费了一单位某种物品就排除了其他人来消费同一单位物品(或者说产品在技术上能够排除他人同时使用),例如,一条裤子在某个时间只能由一个人穿着,一辆汽车不能够同时朝两个不同的方向行驶等等。竞争性是指一个人消费了某种物品就减少了这种物品供其他人消费的数量。例如,一天中一个国家生产的牛奶的数量是一定的,任何一个人牛奶消费得越多,可供其他人消费的牛奶就越少。

私人物品的消费具有排他性和竞争性。反之,具有非排他性和非竞争性的物品称作公共物品。公共物品消费的非排他性是指,一种物品一旦被生产出来,可以同时供许多人联合消费,无论个人是否对这种物品支付了价格,要排除他人消费这种公共物品是不可能的或交易费用很高。例如,一个国家的国防一旦建立,它就同时保护这个国家的所有公民不受外来侵略,即便是囚犯,他没有为国防作出支付,同样受到国防的保护。公共物品的第二个特性是非竞争性,是指一个人对公共物品的消费不减少或不影响他人对这种物品的消费,换言之,增加一个人消费公共物品的边际社会成本或机会成本等于零。例如,向一位公民提供国防保护并不减少为其他公民提供保护的数量。①

同时具有非排他性和非竞争性的物品被称为纯公共物品。完全满足上述两个特点的纯公共物品并不多,具有非排他性和非竞争性之一者经济学家称为“准公共物品”。它可以分为两类:一类是俱乐部物品,又叫做排他性的公共物品(excludable public goods),其本身具有非竞争性,但又具有排他性,或者排除追加的消费者的费用很低。例如,加密电视节目,它一方面具有非竞争性——一个人的消费(观看)不减少另一个的消费,同时又具有排他性——只有付费的人才能够观看。对于排他性公共物品来说,通常存在能够向使用这种物品的个人进行收费的排他技术。另一类是拥挤的公共物

① 公共物品理论在学术领域得到了广泛的运用,但在说明公共物品的非排他性和非竞争性时,时常发生错误,如认为非竞争性即特种资源是由许多人共同消费的,非排他性是将资源的效用扩展于他人的成本为零(应松年、杨解君主编:《行政许可法的理论与制度解读》,北京大学出版社 2004 年版,第 56 页;肖泽晟:《公物、公物法与公营造物》,载应松年主编:《当代中国行政法》(上卷),中国方正出版社 2005 年版,第 451 页)。这实际上正好将非排他性与非竞争性的含义弄反了。

品(congestible public goods)。这类物品具有非排他性,但当达到某一使用水平以后又具竞争性。达到某一使用水平的这一点称作拥挤点(point of congestion)。在拥挤点,容纳或供应一个追加的消费者的边际成本将大于零。拥挤性的公共物品的例子有:街道、泳池、桥梁等。

私人产品与公共产品之间的区别用于指导财产法的建立时,用来回答以下两个问题:(1) 什么可以被私人拥有? 回答是,效率要求私人产品应该被私有,公共产品应该被共有。私人产品在私有的情形下使用最有效率,而公共产品在共有的情形下使用最有效率。换句话说,效率要求竞争性和能够排他的产品应该由个人或小群体控制,因为财产权界定在私人产品上,执行起来相对容易。[①] 而非竞争性和无法排他的产品应该由较大群体如政府来控制,因为公共产品的消费具有不可分割性和非竞争性,对其消费实行配给既不可行,又没必要。[②] 同时,在产权界定上,对私人产品只需要国家制定界定产权的规则(如所有权的取得方式),而对公共物品即需要制定产权界定的规则,还需要国家来具体实施产权界定。(2) 产品由谁供给? 回答是,私人产品由私人部门来提供,公共物品则由公共部门提供。理由是如果公共物品由私人企业提供,私人企业必然要对这种物品的消费进行收费,而收费将会阻止人们购买这种物品。根据公共物品非竞争性的特性,由此会导致公共物品的闲置。另一方面,由于公共物品无法排除那些没有负担成本的消费者,存在"搭便车"问题,这将导致公共物品的供给不足。因此,在公共物品上存在着市场失灵,需要政府干预,政府干预的方式有二:一是由政府来承担公共物品的供给责任;二是政府对私人提供公共物品给予补贴。

(二) 外部性理论

外部性(externalities),又称作溢出效应(spillover effect)。新版《布莱克法律大词典》(英文)对其的释义是:"由某人的经济行为引起的具有货币性质的后果或负效应,导致其他人因其获益时毋须付费或者因其受损失时无有补偿。"[③]外部性分为正的外部性和负的外部性。正的外部性因他人"不

---

① 参见〔美〕罗伯特·D.考特、托马斯·S.尤伦:《法和经济学》,施少华、姜建强等译,上海财经大学出版社2002年版,第92页。

② 方福前:《公共选择理论》,中国人民大学出版社2000年版,第33—34页。

③ *Black's Law Dictionary*, 7th Edition, Bryn A. Garner, Edition in chief, St. Paul, MINN., 2000, p.478.

劳而获或少劳多获”而经常供给不足,负的外部性因自身“无本生益或小本大益”而生产过度。因此,无论是正的外部性还是负的外部性都会引发市场供求关系失衡。

外部性是西方主流经济学家常常用来论证市场失灵、需要政府干预的另一个例证。传统解决外部性的办法有两种:一是征税或补贴。具体来说,政府对产生正的外部性的企业进行补贴,使其生产规模扩大以适应社会需要;对产生负的外部性的企业课征适当的税收,由此减少其产量。这是由经济学家庇古提出来的,称为“庇古税”。二是合并或产权重组,即将相互影响的两个企业合并在一起,负外部性由于合并而被内在化。1960 年科斯在其《社会成本问题》一文中提出了解决外部性的另一种思路。科斯认为外部性的存在是由于缺乏明确界定的产权和存在交易成本,倡导产权界定并在此基础上进行谈判,并通过交易得以实现。

二、知识产权的经济分析

(一)知识产品及其正外部性

知识产权是民事主体依法享有的支配创造性智力成果、商业标志以及其他具有商业价值的信息并排斥他人干涉的权利。非物质性的信息作为知识产权的客体,具有以下重要特点:是一种精神财富,可以永久存续;须依附于一定的载体而存在;其载体可以被无限复制;可以被广泛传播;其内容可以共享;其内容可以复合和重组,并在复合重组中发生畸变、创新;不能用控制物质财产的方式控制;须符合法律的规定。[①] 这些特点,以经济学的语言表述就是信息具有非竞争性和非排他性。信息包含思想,一个人对一个人思想的消费并不减少其他人的消费。这样,信息就是非竞争性的。因为思想的传递成本非常低,所以将获取这一新思想的一些人排除在外的成本是很高的。这样,信息又是非排他的。[②]

由于知识产品的公共物品属性,在一个不受管制的市场上,生产者只能获得其产品的一小部分价值,因而私人市场常常提供过少的创造性作品。

---

① 张玉敏:《知识产权的概念和法律特征辨析》,载张玉敏主编:《中国欧盟知识产权法比较研究》,法律出版社 2005 年版,第 9—11 页。

② 参见〔美〕罗伯特 · D. 考特、托马斯 · S. 尤伦:《法和经济学》,施少华、姜建强等译,上海财经大学出版社 2002 年版,第 109 页。

这意味着需要政府在信息市场上干预以增加所生产的信息数量。政府对信息市场的干预可以采取以下两种形式:由政府提供信息或者政府对私人的信息给予补贴。实际上,政府两者都做。政府生产和传播信息的一个例子是天气预报的提供。政府补贴私人提供信息包括政府资助自然科学、人文科学及艺术上的基础研究以及通过专利、版权和商标制度授予信息首创者们以独占权。由于知识产品的生产具有个人性,在知识产品上建立私人产权就显得尤为重要。建立知识产权的经济学理由在于为知识生产者提供足够的激励,以保证有足够多的知识产品被生产出来。

同样,产权界定的有效性适用于行为存在外部性领域。就知识产品而言,知识产品的生产属于外部经济型。若不界定产权归属,任何人不受限制地使用势必会挫伤发明人的创新积极性,只有将"发明"变成私人品,才有利于维护权利人合法利益,激励创新,并避免外部性及权利使用的冲突。

(二)知识产权与行政权

知识产品的公共物品属性和生产的个人性在客观上决定了需要以建立私人产权的方式来保证知识产品的供应,也决定了知识产权权利的实现需要借助于一定的行政手段和力量。

在知识产权的权利主体方面,由于知识产品使用和消费上的非排他性、非竞争性,同一个知识产品一旦公开,就可以由无数人同时进行使用和消费,此时究竟根据什么标准确定权利主体呢?不同于动产可依据占有的事实和外观来进行权利推定,为了让世人得知某个知识产品已经与某个特定主体发生了联系,制定法通过一系列的程序设定,如在专利法、商标法、动植物新品种保护法、商号标记法中采取申请、登记、审查、公告等方式,或者设定某些特殊要求,如署名或者采取保密措施等,解决权利主体和权利客体的联系问题,从而克服占有知识产品无法自然实现公示效果的缺陷。

在知识产权的权利客体方面,需要通过行政手段划定边界。财产权客体的边界应是清晰的。[①] 如同不动产登记,使土地的边界变得清晰一样,对

---

① 如果财产权的物理边界以一种不能预料的、模糊不清的方式游移,界定这些边界以及裁判由此产生的争议就会成为维护私有财产制度所需要的巨大成本。早期渔业权中经常性的大规模的争夺正是由于水域物理边界难以界定。

于非物质性的知识产品也需要通过行政登记、审查方式来确定边界，并避免权利重叠。在商标法中，商标需要行政注册手续。在为思想划定边界的专利法中，每一项发明都有特定的权利请求的界限。当然，困难的是思想通常并不具备界定清晰的范围，因此在专利中由于财产边界令人迷惑的性质使得不经意的侵权或者错误的指控不可避免，而且诉讼成本很高且结果不宜确定。

在知识产权的权利实现方面，对于在传播上具有扩散性的无形知识产品而言，由于生产者完全没有可供依赖的物理上的手段，因此，单纯依靠自我的物理力量，从成本与收益关系的角度看，根本不可能排除他人的免费使用行为。为了克服这个缺陷，除民事上的赋权以及相应的权利救济途径外，知识产权法都规定了对知识产权的行政保护手段，甚至刑事保护手段。例如，在中国、古埃及、古希腊、罗马等文明古国很早就使用了类似商标的标记①，但现代意义上的商标却产生于19世纪的欧洲。因为，“在没有商标制度因而缺少对仿冒商标进行法律制裁的情况下，就不可能存在法律意义上的商标。”②

可见，知识产品本身固有的经济特征要求在知识产品上建立私人财产权，同时客观上必然要求通过行政手段和程序来界定权利和保障权利的实现。

（三）知识产权的权利限制

知识产品本身具有公共物品特征，对知识产品的公共利用是有效率的。因而在对知识产品界定私人产权与维持其公共物品属性之间存在着深刻的矛盾。任何处理这个矛盾的机制都必须解决两个方面的问题：一是如何给知识生产者提供足够的激励，以保证有足够多的知识产品被生产出来。二是如何维持知识产品固有的公共物品属性，以保证整个社会公共利益不受侵害。这要求知识产权制定法一方面应当将知识产权作为一种私权进行配置，以解决创造性激励不足的问题；另一方面应当根据知识产品的生产和消费特征对它作出严格的限制，以解决知识产品作为公共物品有效利用的问题。例如，对其权利加以保护范围、合理使用、保护期限等方面的限制，或者

① 参见陈汝明：《商标法原理》，中国人民大学出版社2003年版，第4页。

② 吴汉东等著：《知识产权基本问题研究》，中国人民大学出版社2005年版，第499页。

通过一些特殊的制度设计来适当协调首创者和后来者的利益分享关系，如专利法中的先用权制度、强制许可制度等。

三、行政特许的经济分析

（一）资源的稀缺与负外部性

行政特许的客体为有限自然资源、有限公共资源以及向市场开放的垄断行业的经营机会。从使用和消费的特性上看，作为国家公产，这三类资源在利用上具有公共开放性，即非排他性。同时由于资源的稀缺性，如果任何人都可以在“意思自治”下对特定资源和特定经营事项进行任意使用或作为，那么这种状态不能维持太久，无限制地使用和随意作为会导致“公地悲剧”和社会的无序性。因而，对这些资源利用存在拥挤性。根据公共物品理论，行政特许的客体因具有非排他性和竞争性而在性质上属于准公共物品，具体而言属于拥挤的公共物品。从外部性上看，对资源过度利用或者过度竞争将导致外部不经济。

（二）市场配置与政府干预的界限

行政特许领域存在因资源稀缺导致的负外部性问题。负外部性是市场失灵的典型。“政府的主要职能就是纠正外在性所造成的无效率。消极的外在性种类很多，但最明显的也许要数那些损害环境，以及导致我们的自然资源损失过快的外部性。”①对资源的配置，市场配置是基础，当市场失灵时需要政府配置予以弥补。但是，并不是所有“自利行为给社会带来负外部性”②的控制都是行政特许的功能，只有对其中带有高度危害的负外部性的内化才属于。对负外部性的内化有以下几个层次。

1. 庇古税方式

外部性的正、负表现都使资源配置效率低下，过度放牧的“公地悲剧”正是负外部性的体现。市场本身对市场配置的外部性是无能为力的，这时要依靠政府这只看得见的手将外部性内化。在20世纪初，政府的内化手段是税收和补偿，主要是对制造负外部性的权利主体实行罚款和征税。这就是

① 〔美〕斯蒂格利茨：《经济学》，黄险峰、张帆译，中国人民大学出版社1996年版，第494页。

② 姚魏：《行政许可法与反腐败》，《社会观察》2003年第3期，第12页。

前面提到的“庇古税”。征收庇古税有积极作用，使自然资源开发中污染行为的成本提高，从而使产品价格提高而减少对该产品的消费，寻找替换产品。庇古税将外部性内化，导致资源配置最优。

2. 科斯定理：产权界定的作用

庇古税隐含了假设，即政府知道引起外部性的大小，并了解与帕累托最优配置的所有信息，在此前提下才能制定最优的税率和补贴标准。但是这一假设对一个矿山开采造成的地陷是可以准确地收集信息，但对矿山开采造成的污染和开采的浪费等许多方面则不是那么简单了。

科斯对庇古税的传统观点提出了新思路：外在性问题可以重新通过产权界定得到解决。这就是著名的科斯定理。政府只是在宏观上使产权明晰，然后要由私人市场去取得有效率的结果。“产权界定就是要在各种稀缺资源上设定产权，使之由特定主体支配，并明确规定权利的内容及效力。”①产权界定清晰，就可以消除资源配置中私人边际成本与社会边际成本的差额，主体明确地承担起责任。界定以后，政府不再需要微观处置了。因为，“运用产权界定解决外部性的一个明显优势是在这个系统下，受害者执行法律的责任，而不是依靠政府来确保不发生外部性。很明显，这个系统更有效，因为受害者比政府更愿意弄清楚侵权事件是否发生，所有有关产权侵害的举证责任往往由受害人承担，而成为一种降低究责成本的奖励机制。”②

科斯定理受到欢迎是因为它把政府内化外部性的作用限定在最小的范围之内。法律上的产权界定确实能够防止“公地悲剧”，但科斯定理的缺陷是仍然有假设条件，即交易成本为零。这是一种理想化状态，随着与外部有关的他人的增加，成本外摊在不特定的多数人群体，如砍伐树木危及下游人利益以及采矿耗竭后代人的资源等，科斯定理同样无能为力。这就需要政府宏观管理与微观管理相结合。

（三）行政特许为政府干预提供了有效选择

国家以法律的形式界定产权属宏观内化外部性，对交易成本很大而无法界定的则需要具体而直接的微观规制。微观规制包括对主体的进入、退

---

① 丁冰：《现代西方经济学》，经济出版社 1995 年版，第 36 页。

② 〔美〕詹森：《所有权、控制权与激励》，陈郁编译，上海三联书店 1998 年版，第 86 页。

出、价格规模及实质性要求等进行各种规制。比如取缔小煤窑、退耕还林等行政规制措施。但是,在某些情形下,仅依靠事后措施尽管解决了外部性发生的后果,但没能在发生外部性的过程中将成本予以内化。如取缔小煤窑后的复田、退耕还林的补偿都是政府买单。因此,需要将微观规制提前到市场的入口处,对可能产生的负外部性进行控制,而不仅仅是事后监督。行政特许的功能在此得到充分体现。

(四) 行政特许的功能:内化市场配置拥挤的公共物品时产生的负外部性

并不是所有资源配置负外部性的内化都要在市场入口处设立行政特许,产权界定后私权处置更好;并不是所有微观管制都要提前到市场的入口处,事后监督是必需的。在内化负外部性时,判断是否需要设立行政特许,其标准大致有两个:

第一,当某一领域资源有限,或者说资源具有可耗竭性或不可再生性时,政府实施管制是必要的。如果没有必要的政府管制或者说不经行政许可自由进入该领域,必将导致资源的破坏性或灭绝性使用而终止经济与社会的可持续发展。

第二,当某一领域的资源具有紧张性,或者说某种生产或服务所使用的资源具有拥挤性,进入该领域应当经过政府许可,比如无线电讯、城市出租车行业等。如果不做管制或者无限制颁发许可证、营运证,资源使用的过分紧张将会导致无线电讯相互干扰、城市交通拥挤不堪等市场紊乱现象甚至出现社会紧张。

由此可见,因资源的有限性导致某一领域的生产或经营行为对经济或社会具有负外部性时,行政特许制度必不可少。其内化负外部性的方式是进行产权界定。国家在此产权界定过程中承担两种职能:(1) 制定规范产权界定行为的正式规则。产权界定须平衡社会公益和私人利益、私人利益和私人利益的冲突,这要求产权界定必须实现规范化和制度化。正式规则内容具体包括获取许可的条件、标准、许可机关及其权限等实体规范和许可的申请、中止、撤销等程序性规定。(2) 完善实施机制,委托特定的行政主体按规则实施产权界定。行政特许的功能在于通过产权界定将市场配置有限资源时的负外部性内化,它存在于有数量限制的资源配置领域。

四、知识产权与行政特许的功能比较

（一）知识产权与行政特许之同

通过上述对知识产权与行政特许的经济分析，可以发现行政特许与知识产权具有以下共性：(1) 行政特许和知识产权都适用于两个“市场失灵”的领域：具公共物品性的资源利用领域（如知识产品、稀缺自然资源等）和具外部性的行为领域（如专利发明、资源开发等）；(2) 获得权利的人数有限且通常须符合特定的条件；(3) 国家界定给私人的是一种私人产权。因此，知识产权和行政特许从本质上看，是调整国家为矫正两种“市场失灵”——公共物品和外部性——而进行的产权界定活动的一种制度安排。

（二）知识产权与行政特许之异

尽管同样是矫正公共物品和外部性而进行的产权配置活动，但知识产权与行政特许具有不同的内在肌理和功能。

在知识产权制度中，知识产品是纯公共物品，其生产具有正外部性。因此，在制度设计上，它要求平衡社会公共利益和私人利益之间的关系，一方面将知识产权作为一种私权进行配置，以解决创造性激励不足的问题，另一方面必须对权利加以保护范围、合理使用、保护期限等方面的限制，以解决知识产品作为公共物品有效利用的问题。

在行政特许中，有限自然资源和有限公共资源为准公共物品（拥挤的公共物品），对稀缺资源的自由利用具有负外部性，因此，在制度设计上，首先对资源的私人利用设定了一般性禁止，而后国家以资源所有者的身份将有限的资源在无限的需求者间进行配置，对符合条件或要求的相对人赋予权利，并限制资源利用的方式、数量、期限等。通过私人产权的界定和确立将负外部性内部化。由此可以说，行政特许制度是国家基于社会福利最大化追求而设立的在稀缺性资源上进行产权配置的制度安排。

因而，关于“知识产权和特许经营权的形成肌理是一致的，均是国家法律直接规定和赋予的一种垄断利用权”[①]的观点不尽正确。在形式上，知识产权和特许经营权的确为国家法律直接规定和赋予的一种垄断利用权，但两者在形成机理上却是不同的。

---

① 梅夏英：《财产权构造的基础分析》，人民法院出版社 2002 年版，第 147 页。

（三）专利申请与商标注册的性质

从形式上看，知识产权中的某些权利如专利权、商标权要经过行政程序产生。在这一程序中，专利申请人、商标注册申请人向有关行政机关提出申请，由行政机关依法进行审查，最后作出核准或不予核准的决定。这里就存在一个问题，即专利申请、商标注册行为是否属于行政许可，因为《行政许可法》对行政许可的定义正是“行政机关根据公民、法人或者其他组织的申请，经依法审查，准予其从事特定活动的行为”，专利申请和商标注册在形式上完全符合这一定义。

在行政法领域，通常认为专利、商标的取得属于行政许可。[1] 在民法领域，专利申请和商标注册的法律属性往往被人们忽视。或许，从某种意义上来说，这本来就是一个不言自明的问题，甚至可以说根本就不是一个什么问题。但是，考虑到我国知识产权理论和实践中遇到的问题（例如学界关于知识产权是否为私权的争论），笔者认为，这个问题还是很有必要予以深究。

首先，按照《行政许可法》对行政许可的界定，是否已经比较清楚地划定了《行政许可法》的调整范围呢？答案是否定的。例如，对于结婚登记是否属于行政许可，就有不同的看法。有的认为，结婚登记符合《行政许可法》对行政许可的定义：首先，是当事人的申请，只有当事人的申请才能启动结婚登记；其次，是经依法审查，婚姻登记机关要审查当事人是否符合结婚条件，如是否达到法定婚龄、是否属于近亲属、是否具有医学上不宜结婚的疾病等；再次，符合法定条件的，准予结婚，结成夫妻关系；最后，未经登记而同居的，不受法律保护。反对者认为，尽管结婚登记符合上述定义，但也不是一种许可行为。行政机关的登记仅是一种确认、证明双方的夫妻关系，决定结婚是男女双方当事人的自主权，行政机关不能决定也不能干涉这种行为。如果我们把结婚登记都当成行政许可，容易助长行政权对私人生活的干涉。这个问题的争论，反映了《行政许可法》对许可的定义并没有完全解决该法的调整范围问题。立法机关认为，行政机关确认财产权利及其他民事关系的登记，主要包括产权登记、抵押登记、结婚登记、收养登记、个人身份登记、特定事实登记等。这类登记或者确认，行政机关不是行使管理权，而是以第

---

① 参见应松年、杨解君主编：《行政许可法的理论与制度解读》，北京大学出版社 2004 年版，第 120、127 页。

三人的身份出现，起证实和确认作用。这种工作可以交由行政机关负责；也可以交由其他机关去做，如法院。因此，它们不属于行政许可。[①]

这一判断同样适用于专利授予和商标注册。不同于行政许可所包含的申请人未经许可既不得从事相关活动的内涵，在专利授予、商标注册之前，申请人已经可以使用其发明、技术或者商标，即申请人使用其发明或商标的权利已经存在。申请专利、商标注册的目的在于国家保护其既有的权利不受他人的侵犯。

在商标法中，商标权产生制度有两种：使用制和注册制。在商标保护的历史上，注册原则的出现晚于使用原则，但却为世界上大多数国家采用，其主要原因为：(1) 随着经济的发展，在扩大了的市场上，商标使用的事实难以查证，相同或近似标志的混同难以避免，通过登记注册的方式进行权利公示是最安全、最简便的。(2) 法律所保护的商标权具有排他性，为了准确地确定权利的归属和存在状态，保障权利获得者是唯一，使公众对某一标记权利状态有据可查，必须以公众可以得知的方式进行通知，这就是商标的登记注册。(3) 注册有助于商标权人行使商标权利，即通过权利公示确保商标权的转让、许可使用、质押等商标权交易的交易安全。[②] 可见，有关商标注册的规定是商标法的主要内容，但商标注册的意义只是宣告或者公示商标使用人既有的权利。

在专利法中，近现代意义上的专利法无不基于发明创造的事实确认和保护了专利权人对发明的垄断权，不仅确立了专利权的"私权"品性，而且转换了国家的角色，强调了以发明人利益为保护中心的观念。国家并不是专利权的来源，而只是一个确认和保护的机关。即使专利实施中的强制许可，也不属于行政许可。因为专利中的强制使用许可是第三人向行政机关申请，由行政机关强制专利所有权人允许第三人使用其专利，也就是解除国家的保护。这种行为并不是行政机关允许申请人从事某种活动，它不属于行政许可。

从专利授予、商标注册是由行政机关依职权作出的行为来看，专利授

---

① 全国人大法工委国家行政法室：《中华人民共和国行政许可法释义与实施指南》，中国物价出版社 2003 年版，第 31 页。

② 参见吴汉东等：《知识产权基本问题研究》，中国人民大学出版社 2005 年版，第 539—540 页。

予、商标注册行为属于行政行为。因此,对专利授予、商标注册程序中的异议是通过行政程序进行救济的。但从权利本属于商标使用人、专利发明人,登记、注册只是权利的确认程序的角度看,专利申请、商标注册行为不属于行政许可。它们同产权登记、抵押登记、收养登记、个人身份登记一样,是行政机关对民事权利所作的登记行为,而不是行政许可。专利申请与商标注册的行政确认性质也从一个侧面充分说明了知识产权的私权性。

在需要经过特定的行政程序的意义上,可以说知识产权和经行政特许产生的私人产权都具有一定的公权色彩,公权色彩的浓度与管制的强度成正比。其中,与拥挤的公共物品和外部非经济行为领域相比,公共物品和外部经济下相对人获得的权利更具有独立性和完整性,例如,知识产权的作为私权的独立性和完整性较经行政特许获得的私权更强,或者说经行政特许获得的私权受到更多的公法干预,这是由权利对象的性质决定的。

第二节 资源的类型化

人类生活离不开各种各样的资源。资源是满足人类利益需求的外在条件,即自然和社会所提供的各种选择机会。人类对于拥有资源,不厌其多;而资源的供给,并非无限。人类社会生活资源总体上处于不能满足需求的稀缺状态。资源稀缺是经济学的基本假设之一,经济学研究的即是对稀缺资源进行配置和充分利用的问题。不同类型的资源为资源配置提供了考量因素,因此本节主要从资源的分类角度研究行政特许的制度功能。

一、资源的分类

人类社会生活资源,从不同角度观察其样态,可分为不同的种类,不同的资源种类决定了资源配置的不同方式。

(一)从资源发生的原因看,可分为自然资源与制度资源

根据资源的来源不同,资源有自然资源和制度资源之分。自然资源来源于自然界,包括动物、植物、矿物、能源等“物”以及以人类发挥体力或智力

体现出的“劳动”。制度资源来源于制度设计,即以自然资源为基础,经设计而发生的资源,例如,专利、律师资格、经营许可、进出口配额等。制度资源又称为法定资源。

自然资源由造物主所赐,制度资源是由人类自创。自然资源有固定或基本固定的种类和内容,制度资源则随着人类社会形态的演变及需要的发展而定种类和内容。因此,自然资源只有如何分配的问题,而制度资源则有是否应该有此资源以及如应有此资源又如何分配的双重问题。从民法对广义的“物”的划分来看,自然资源属于有体物,制度资源则属于无形物或抽象物。

(二) 从资源的空间观察,可分为原始需求资源与社会共存资源

自然法则已表明,人类只有群居才能在丰饶富足又恶劣残酷的自然环境中生存下来。但在理论上,人的空间存在可以是单独的,也可以是群居的。一人单独存在所必需的资源为原始需求资源,如果腹的食物、御寒的衣物等。人类群居所必需的资源为社会共存资源,这类资源因群居而衍生,因独居而消逝,例如,名誉、尊严、平等机会、社会地位等。

原始需求资源是人类生存所不可或缺的,社会共存资源则无此特征。因此,对原始需求资源的分配有必要加诸更多的限制。所谓的基本人权大多与原始需求资源相关联,而人的身份权都是建立在社会共存资源之上。在行政特许中,对自然资源的开发和利用属于原始需求资源。一方面,为资源的可持续存在和公平有序利用需要保持自然资源国家所有,另一方面为维护公民的基本生存权,又必须将自然资源提供给个人开发和利用。

(三) 从资源受保护的程度看,可分权利资源、法益资源和自由资源

为实现人类社会生活的安定和谐和有序,人类社会形成各种规范,如道德、伦理、礼仪、宗教、习俗、法律等。资源的分配主要受法律规范的调整,但因受调整的程度不同而具有不同的法律地位。一类由法律创设而披上了权利的外衣,在法律上有其名分,完整地受法律的保护,例如,物权中的物、取得著作权的作品、人格权保护的人格利益等,这一类为权利资源。一类虽然不是由法律创设的,在法律上没有名分,但为法律所承认,在某种程度内仍

受法律保护，例如，行政法上所谓的反射利益[①]，民法上的纯经济损失[②]。这一类为法益资源。还有一类与法律的创设和承认无关，在法律上没有名分，也不受法律保护，即法律制度外放任状态下的资源，如呼吸的自然空气、海难中抢夺的救生圈、同居人事实上的抚养等。这一类为自由资源。

权利、法益和自由三类资源与法律关系由近而远，三者之间的关系又与法律制度的完善程度有关，法律制度愈完善，自由资源的范围愈小，权利、法益资源的范围愈大，尤其是权利资源成正比增加。在行政特许领域，有限自然资源和有限公共资源分别受到法律不同程度的保护，在其上可能有权利资源、法益资源和自由资源，而垄断行业的市场准入机会受到法律的严格保护，为权利资源。

（四）从资源的归属上看，可分为私有资源、公众资源、公有资源及免费资源

法律经济学根据资源的归属之不同，将存在于混合市场经济中的社会生活资源分为四个组成部分，即私有部分、公众部分、公有部分和可免费获取部分。每个部分的范围和特征都是根据现存的统治该社会的合法关系而定，这四个部分分别被赋予私有财产权、特权、公有财产权和公开获取资源的权利。

私有领域是通过专有性私人财产权来界定、分配资源如何运行，各个主体通过不断的交易来增益。公众部分拥有遍及所有政府机构的全部特

① 在传统行政法理论中，反射性利益与法律上的利益被严格区分开来。传统学说认为，当法律为私人特别规定保护其一定利益时，该利益称为“法律保护的利益”。当为保护和增进公益而进行的法律规制或行政执行，在事实上给予特定的或不特定的私人带来的利益称为“反射利益”。反射性利益是为了实现行政目的而采取的命令、限制、禁止等的结果，国民所享受的事实上的利益，是法的反射性的效果，而不是法对特定的个人予以保护的权利。如观光名胜地的指定带来的利益是反射性的利益。参见杨建顺：《日本行政法通论》，中国法制出版社 1998 年版，第 198—199 页。

② 纯经济损失是民法领域的一个新兴概念，是指与人身伤害和财产损害都没有关联的经济损失，例如，因施工工人挖断供电公司的电缆导致证券公司、KTV 或餐厅不能营业、工厂停工而受的损失。各国对纯经济损失赔偿的态度和方法不一，有的通过灵活的因果关系认定或注意义务的分析承认纯经济损失的可赔偿性，有的通过排除“第三方损失”的规则否定纯经济损失的可赔偿性，或者在立法中直接将不属于绝对权的纯经济损失排除出赔偿范围。参见：李昊：《纯经济上损失赔偿制度研究》，北京大学出版社 2004 年版；张湘兰、朱强：《论纯经济损失的侵权责任》，《时代法学》2004 年第 5 期。

权,资源通过建立的特权进行配置。特权是指为应对个体使用产品、服务或资源的适当要求,通过政府公告而产生的独占性的权利。特权是由政府承诺的权利。公有资源是被一群人共同拥有的私人财产。在公有产权下,一群个体将共同享有使用和转让资源的权利。较为典型的是一个团体管理机构监督公共财产资源被团体内的成员排他地使用和保留的方式。例如,德国《联邦狩猎法》中的行猎权[①]、我国的农村集体土地使用权等。免费获取的资源是即使产品的价格为零,供给仍然超过需求的资源。如果产品价格为零时,供给没有超过需求,那么社会中就不再存在可以免费获取的资源,否则,资源将会被过度使用。

基于这四类或者四部分资源相应地产生了可供选择的管理社会的四种合法关系,即私人权利、特权、公有权利和免费获取资源的权利。混合市场经济中管理社会的合法关系是这四种权利的混合体。法律的变更,即一个或所有这四类管理社会的合法关系发生改变都将最终引起经济绩效的改变,更具体地说是私人经济部门、公众机构、公共部门及免费获取资源领域的经济绩效。行政特许是许可公众对公产进行独占使用的方式,对应的是通过"特权"来配置的属于公众部分的资源。

(五)各种资源的相互关系

自然资源与制度资源,原始需求资源与社会共存资源,权利资源、法益资源与自由资源,私有资源、公共资源、公有资源与免费资源是从不同角度对人类社会资源进行的分类。这些分类中每一类资源与其他各类资源之间可能呈现包容关系,例如,权利资源、特权属于制度资源;更多的是相互交叉关系,例如,自然资源可以是原始需求资源、社会共存资源,也可以是权利资源、法益资源、自由资源,还可以是私有资源、公共资源、公有资源或者免费资源。

资源分类的意义在于根据资源的不同特征进行有效的资源配置,在依不同标准对资源进行的分类中,权利资源、法益资源与自由资源是资源配置后的结果;自然资源与制度资源,原始需求资源与社会共存资源的分类为资

---

① 根据德国《联邦狩猎法》的规定,土地所有权为仅在其所拥有的相互连接的土地面积超过75公顷时,才可以行使狩猎权(自有猎区,该法第7条),而在其他情形,须组成共同猎区,由狩猎合作社(土地所有权人的联合体,该法第9条)来行使狩猎权,在法律上称为行猎权。参见〔德〕鲍尔、施蒂尔纳:《德国物权法》,张双根译,法律出版社2004年版,第615页。

源配置提供了考量因素,例如,对于原始需求资源需要更多的法律限制和保障,以维系人类个体的生存。

二、行政特许中的资源分类

(一)对《行政许可法》相关规定的评析

《行政许可法》规定,行政特许是关于"有限自然资源开发利用、公共资源配置以及直接关系公共利益的特定行业的市场准入等"需要赋予特定权利的事项,即行政特许的客体为"有限自然资源"、"公共资源"以及"直接关系公共利益的特定行业的市场准入"。其中,自然资源好理解,法律上对自然资源的种类和归属也有明确规定,如土地、矿藏、水流、森林、山岭、草原、荒地、滩涂等。但对于"公共资源"和"直接关系公共利益的特定行业的市场准入",则不无问题。

1. 公共资源没有限定为"有限公共资源"

《行政许可法》关于行政特许的条文中,自然资源前有"有限"两字为限定,公共资源则无此限定。从根本上讲,行政特许的存在,正是由于资源的稀缺性,为防止出现过度利用资源的负外部性,才有必要由政府通过数量管制的方式来配置资源。换言之,如果公共资源是充足的,则可免费为公共利用,无需通过行政特许进行资源配置;或者即使对公共资源的取得和利用需要符合一定的条件,但凡符合条件者都可取得许可,则只成立普通许可,也无需行政特许。因此,此处的公共资源应是指"有限公共资源"。

2. 公共资源含义不明

在立法上,《行政许可法》既未定义公共资源的内涵,也未列举其范围。在理论上,目前有关行政许可的诸多论著都没有对公共资源的概念进行定义,通常只是简单地列举了一些公共资源的类型,如公共资源包括市政设施、航线、航道、无线电频率、出租车营运牌照等,并没有对公共资源的内涵进行界定。由于缺少公共资源"质"的规定性,超出列举范围便无法进行判断。并且,在所列举的公共资源中,既包括作为物的人工资源(如市政设施、航线航道),也包括对物进行利用的机会资源(如出租车营运许可),两类资源混在一起,使公共资源的含义更难把握。因此,究竟何为公共资源,在行政法的立法和理论上是不清楚的。在实践中,正是由于有限公共资源的含义不明确,导致特许范围不明,加之《行政许可法》又强调对特许事项必须采取招标拍卖等市场化方式配置,从而使政府借"有限公共资源"之名滥设行政特许、管理,这就使收费的现象堂而皇之地借改革名义卷土重来。实践中已出现这样的现象,一些地方在财政压力之下,纷纷将一些以前难以想象的事项划入特许范围,通过市场化方式配置、收费,以缓解财政压力。例如,将非公共建筑物外墙空间使用权拍卖或收取资源使用费①,"未来三年的城区拾荒市场经营权通过竞标交给社会"②。"有限公共资源"成了政府揽财的"宝贝袈裟"。这不仅违反了市场化改革的大方向,也背离了《行政许可法》的立法初衷。

3. "直接关系公共利益的特定行业的市场准入"界限模糊

若单从字面来理解,只要牵涉公共利益就可以设定特许,那么几乎所有的行业都难逃特许的"法网",因为有什么行业不能和公共利益或强或弱、或远或近地挂上钩呢?即使有"直接"作为限制,同样如此。但这样的推论既不符合常理,也不符合现行相关法律的规定。比如饮食业,直接涉及公众饮食安全,那么是否就应对餐馆、饭店实行特许,限制开业数量呢,答案显然是否定的。这就要求在理论上必须对"直接关系公共利益的特定行业的市场准入"作出合理的界定,使其有清晰的所指。

(二)有限公共资源的界定

准确地把握行政特许的适用范围,避免不适当地增设行政特许,清晰地界定"有限公共资源"是十分必要的。而这正是当前行政许可立法和理论研究中的一个空白和盲点。笔者对此问题进行了认真的思考和研究,得出的初步结论是,有限公共资源具有狭义和广义两种含义。

1. 狭义上的有限公共资源

从逻辑上分析,在法条上,对于可以设立行政特许的领域,直接称之为资源的是"有限自然资源"和"有限公共资源",这说明有限公共资源是与自然资源并列的或相对的,两者应是同一上位概念下的子概念。如前所述,在公产的分类中,根据公产的实体存在是否需要加工为标准,可将

---

① 例如,《珠海市户外广告设施设置管理条例》规定:"经申请批准的非公共场地的户外商业广告设施,其设置权可由该场地的产权人自行行使或者协议出让,但应当按照同一区域户外商业广告设置和使用平均出让价格的30%向市政府缴纳空间资源利用费。"

② 应松年、杨解君主编:《行政许可法的理论与制度解读》,北京大学出版社2004年版,第182页。

公产区分为自然公产与人工公产。套用此种分类,自然资源应对应自然公产,公共资源应对应人工公产。根据公产的用途,公产可分为共用公产和公务公产。就行政特许中的公共资源而言,应当是指为公众直接使用的共用公产。将两者结合起来,笔者认为,有限公共资源为具有稀缺性的人工共用公产。

这一界定也可以从当前有关行政特许诸多论述的列举中得到佐证。尽管这些论述没有概括出公共资源为人工共用公产,但所列对象大都属于人工共用公产,如市政设施、航线、航道、无线电频率等。[①] 因此,公共资源在立法上的含义应当是指共用公产中自然资源之外的共用公产。

有了这一实质性的标准,就可以判断,现实中基于对市政道路的利用而产生的公交线路、出租车营运牌照是合理设定的行政特许。而在户外广告管理中对非公共建筑物外墙空间使用权进行拍卖或者收取管理费则是不合理设定的行政特许,因为非公共建筑物属于私产,其利用应属于私法自治的范畴,纵使因为城市市容或规划方面的原因需要管制,充其量也只能设定普通许可。将非公共建筑物当做公共资源来配置,这是对私权的侵害。人工共用公产意义上的有限公共资源可称为狭义的公共资源或实体意义上的公共资源。

2. 广义上的有限公共资源

行政特许的客体包括有限自然资源、有限公共资源和垄断行业的经营机会。由于资源的稀缺,在这类资源的使用上需要采取有限准入的公共政策[②],因而形成了各种自然资源开发利用权、无线电频率的使用权、出租车营

① 有民法学者认为,航线、航道和频率属于自然资源。如"土地及其定着物之外的高空空间和深层地身,按照传统物权理论不属于不动产范畴,随着频率、空中航线、卫星轨道、地下管道的加盟,又使不动产的势力范围从土地及其定着物扩展到空间和地身"。河山、肖水:《物权原理解析与批判》,光明网,http://www.gmw.cn/content/2006-09/26/content_485467.htm,最后访问时间 2008 年 7 月 21 日。笔者认为,由于航道、航线、无线电频率并不是自然界原始存在的资源,而是以自然资源为基础,经过人工加工后形成的资源。例如,海上航道需要人工测量后设置航标灯塔等设施,以"左红(灯)右绿(灯)"来标示出行船的路线和方向,这才有所谓"开辟新航线"之说。

② 例如,由于船舶在水上、海上航行,需按航道行驶,以避免搁浅、触礁。空中不是任何区域都可以航行,飞机要在规定的航线飞行,卫星要在分配的轨道运行,以避免失事、碰撞。基于安全原因经数量管制后形成的对航线航道、无线电频率的使用和利用机会,属于有限公共资源。

运牌照以及政府保障其垄断地位的公用事业经营权等权利。这些权利的取得需要经过行政特许。由于数量管制,并不是具备相应条件的人均可获得许可,因而有限的许可本身也就成为掌握在政府手里的稀缺资源。在经济学上,稀缺即产生价值,即成为财富。在这一意义上,有限的许可是属于政府的一种财产利益。因此,从抽象的层面分析,有限公共资源是指掌握在政府手中的行政特许的许可本身。例如,有民法学者将公共资源界定为"营运车牌、电信牌照、路桥收费许可等有限准入公共事业政策而形成的财产利益"①。在实践中,有关政府部门更是常常认为由该本部门负责颁发的有限许可如出租车牌照、供水特许经营许可等许可证就是有限公共资源,需要根据《行政许可法》的规定来配置。

尽管成立于自然资源之上的许可本身也应属于抽象意义上的有限公共资源,但在习惯上,人们通常将自然资源单列出来,并不将成立于其上的自然资源特许当做有限公共资源。因而在广义上或者抽象的意义上,有限公共资源仅指政府掌握的自然资源以外的行政特许的许可本身。这也可以从行政许可的相关论著中得到印证,如"这些赋予权性的许可……可以出现在公共资源配置领域,如城市公共交通运输线路许可、出租车营运许可、户外书报亭使用许可、无线电频率使用许可等"②。而将狭义和广义上的有限公共资源类型不加区分地罗列在一起,正是让人难以把握何谓有限公共资源的原因之一,如"公共资源包括各种市政设施、道路交通、航空航线、无线电频率等"③,或者"公共汽车线路、民航飞机航线等都是有限的公共资源"④。

笔者认为,人们对"有限公共资源"的理解和把握就如同对"财产"概念一样,存在直观性。由于实体化思维的存在,人们是将物而不是所有权与债权、他物权、知识产权、票据等权利并列起来称为财产,并且将有体物所有权以外的各种权利拟制为"无形物"。尽管"物和权利具有完全不同的性质,

① 孟勤国:《物权二元结构论》,人民法院出版社 2004 年版,第 284 页。

② 应松年、杨解君主编:《行政许可法的理论与制度解读》,北京大学出版社 2004 年版,第 182 页。

③ 全国人大法工委国家行政法室编:《中华人民共和国行政许可法释义与实施指南》,中国物价出版社 2003 年版,第 57 页。

④ 张兴祥:《中国行政许可法的理论和实务》,北京大学出版社 2003 年版,第 80 页。

将之放在一起比较和分类是毫无道理的。从逻辑上讲,不应将物视为财产(权)"[1]。但人们似乎只有通过"物"才能理解权利。同样,在行政特许领域,人们直接把"看得到的自然资源"作为行政特许的客体,同时将基于狭义(或实体意义)的有限公共资源与垄断行业的市场准入机会之上成立的许可本身拟制为"有限公共资源",与之并列作为行政特许的客体。

财产:
- 物
- 无形物(所有权以外的债权、他物权、知识产权、票据等权利)

行政特许的客体:
- 自然资源
- 广义上的有限公共资源(自然资源特许以外基于人工共用公产、垄断行业市场准入机会的许可本身)

(三)直接关系公共利益的特殊行业的界定

对于"直接关系公共利益的特殊行业"范围的确定,首先,需要明确特殊行业的营业许可并不必然是行政特许。市场准入从民法角度看就是营业许可。营业许可大致分为两类:(1)一般营业资格许可。在我国,公民和法人从事任何营业活动都要取得营业执照,这种营业执照是任何主体从事营利性活动的许可,这种许可在于赋予独立营业的身份,即通常所说的工商登记。(2)特殊行业许可。在我国,出于经济秩序、交易安全、公共利益的需要,从事外贸、金融证券、保险、房地产、汽车、烟草、医疗、教育、运输、新闻出版、广播电视、广告、出租、行纪或代理业务、律师、咨询服务等特殊行业,都要经过有关政府部门审批并取得许可证,这种许可就是通常所说的工商设立登记的前置许可。如果认为,特殊行业行政许可都是特许,那是不正确的。因为在特殊行业许可中,有相当部分只是在一般营业许可的条件之外,还规定有特殊的或者更严格的条件,但在数量上并没有限制,凡符合条件的都可以获得许可(如保险、运输、律师资格等)。此类特殊行业许可,仍然是普通许可,而不是行政特许。

其次,对于"直接关系公共利益的特殊行业",《行政许可法》草案曾经使用过"直接关系公共利益的垄断性企业"的表述,其范围更为明确一些。因为从根本上说,行政特许调整的是基于稀缺性而需要配置的资源,而垄断

---

① 〔法〕佛鲁尔(J. Flour)、罗倍尔(J. Aubert)语。

地位也可以被视作稀缺资源。并且,垄断性行业通常是“从事公用事业服务的行业,如自来水、煤气、电力、电信、邮政等与人民群众日常生活、公共利益密切相关的行业”①。因此,应当将《行政许可法》中的“直接关系公共利益的特定行业”严格限定为需要法律保护其垄断性地位的行业,这些行业通常是具有自然垄断性质的公用事业。

(四)行政特许与有数量限制的普通许可

对有限公共资源的界定不仅有助于划定设定行政特许的事项范围,还有助于厘清行政许可立法和理论中的一个模糊问题,即行政特许与有数量限制的普通行政许可之间的区别。

普通许可通常没有数量限制,但也有少数具有数量限制。《行政许可法》规定,除法律、行政法规另有规定外,对有数量限制的行政许可,两个或者两个以上申请人均符合法定条件、标准的,行政机关应当根据受理行政许可申请的先后顺序作出准予行政许可的决定。而对于行政特许,《行政许可法》要求通过招标、拍卖等公平竞争方式作出决定。也就是说,对于有数量限制的普通许可与行政特许,同样是有数量限制的许可,但许可的标准是不同的。《行政许可法》出台后,行政法学界认为,“特许与有数量限制的普通许可的界限如何确定,实践中缺乏任何可以操作的标准或规范,很容易导致随意扩大特许的范围”②。问题虽然提出来了,但却未见下文。

笔者认为,对于行政特许的认识和把握,关键在于牢牢抓住行政特许的本质,即行政特许是建立在特定客体之上的,特许在本质上是对某些公共所有的财物(公产)的使用许可。特定的客体是行政特许的根基和本源。对那些不是建立在公共财物之上的行政许可,即使由于客观条件的限制,在一个地区、在一段时期内,只能发放一定数量的许可,也只是普通许可,而不是行政特许,例如,出口配额、赴港澳居留名额、香烟零售点等。由于不涉及对公共稀缺资源的垄断利用,无需考虑将资源配置到最佳利用者手中,也不需要收取相应的费用作为补偿,对有数量限制的普通许可,按照“申请在先”的标准来颁发最符合公平原则。

---

① 全国人大法工委国家行政法室编:《中华人民共和国行政许可法释义与实施指南》,中国物价出版社 2003 年版,第 57—58 页。

② 周汉华:《行政许可法:观念创新与实践挑战》,《法学研究》2005 年第 3 期,第 24 页。

当然,《行政许可法》也没有排除对有数量限制的许可(包括普通许可和特许)采取“申请在先”之外的其他标准来发放许可,如“照顾原则”,即同等条件下,对于少数民族、经济欠发达地区的申请人或者残疾人等弱势群体予以扶持,将数量有限的许可颁发给他们。但这要有法律和行政法规的规定作为依据。从法理上讲,这符合罗尔斯的正义论。罗尔斯认为:“作为公平的正义的一般观念要求平等地分配所有的基本善,除非一种不平等的分配有利于每一个人。”[①]这个一般的正义观是通过两个正义原则体现的。第一正义原则:平等自由原则,即每个人平等地拥有所有人拥有的最广泛的基本自由体系。第二个正义原则:社会的和经济的不平等应这样安排,使它们:(1) 适合于最少受惠者的最大利益(差别原则);(2) 在机会公平平等的条件下职务和地位向所有人开放(机会的公正平等原则)。[②]

有学者认为,申请在先标准主要在申请人之间没有形成事实上的竞争的情况下适用,即无总量控制的许可以及符合条件的申请人总数未达到总量限制的许可。在申请人之间形成事实上的竞争的情况下,不应当根据申请的先后顺序,而应当根据申请人是否达到法定条件,以及各申请人的条件优劣决定是否发给行政许可。[③] 笔者认为,对无总量控制的许可以及符合条件的申请人总数未达到总量限制的许可当然是申请一个,符合一个,颁发一个。申请在先原则针对的正是有数量限制而符合条件的申请人又超过总量限制的情形。对于普通许可,在此种情形下不易采择优标准,因为有数量限制的普通许可仍然是一般许可,只要符合法定条件就可获得许可,如果再以条件优劣来选择被许可人,要么是实际提高了许可的标准,于法于理不符,要么是裁量权过大,易滋生腐败。

此外,在论及有数量限制的普通许可时,应注意的是,这类许可也有其利弊。一方面,它有利于国家对经济和其他方面的事务进行宏观调控,有利于国家维护一定的经济秩序和社会秩序,有利于保护消费者等个人和组织的合法权益。另一方面,由于数量限制的存在,这类许可在涉及营业资格时

---

① 〔美〕约翰·罗尔斯:《正义论》,何怀宏等译,中国社会科学出版社 1988 年版,第 149 页。

② 同上书,第 149—160 页。

③ 参见张步洪:《行政许可》,载应松年主编:《当代中国行政法》,中国方正出版社 2005 年版,第 743 页。

会与特许一样产生限制竞争问题。尽管《行政许可法》关于有数量限制的普通许可实行“申请在先”的规定堵住了行政机关因享有恣意裁量的权力而滋生腐败的可能，但因为该法对一项许可应否实行数量限制、具体的数量限制应有哪些政策考量因素等没有作出任何规范，其结果如同行政特许的滥用，现实中也出现了有数量限制的普通许可的滥用。例如，一些地方为了便于管理或主观地认为某一行业经营者过多等原因，通过所谓的“经营网点布局”或“行业规划”对网吧、药店、民营医疗机构、香烟零售点等营业实行数量限制，将原本没有数量限制的许可变为有数量限制的许可，而这些行业无论是在法律上还是理论上本来都是可以自由营业、充分竞争的。这种对市场准入不合理的限制，最终会因限制竞争而架空市场经济，负面影响不可低估。对这一问题，本书认为如同下文将要论述的“行政特许的设立限制”，对有数量限制的普通许可的设立也应当予以规制，即必须通过实体上的合理性论证和民主参与程序来保障其设立的正当性。

三、行政特许的设立限制

如前所述，根据资源的来源不同，资源有自然资源和制度资源之分。自然资源来源于自然界，制度资源来源于制度设计，是经设计而发生的资源。对于自然资源而言，只有如何分配的问题，制度资源则有是否应该有此资源以及如应有此资源又如何分配的双重问题。自然资源与制度资源的分类对行政特许的立法规制具有重要意义。

在广义上，有限公共资源是除自然资源特许以外的行政特许的许可本身。这一意义上的有限公共资源是政府拟制的资源，属于制度资源。根据制度资源的分类意义，对这些行政特许必须先论证是否应该有此制度资源，即数量管制是否必要；只有在确定应有此资源的前提下，才考虑如何分配的问题。因此，对于有限自然资源以外的行政特许，是否应当进行数量管制是设定行政特许的首要和关键问题。

行政许可作为事前对经济和社会生活进行干预的行政权力和管理方式，对维护公民人身财产安全和公共利益，合理分配有限的自然资源和公共资源，是必不可少的。但是行政许可不是万能的。过多地使用，市场准入门槛过高，对经济、社会干预过度，就会抑制市场在资源配置中的基础作用，降低经济效率，妨碍市场开放和公平竞争。因此，行政许可应是行政管理的最后手段。我国过去的行政许可存在的主要问题之一就是行政许可设定事项不受限制，“在现实生活中存在一种倾向，一讲行政管理，就要审批，什么事情都要设定行政许可，造成许可过多、过滥”①。针对这个问题，《行政许可法》对行政许可的设定予以了规范，提出了实体和程序方面的要求。

哪些事项可以设定行政许可，哪些事项不能设定行政许可，即许可事项或范围问题属于立法政策问题。为保证科学合理地设定行政许可，《行政许可法》从设定行政许可必须遵循的原则、可以设定行政许可的事项以及不宜设定行政许可的事项三个层面提出了设定行政许可的要求。其核心要求和基本精神是“市场优先”、“自律优先”、“事后机制优先”，即只有在市场调节、社会自律、私人自治不能发挥作用或危及公共利益时，才能通过设定行政许可进行干预。行政特许是人为设计的，因此必须依据《行政许可法》规定的行政许可设定原则来论证是否应当有此制度资源。总体说来，只有在存在公共产品、外部性、自然垄断（如公用事业）、过度竞争（如交通行业）等市场失灵领域才有数量管制的必要，可以设定特许。

为保证设定行政许可的合理性，除了从立法事项上规范行政许可设定行为外，还应从程序上着手，设立民主参与的立法程序。部门利益倾向是行政立法中一个较突出的问题，表现在许可方面主要是行政机关受利益驱动，热衷于通过立法设定行政许可。尤其是对有偿取得的行政特许，一些地方政府和部门为了增加财政收入纷纷将某些自由竞争的行业也纳入特许，人为地制造垄断。这不仅增大了经济运行的成本，也增加了公众的负担。

有关行政许可事项的立法，特别是行政特许，与人民群众利益息息相关，必须通过适当的程序使公众能充分反映民意，使利益各方有机会反映其利益诉求并达成共识。同时，为避免滥设许可，必须对设定行政许可进行正当性论证。为确保行政许可真正成为为民的“公器”，《行政许可法》在《立法法》规定的民主立法的基础上，对设定行政许可提出了两项新的程序义务——听取意见及说明理由，即拟设定行政许可的，起草单位应当通过听证会、论证会等形式听取意见，并向制定机关说明设定该行政许可的必要性、

---

① 杨景宇2002年8月23日在第九届全国人民代表大会常务委员会第二十九次会议上《关于〈中华人民共和国行政许可法（草案）〉的说明》，载汪永清主编：《中华人民共和国行政许可法教程》，中国法制出版社2003年版，第281页。

对经济和社会可能产生的影响以及听取和采纳意见的情况。这两项程序性规定旨在减少不必要的许可。但从实践方面看,对意见"听而不取"以及说明理由"笼统粗放"的情形仍较为普遍,在一定程度上影响了立法质量。例如,很多地方立法规定了对出租车营运实行特许,但在法规制定过程中,既未对出租车实行特许的必要性以及对经济社会可能产生的影响作深入的调查研究,也未对出租车营运牌照之数量限制的"量"提出科学和精确的测算。

第三节　资源的分散利用

人类生存需求与自然界和社会的资源供给关系即资源供求关系,是一切社会关系的根源、基础和核心,社会形态、社会秩序、社会规范,在很大程度上都是受这种关系决定的。资源供求矛盾的激化是行政许可制度产生和发展的客观必要性及原因。有限而不能再生或者不能普遍共享的资源的利用,通过设定行政特许来予以配置,可以促进资源的合理利用。从这种意义上说,行政特许的基本功能在于分配社会利益,或者说是配置有限的资源。

一、有限自然资源的分散利用

就自然资源而言,之所以确立土地等有限自然资源归全民所有,是因为这类自然资源对人类的社会生产活动有着特殊重要的意义,国家对其产权的界定要从社会整体利益出发来配置其所有权。在有限自然资源中,铁、煤、石油等不可再生自然资源具有鲜明的耗竭特性,为保护矿产资源,减少资源浪费,保障国民经济的发展和国家的战略安全,世界上绝大多数国家和地区都通过立法确认其作为社会财富归国家所有。而对于土地、水资源的所有制模式,在现代市场经济发达的国家和地区,一向存在着两种模式:其一,是以私有制为支柱的完全自由市场模式,为美国、日本等国采用;其二是以国有制为支柱的有效控制下的市场模式,为许多英联邦国家采用。按照后一种模式,土地、水等非生物性可再生自然资源所有权属于国家,国家把其使用权出让给使用者。土地或水资源使用权被作为一种财产权,按照法律规定的条件和方式投入市场交易。实践证明,后一种制度的效率并不亚于前一种。结合我国社会的传统,现有条件下继续坚持该类资源所有权归属于国家和集体的制度是更为稳妥和可行的。

有限自然资源是人类生存所必须依赖的物质财富，这类财产在本质上是属于国家范围内的全体人民的共同财富。归属于全民的财产仍然存在与它的主体（全体人民）结合起来开发利用的问题，存在组织社会生产、监督、管理和经营这些财产的问题。由于国家有现成的辐射全国的行政机构且被解释为代表全体人民利益，于是就承担起全民所有的资产控制和管理任务。但将这些资源宣布为国家所有，其意义不在于使国家独享这些资源或完全自由地处分这些资源，而是确保这些资源能够为社会公平、有效和有序地利用。作为资源的所有者和全民利益的代表机关，国家可以自己组织实体开发利用这些资源，造福于全民；也可以将资源出让给个人或法人组织开发利用，以满足人类居住、从事经营活动等需要，并最终使全民受益。但无论是将有限的自然资源交由国家自己组织的实体开发利用，还是给私人开发利用，都需要获得国家的许可，这种许可就是行政特许，其作用在于将国家集中管理的有限自然资源的使用权和利用权赋予特定主体，形成分散利用。

二、有限公共资源的独占使用

本书认为有限公共资源具有广义和狭义两种意义。狭义的有限公共资源是指国家公产中除自然资源外的共用公产，包括公共道路、市政设施、航线航道、无线电频率等，并且这些资源具有稀缺性。广义上的有限公共资源是成立于狭义上的有限公共资源、垄断行业的市场准入机会之上的具有数量限制的行政许可本身。《行政许可法》中规定的有限公共资源是狭义上的。

对共用公产使用方式的具体分析，可以较为清晰地表明行政特许在公产利用中的作用。在行政法上，对共用公产的使用，有共同使用和独占使用两种情况。

公产的共同使用是指由一般公众共同使用，使用者是不知姓名的群众，也不需要对公产享有任何特殊的权利。共同使用又分为自由利用和许可利用。前者是指公众无需许可即可对公产加以利用，如对公共道路、免费公园、广场等公产的进入、通行和停车，或者自由取得公产的某些物体和产品，如水、海草、砂石等。后者是指在公产的公共用途范围内公众对公产的利用需要行政主体事前明确的或默示的许可，以加强公共设施的管理，确保其利用秩序,例如,进入售门票的公园、对学校教学设施的利用等。在共同使用中,自由利用是最主要的形式。其目的在于保障宪法确立的公民自由的实现,从人权保障的角度看,由政府提供充足的自由利用公物,已经成为现代政府义不容辞的责任。

共用公产的独占使用存在于各国和各地区的行政法中,但内容略有差异。在法国行政法上,独占使用是指使用者根据行政主体所给予的权利,单独占用公产的一部分而言。特别独占使用①的法律制度与共同使用完全不同。其一,使用者必须首先从行政主体处获得许可,并取得独占使用权后方能利用,否则是违法地使用。其二,这种使用不适用免费原则,行政主体必须向使用者征收一定费用方可平衡利用人与未利用人之间的利用关系,也只有向其征缴一定费用才符合有效配置公共资源的原则,并避免有利于特定人而造成市场主体之间的不公平地位。其三,这种使用由特定人单独使用,不适用平等使用原则。在德国行政法上,特别用物(Sachen in Sondergebrauch)是德国学者所习用的概念,主要指对公有河川、湖泊经由官署之许可,而为水利经济使用。台湾学者援用这一概念,将特别用物用来指称并非任何人皆可自由使用,而应经主管机关许可(或承诺)始得使用的公物。对特别用物,在许可范围内使用人有排他的权利。② 在日本行政法上,特许利用是指公物管理机关在特定的公物上为特定人设定公法上的利用权,而使其可以继续、独占地排除他人利用。公物的许可利用与特许利用是不同的,前者意味着对自由的恢复,后者意味着对相对人权利的赋予。③

尽管各国和各地区行政法中的特许使用的概念和内容不尽相同,但都具

---

① 按其法律性质的不同,独占使用又可以分为两种情况:一种是普通独占使用,指公产设置的目的本来就是供公众个别的使用,例如,菜市场中的菜摊、停车场所的停车地等。另一种是特别独占使用,指共用公产设定的目的是供公众直接共同使用,例外地设定独占使用。特别独占使用又分为两类:(1) 特别独占使用许可,即行政主体在不违背公产的公共使用目的的情况下单方面允许私人例外地单独占用公物的一部分,如在公产上设置管道、在道路上临时堆放材料、在人行道上设咖啡桌等。(2) 特别独占使用特许,即相对人与行政主体订立合同所取得的使用权利。根据合同的独占使用,相对人享有某些最低限度的保障,例如,限制解除的条件,解除时有损害补偿请求权等。参见王名扬:《法国行政法》,中国政法大学出版社 1988 年版,第 349 页。

② 参见吴庚:《行政法之理论与实务》,中国人民大学出版社 2005 年版,第 136 页。

③ 参见〔日〕盐野宏:《行政法》,杨建顺译,法律出版社 1999 年版,第 775 页。

有赋予特定人以独占使用共用公产权利的内涵。这一内涵为行政特许中的有限公共资源特许提供了理论基础。在共用公产中,某些种类的公产具有稀缺性,如航线航道、无线电频率,或者在进行某些利用时具有稀缺性,如作为公共交通运输或出租车运输时使用权的市政道路。[①] 对这些公产的有效利用和有序利用需要通过行政主体在特定的公产上为特定人设定利用权,而使其可以继续、独占地(或相对独占地)排除他人利用,其权利也具有相对的稳定性。共用公产的特许使用是对狭义上的有限的公共资源进行分散利用的方式。

三、垄断行业准入机会的分配

公用事业的特许经营是当前中西方行政特许的典型。公用事业一词源于英语中的"Public Utilities"(也有译为公共行业、公共部门或公共服务行业)。按照《韦氏英文大辞典》的释义,公用事业是指,"提供某种基本的公共服务并且接受政府管制的行业"[②]。在我国,所谓公用事业一般指城市生产、流通和消费领域涉及居民生活方方面面的各项事业的总称,包括通信、供电、供气、供水、交通等公共日常服务以及公共环境与安全条件的提供。[③] 目前绝大多数学者所认同的公用事业范围主要是"网络设施"行业,即那些通过固定网络设施提供产品或服务的行业。[④] 公用事业向社会提供的主要是公共物品(公共物品的特性以下将作具体分析),具有公共性、服务性和垄断性的特点。"公用事业经常为自然垄断行业,反之亦然。"[⑤]基于自然垄断理论(自然垄断行业存在规模经济,没有必要重复投资和建设)和公共物品缺位理论

---

① 再如,关于上海私家车牌照拍卖问题也可以从此角度进行分析。有学者认为上海限制私家车上牌违法,商务部也认为上海拍卖私家车牌照违反了《道路交通安全法》。因为《道路交通安全法》规定机动车只要符合质量合格、合法购买等四个条件就可以上牌,没有规定限量上牌。但是,如果从私家车使用的城市道路为市政道路,当车辆增加到一定程度时,道路也就成为稀缺资源,限制私家车上牌就具有了相当的合理性。此外,还有学者认为,即使可以限制私家车数量,在牌照(许可)的发放上用申请在先或者抽签等方式也更为公平。笔者认为,基于本书对行政特许与有数量限制的普通许可的区别,限制私家车牌照的合理性根基是市政道路的稀缺性,因而属于行政特许,可以适用拍卖的方式来发放许可。

② *Webster's Unabridged Dicitionary*, Random House, 1998, p. 1563.

③ 李昕:《行政改革中公用事业的民营化》,载《公法研究》(第四卷),中国政法大学出版社 2005 年版,第 39 页。

④ 周林军:《公用事业管制要论》,人民法院出版社 2004 年版,第 14 页。

⑤ Keigh M. Howe, *Public Utility Economics and Finance*, Prentice-Hall, Inc., 1982, p. 2.

(对公共物品的消费存在搭便车问题,私人提供的动力不足),公共事业长期以来被认为是政府职能,政府成为公共物品和公共服务的垄断经营者。

然而,随着科学技术的发展、社会分工的扩大和组织机构的变化,一方面削弱了自然垄断的程度和范围,另一方面创造了新的竞争领域,如路网的建造维护与运输服务的提供、电网建设和电力输送与电力的生产、通信网的建设运营与信息服务提供商的服务及其互联互通可以分开进行,使这些以前具有自然垄断性质的经济活动,具有了竞争的性质和特点,为私人企业的进入提供了机会和条件。同时,在很多国家,由于基础设施和公共服务由公共部门垄断性供给的效果不好,服务差,成本高。为了有效地配置公共设施和能力,政府纷纷把基础设施和公共服务的融资与它们的运营和提供向私人企业开放,于是形成了公用事业民营化的潮流。英美民营化政策具体有委托授权、政府撤资、政府淡出等方式,特许经营即是委托授权的主要方式之一。而在我国,特许经营是公用事业民营化的核心方式。公用事业的特许经营就是指由政府授予企业在一定时间和范围内对某项公用产品或服务进行经营的权利。当然,申请人要获取行政机关的赋权以获得对这些经营或服务的资格,是需要通过竞争取得的,并且一旦被许可就具有了强烈的排他性。对公用事业而言,民营化意味着公用事业的经营权向民间开放,意味着竞争的引入(在取得特许经营权上)。

在"直接关系公共利益的特定行业的市场准入"领域,行政特许成为"以私法完成公共任务"的媒介和桥梁。对行政法而言,则意味着"国家的社会化"和"公法的私人化";"国家从公法中逃遁了出来,公共权力的职责转移到企业、机构、团体和半公共性质的私法代理人手中"①。基于现代行政的这一变迁,"行政法的研究对象和视角,就不是和民法相并列地构筑关于国内行政的公法,而必须从总体上动态地考察行政过程中所出现的所有法现象,指出其中存在的问题点,并探究其解决的方法"②。

四、资源的分散利用与市场经济

在我国,公产属于国家所有。根据《宪法》和法律规定,国家所有的财产归全民所有。全民所有权的实现方式有两种:其一,是在计划经济体制下,

---

① 〔德〕哈贝马斯:《公共领域的结构转型》,曹卫东等译,学林出版社1999年版,第178页。

② 〔日〕盐野宏:《行政法》,杨建顺译,法律出版社1999年版,第38页。

一切通过划拨和分配实现，劳动力和生产资料的结合都是行政命令和分配的结果。历史已证明，这种方式下的经济效率是极其低下的。其二，是在市场经济条件下，一部分公产仍由国家所有并直接提供给公共利用，一部分公产则必须置入分散的产权主体加以利用，以建立与市场经济相适应的资源配置机制。特许所针对的有限资源就属于应当分散利用的国家公产。

对于市场经济，经济学界已达成这样的共识：市场或市场机制就是市场主体自由交易的过程和结果。符合市场经济要求的自主经营的市场主体，用法律语言表述出来就是，拥有一定可独立排他处分的财产的所有权人或产权主体。因此，建立市场经济的关键在于营造分散的独立的经济主体或市场主体。

20 世纪 70 年代末，我国开始探索一条新的社会主义建设道路，这便是被誉为“第二次革命”的经济体制改革。经过十多年的探索，终于在 20 世纪 90 年代初确立了建立社会主义市场经济体制的改革方向。经济体制改革遵循的线索有两条：一条是改革全民所有制经济；另一条是适当地发展非公有制经济。中国没有采取苏联和原东欧国家彻底的“私有化”方式①，实现资源拥有主体的分散化，而采取在基本维持原来国家所有权范围的前提下“搞活”全民所有制经济与发展非国有经济并行的模式。20 年的改革从总体上可以说是一个“放权于民”的历史进程。

经济变革所引起的绝不仅仅是经济结构和总量的改变，而是中国整个社会制度的重构：由过去国家控制一切资源、安排一切、负责一切的社会结构，转变为公民个人或社会团体拥有资源、自主组织社会一切经济活动的社会结构模式。这意味着赋予个人独立的生存权利，使个人成为自主生存的社会主体。也即意味着独立于政治国家的“市民社会”的建立。这种改革集中到一点就是国家与社会的分离和市民社会的重新塑造。因此，中国目前的改革开放表面上是经济运行方式的变革，但实质上是财产制度的变革，是社会主体及其生

---

① 徐国栋教授在《东欧剧变后前苏联集团国家的民商法典和民商立法》（载《民商法论丛》第 14 卷）一文中考察了 30 个原来社会主义阵营国家（中国、朝鲜除外）在苏联、东欧剧变后民商立法的变化，其中对土地所有权和国有企业“改制”作了详细论述。据其统计和总结，30 个国家中有 27 个国家承认土地私有，并进行了土地私有化改革（有的国家一直存在土地私有，所谓的私有化进程并不明显）；另外 3 个国家中，格鲁吉亚资料不详，塔吉克斯坦虽不承认私人所有权，但该国土地使用权与土地所有权之间难以发现差别，越南坚持土地全民所有，由集体和个人享有使用权。在这 30 个国家中，古巴和越南坚持社会主义制度，但包括越南在内的 29 个国家均对国有企业实行了私有化改革，只有古巴没有进行国企的私有化。

存模式的再构造，其起点和支撑点就是从社会资源集中拥有（所有权集中于国家）到分散拥有或利用（财产权利分散到国家、企业和个人手中）。

小　　结

知识产权与行政特许都是国家法律直接规定的一种垄断利用权，但两者具有不同的功能：知识产权的客体——知识产品——为纯公共物品并具有正的外部性，需要国家赋予私人产权来提供生产的激励，同时为维持知识产品固有的公共物品属性需要对权利加以限制。行政特许的客体——特定的国家公产——为拥挤的公共物品并具有负的外部性，需要国家对稀缺资源进行配置，并通过私人产权的界定将负外部性内部化。知识产权制度的运作需要借助于一定的行政手段和力量，但专利申请和商标注册不是行政许可而是对民事权利进行确认的行政行为。行政特许的功能在于配置资源。这些资源包括有限自然资源、有限公共资源和垄断行业的市场准入机会。有限公共资源具有广义和狭义两种意义。狭义的有限公共资源是指国家公产中除自然资源外的共用公产。广义上的有限公共资源是成立于人工共用公产、垄断行业的市场准入机会之上的具有数量限制的行政许可本身。广义的有限公共资源属于制度资源，为保障公民的权利和自由，它要求对设定行政特许的合理性进行实体论证并有相应的程序保障。行政特许是国家公产的分散利用机制，是建立与市场经济相适应的财产制度的重要方式。行政特许具有什么样的内外结构，关键取决于其中契约关系的性质，本书第四章将以契约为中心对行政特许的本质进行研究。

第四章　行政特许的构造

——契约关系的审视

行政特许是建立于国家公产之上的权利转让型许可。其性质如何，理论界认识不一。行政法学界通常认为行政特许为赋权型行政许可，也有观点认为行政特许是行政许可与民事合同竞合的。① 一些民法学者则认为行政特许在本质上属于民事许可。② 行政特许的性质涉及相关法律制度的设计。简言之，若其为私法行为，则属当事人之间的自由交易，适用民法上的私法自治与契约自由原则。反之，若是公法行为，则法律制度便必须偏重于许可的条件，行政机关的裁量权限、审查主体、审查程序、权利的废止与撤销等。若是两者的竞合，问题又更为复杂，在相关制度设计上需更费心思。而在行政许可研究领域，行政特许的性质问题尚未引起学者的充分关注，很多研究没有涉及，少有涉及者，也往往只有观点表述，未见深入探讨。

本章拟从行政特许的授予制度入手，全面梳理当前行政特许的授予方式并剖析其利弊；而后对特许转让合同的性质予以审视，得出行政特许的本质。最后再分别从规范、事实和价值的角度进行审视，形成对行政特许本质的全面认识。这一研究过程涉及对行政特许行为内外部结构的解析，是为行政特许的构造。

---

① 例如，认为"许可与民事合同发生竞合，国家以自然资源和公共资源所有者的身份，向申请人颁发许可，既是以行政权力准许申请人从事开发利用的活动，又可以说是以特定的民事主体身份，转让民事权利"。全国人大法工委国家行政法室编：《中华人民共和国行政许可法释义与实施指南》，中国物价出版社 2003 年版，第 57 页。

② 例如，认为"资源利用许可，是行政机关将由国家所有的资源许可他人使用，它是集中的国有资产得以分散利用的途径；这类许可在本质上属于民事许可"。张步洪：《行政许可》，载应松年主编：《当代中国行政法》（上卷），中国方正出版社 2005 年版，第 704 页。另参见高富平：《中国物权法：制度设计和创新》，中国人民大学出版社 2005 年版，第 323 页。

第一节 行政特许的授予

从某种意义上说,行政特许是行政机关代表国家授予私人以某种权利的行为。行政特许的授予制度就是指将某种资源的使用或经营权授予给私人的方式以及与该方式相联系的一系列活动。

一、现行授予方式及其弊端

(一) 现行授予方式

目前,我国授予特许权的方式无论在立法上还是在实际做法上都不统一。经笔者梳理,根据行政特许实施的程序、方式的不同,现行行政特许授予方式有以下三种:(1) 审批式;(2) 审批—合意—登记式;(3) 招标、拍卖—合意—登记式。

1. 审批式

审批式的具体程序为,首先由法律或者行政机关向社会公布将要实行特许的事项,而后由社会公众向行政机关提出申请,政府机关再根据社会的需要和申请人的条件依据自由裁量权作出授予特许权的批准决定。从不同法律、法规的措辞来看,审批式发放程序主要包括申请—领取、申请—批准、登记—核发、申请—发放、行政机关直接指配等类型。例如,《海域使用管理法》第 19 条规定:“海域使用权申请经依法批准后,国务院批准用海的,由国务院海洋行政主管部门登记造册,向海域使用申请人颁发海域使用权证书;地方人民政府批准用海的,由地方人民政府登记造册,向海域使用申请人颁发海域使用权证书。海域使用申请人自领取海域使用权证书之日起,取得海域使用权”。

2. 审批—合意—登记式

目前,有关土地管理的法律、法规规定了不同于审批式的行政特许授予程序,它要求在审批之外,还应由政府与相对人签订合同,并经过登记,才取得相关的土地使用权。根据《中华人民共和国土地管理法实施条例》、《中华人民共和国城镇国有土地使用权出让和转让暂行条例》的规定,土地出让的具体程序为:(1) 由建设单位或者个人向土地管理部门提出建设项目预审申请;(2) 用地预审经审查通过后,由申请人向有关部门办理建设项目立项手续、用地规划许可手续后向土地管理部门提出建设用地申请,经批准后,由市、县政府核发建设用地批准书;(3) 由市、县人民政府土地行政主管部门与土地使用者签订国有土地使用权出让合同;(4) 土地使用者在支付全部土地使用权出让金后办理登记,领取土地使用证,取得土地使用权。此外,在公用事业特许经营领域,通常也先由政府或主管部门作出批准授予特许经营权的决定,而后再由政府部门与公用事业单位或者原公用事业单位与投资者签订特许经营合同。

3. 招标、拍卖—合意—登记式

根据《城镇国有土地使用权出让和转让暂行条例》的规定,土地使用权的出让可以采取协议、招标、拍卖方式。即先由政府与土地使用权申请人协商,或者以招标、拍卖的方式确定国有土地使用权使用者后,再由政府与土地使用权人签订合同,土地使用者在支付土地使用权出让金后办理登记取得土地使用权。其中,协议即私下协议,是土地使用权的有意受让人直接向土地主管部门提出有偿使用土地的愿望,由国家土地管理部门与有意受让者进行一对一的谈判,协商出让土地使用权的有关事宜的出让方式。招标出让是指在指定的期限内,由符合条件的单位和个人以书面投标形式,竞投某宗土地的使用权,由招标人根据一定的要求择优确定土地使用权受让人的出让方式。此种方式中获取土地使用权者,并不一定是出价最高者。拍卖即是按"价高者得"的原则进行公开竞价而确定土地使用权受让人的出让方式。一块具体的土地,到底采取上述三种方式中的哪种方式出让使用权,则由土地管理部门根据所出让土地的具体情况和土地的用途确定。

(二) 现行授予方式的弊端

我国行政特许的具体实施方式有上述多种方式。除实施方式的不统一外,现行授予方式主要存在以下两方面的缺陷和不足:

1. 以审批方式为主的配置方式背离了《行政许可法》的精神

从大的方面来看,行政特许的授予方式主要有两种类型,一是以审批式为代表的传统公法手段,二是以招标拍卖为核心的私法竞争方式。前者以相对人申请、行政机关审查、发放程序为主要内容;后者则以招标拍卖为主要程序。行政特许的两种实施程序所代表的立场是完全不同的。审批程序意味着行政机关是支配者,分配资源的决定权掌握在行政机关手中,相对人一方是被动的接受者。而在竞争程序中,行政机关仅仅是组织者,相对人一方在行政机关所营造的竞争环境中是资源配置的主体。

根据《行政许可法》,除法律、行政法规另有规定外,对特许事项应实行招标、拍卖等公平方式作出决定。考察我国行政特许领域的立法状况可以发现,目前我国仍由申请发放的审批制占主导。就法律和行政法规而言,在《行政许可法》规定的可以设定行政特许的事项范围中,单行法涵盖的范围主要包括:土地、水流、矿产、海域、草原、森林、野生动植物、水产等8类自然资源;道路运输、航空航线、电信频率等3类有限公共资源;邮政、铁路、电信、电力、道路等5类公用事业。

在上述16类行政特许事项中,铁路和邮政由国家专营未向市场开放,余下的14类竞争性领域中,9类只规定了申请发放的审批程序,5类在规定了审批程序的同时规定了招标拍卖程序。即64%的多数只允许通过审批程序来实施行政特许,余下的36%中,招标拍卖等竞争程序也只是审批程序的可替代程序。虽然《行政许可法》就招标拍卖方式作出了但书规定——"法律、行政法规另有规定的,依照其规定",但并不能因此否认《行政许可法》引入私法竞争手段的立法意图和基本精神。然而,到目前为止相关法律并未按照《行政许可法》的立法精神作出修订。

在稀缺资源配置领域,行政审批意味着行政机关掌握着分配经济利益的大权。由于审批过程不公开,使一些部门或个人能够屡屡搞暗箱操作、权钱交易,产生大量腐败现象。行政权的滥用不仅导致了严重的社会后果,而且使宝贵的财富浪费在向政府官员寻租而不是直接用于发展经济、投资生产,相应地,经济的发展也受到阻碍和损害。以审批方式为主的行政特许授予制度背离了《行政许可法》的精神,不利于行政特许目的的实现。

2. 行政特许合同存在制度性缺陷

首先,对于作出特许决定后,是否应当签订合同,《行政许可法》及相关法律、法规没有作出统一规定。其次,对于如何签订特许经营合同,特许经营合同的性质是民事合同还是行政合同,争议的解决机制如何确定(能否仲裁,是民事诉讼还是行政诉讼),目前法律都没有规定,实践中较为混乱,特许经营人的权益很难得到法律的有力保障。再次,特许合同设定恰当的特许期限相当重要,但现实中对特许合同是否应该有期限,期限应如何确定都缺乏较成熟的认识。例如,在《深圳市公用事业特许经营条例》草案起草阶段,与会代表都认为50年太长,有代表甚至提出,“签一个合同,把子孙时代的都给卖了出去”。再如,对出租车经营权,某地最初拍卖时没有规定期限,其后立法规定出租车牌照的经营期限为50年,之后又改为10年,不仅缺乏政策的连贯性,而且决策也没有科学的依据。由于行政特许合同存在制度性缺陷,阻碍了其发挥在资源配置中的应有作用。

二、授予制度的完善

作为统一的行政特许制度,具有相同的制度功能,与此相对应,应当具有基本一致的规则体系,在授予制度上也是如此。现行的授予制度不仅散见于各种法律和法规之中,而且具体的方式和程序也不尽统一,一定程度上影响了行政特许功能的发挥。为改变这一混乱现象,使授予制度能够与行政特许的功能相契合,应进一步完善授予制度。授予制度的完善,应以资源管理的目的和国家在资源上的权利性质为着眼点。

(一)行政审批的必要

行政特许的客体包括有限自然资源和有限公共资源(广义)。自然资源的重要意义无须赘言。每一类自然资源都有其发展的基本规律,这些规律是制约人类资源开发利用行为的根本因素。

根据资源是否具有再生性,自然资源可以分为可再生资源与不可再生资源两类。其中,可再生资源又可以进一步分为生物性可再生资源和非生物性可再生资源。

非生物性可再生资源主要包括土地和水等,这类资源构成了人类生存的基本条件,也是一切生物如森林、草原、鱼类、野生动植物得以繁衍生息的基础。基本特点是虽然没有生命,但具有可以恢复和循环使用的规律。只要人类活动遵循这些规律的要求,它们就能成为人类永远利用的自然财富。生物性可再生资源主要包括动物、植物、微生物及其周围环境组成的各种生态系统,如森林、草原、鱼类、野生动植物。它们富有生命,对土地、水等非生物性可再生自然资源有较强的依赖性。从其特性看,这类资源具有循环再生的能力。只要人类合理利用,生物性可再生资源即可周而复始地生长,为人类永续利用。不可再生自然资源是指包括铁、煤、石油等各种金属和非金属矿物在内的矿产资源。与可再生资源不同,不可再生自然资源具有鲜明的耗竭特性。

可再生资源与不可再生资源有着不同的特性,因而,在对其保护的过程中要求并不一致。对可再生自然资源的保护旨在实现其可再生性,确保人类循环往复的使用;而对不可再生自然资源实施保护则是为了达到减缓资源的耗费速度,使其能够更长久地为人类提供发展所需的自然资源。对可再生自然资源的保护,主要有用途管制制度、自然资源保护区制度、自然资源恢复制度、资源税、限期限额采伐制度等。这些制度旨在维持现有耕地、森林、草原、野生动植物、鱼类等各类自然资源的"势力范围",确保其为人类的生产生活提供源源不断的物质资料,为人类永续利用。对矿产资源的保护制度主要有矿产资源税制度、限额开采制度、综合利用制度等。这些制度是国家对矿产资源进行合理干预的有效手段,对延缓矿产资源的耗竭、提高矿产资源利用率都起到举足轻重的作用。

在对资源进行分散利用时,这些资源保护制度都需要国家运用行政手段来保障。其中,用途管制制度、限期限额开采制度是通过行政审批的方式实现的。例如,在土地资源的用途管制制度中,一方面要由政府编制土地利用总体规划,对现有的土地资源按用途类型的不同进行登记和统计,重点在维持和保护现有耕地。另一方面,对土地资源的利用方式进行严格控制,建设项目必须符合土地利用规划确定的土地用途,这就要求设定普通行政许可来把关,即由行政机关审查用地申请是否符合土地用途,对符合要求的予以批准,对不符合要求的不予批准。并且,在土地利用过程中,未经批准,不得擅自改变土地用途。

在通过招标、拍卖方式进行土地使用权出让的程序中,尽管没有直接的"申请—审查—批准"程序,但并不意味着不再实行用途管制的普通许可,而是将审批程序包含在了招标和拍卖之中。具体而言,根据现行法规定,土地使用权出让、转让应当与建设项目相结合。出让城市国有土地使用权,出让前应当制定控制性详细规划。出让的地块,必须具有城市规划行政主管部门提出的规划设计条件及附图。而规划设计条件包括:地块面积、土地使用性质、容积率、建筑密度、建筑高度、开发期限等要求。附图包括:地块区位和现状,地块坐标、标高,道路红线坐标、标高,出入口位置,建筑界线以及地块周围地区环境与基础设施条件。因此,通过招标、拍卖的土地使用权实际上已包括了土地用途管制的内容。即原来的审批方式是审查申请人的拟用地方式是否符合规划要求,而拍卖、招标程序则是将已设定好特定用途的土地使用权“批准”出去。

基于合理利用土地、水、鱼类、野生动植物、矿产等资源，避免过度开采利用而实行的限额开采制度也需要通过行政许可机制来保障，即首先要行政机关制订计划，确定一定时期可开采的资源数量，再通过行政许可的方式批准公民和法人的开采利用行为。例如，《森林法》规定了林木限量采伐制度：国家根据用材林的消耗量低于生长量的原则，严格控制森林年采伐量；采伐林木必须申请采伐许可证，按许可证的规定进行采伐，审核发放采伐许可证的部门，不得超过批准的年采伐限额发放采伐许可证。再如，城市国有土地使用权出让的投放量应当与城市土地资源、经济社会发展和市场需求相适应，有计划地出让国有土地使用权；猎捕非国家重点保护野生动物必须服从猎捕限额管理等。

有限公共资源是自然资源以外，基于有限准入的公共政策形成的稀缺资源，包括对航线航道、无线电频率等有限资源的使用权、限制利用市政资源形成的出租车营运牌照、公交线路以及政府保障其垄断地位的公用事业经营权等。有限公共资源产生于政府的控制进入，公众没有从事这些特定事项的权利。如果要从事这些事项，就需要行政许可机关予以许可，否则就不能进入特定行业。例如，就自然垄断产业而言，由于其规模经济的原因，需要由政府实行进入控制，以限制竞争。未经批准，不得从事自然垄断产业的经营。这就意味着只有经过政府的许可，才能够从事自然垄断产业的经营。再如，由于某些公共资源（狭义，如市政道路、航线航道、无线电频率等）的稀缺性，如果每个人都对其加以利用就会出现拥挤效应，因而对使用公共资源的人就必须有数量和条件限制。相应地，有权使用公共资源的人就必须从行政机关那里获得许可。

（二）民事合意的意义

行政特许首先意味着政府通过行政许可的方式来实现有限自然资源的用途管制和限额开采制度以及有限公共资源的进入控制。其次，意味着政府作为资源所有人，将某种资源的开发利用权和某种事业的独占经营权在一定时间内转让给民间私人。在转让过程中，特许权人支付了获得该特许权的许可费，相应取得了一定的资源上的权利。换言之，政府将某种独占权在一定时期内卖给了特许权人。鉴于特许权人取得的是对他人所有的物的支配权，其权利应定位于他物权（对这一问题，其后还将作专门的分析和论述)。从法律关系的性质看,在执行行政许可决定阶段,政府与私人的关系属于民事法律关系,适用私法。

既然相关权利转让行为属于民事法律行为,那么用审批来涵盖和取代民事合意就不能说是科学合理的了。在审批之外还应当要求政府作为民事主体,与申请人订立自然资源使用开发合同或有限公共资源的特许经营合同。行政特许应以民事合意为构成要件的意义在于:

1. 审批代替合意将使由此设立的权利不再是民事权利,而转为行政权利性质

审批本身不能形成合意,其本质是一种行政行为。审批机关的批准不是完全建立在与他人协商的基础之上的。如果以审批代替合同,那么由此设立的权利内容将完全由行政机关决定,行政机关可以随意撤销权利或变更权利人,此种权利将变得极不稳定。而且由于登记机关与审批机关常常是同一的,如果当事人与批准机关之间没有合意,权利人就无从控制登记的变更,保护自己的权利。

2. 有了设立物权的合意可以为当事人的意思自治留下空间

欠缺他物权设定的合意既无法确定他物权使用的方式、范围,也无法对权利进行界定。作为一种物权类型,他物权的内容及其期限等应当明确,如果没有合同具体明确双方的权利义务关系,极容易发生各种不必要的纠纷。例如,就海域使用权而言,其用途各不相同,方式也不尽一致,这些用途、方式又很难在证书上有所体现,因此必须通过合同来具体界定。还有一些权利按其性质对转让的条件有所限制,而没有合同就无法严格限制这些转让条件。

3. 没有合同就无法确定违约责任

如果没有合同的约束,审批机关取消或更改权利人的他物权之后,他物权人无法追究该机关的违约责任;反之,一旦权利人不使用或者不合理使用自然资源,审批机关也只能采取行政处罚,而不能追究其违约责任,由此将在物权法体系中混淆违约责任与行政处罚的关系,对第三人的利益造成不可预测的损害。例如,依据我国现行法,如果土地使用权人不按照出让合同的约定对土地进行开发利用,有关主管机关可以收回该土地使用权。当土地使用权人已经将土地使用权抵押给第三人时,如果该收回行为的性质认定为违约责任,那么第三人的抵押权不受影响;反之,如果将其理解为行政

处罚,则第三人的抵押权也将一并归于消灭,这显然不利于维护第三人的合法权益。

4. 没有当事人的物权合意而经行政机关的审批行为直接发生物权变动的方式将不可避免地损害权利人的利益,可能导致公权力任意侵害私权的现象

例如,根据我国《渔业法》,渔业权的设定与转让不需要当事人的合意而只通过行政机关的审批,渔业权人与渔业管理部门发生纠纷时只能通过行政诉讼途径才能得到救济。当行政人员滥用职权造成渔业权人损害时,受害人就很难通过民事诉讼得到救济。

5. 以审批代替物权的合意不利于发挥物的最大效用,也容易产生各种腐败行为

他物权本质上是一种财产权,只有在交易中才能实现其价值的最大增值。他物权设定的合意可以最好地体现他物权的市场价格,形成资源的最优化配置。而采取审批的方式,完全由行政机关自行决定何人取得他物权,既无法使这些他物权的价值得到充分体现,导致国有资产的流失,也会引发各种腐败现象。

总之,在行政特许中,要严格区分政府对他物权行使的监督职能和在他物权设定中的合同当事人地位。即使是政府作为设定人一方,也应该与另一方处于平等的法律地位,不能够凌驾于另一方之上。这样,一方面可以强化当事人之间的平等协商地位,反映他物权设定的民事性质。另一方面,要求行政特许的授予必须具有双方当事人的合意,也有利于政府最大限度地通过合同实现其监管职能,充分发挥国有资产的效用。

(三) 招标、拍卖的适用

传统授予行政特许的方式是行政机关依据申请人的申请直接作出批准决定。在传统制度下,行政机关以什么标准发放许可缺乏法律规范,许可的授予主要取决于行政机关的自由裁量权。此处的行政许可的发放标准不同于行政许可的条件。行政许可的条件是法律、法规所规定的,申请人取得许可必须达到的最低要求。行政许可的标准是在众多符合条件的申请人申请有限的许可时,行政机关用以确定将许可给予哪个或哪些申请人的尺度。许可的条件是法律、法规对申请人提出的要求,而许可的标准则是对许可机关的许可行为提出的要求。在有数量限制的行政特许领域,许可标准意义

重大。因为有数量限制的行政许可,能够取得行政许可的人数量有限,而竞争行政许可的申请人数较多,如果没有一个客观标准,就会为行政许可机关滥用自由裁量权形成可乘之机,就不能保证行政许可决定的公正性。

在《行政许可法》实施以前,在行政特许领域,我国许多法律、法规仅仅对许可的条件有明确具体的规定,而对许可的标准缺乏科学、合理的规定。[①]对规定的许可条件,行政机关没有裁量的余地,因此,行政机关往往利用许可标准的模糊性来争取不当利益,导致行政许可权异化。许可蜕变为行政机关工作人员的恩赐,甚至成了权钱交易、腐败滋生的温床。过大的裁量权为行政机关提供了"寻租"的空间,行政相对人也集中火力与这些部门拉关系、走门路,用金钱开路。因此,传统的行政特许授予制度的竞争是不公开的。在这种暗箱操作的竞争环境中,决定胜负的不完全是条件最优秀、出价最高,而是特权、关系、贿赂等标准。比如,在国有土地开发利用方面,"条子地"、"关系地"、"人情地"屡禁不绝,不仅造成了大量国有资产流失,也严重败坏了社会风气。

正是基于这一原因,《行政许可法》第 53 条规定,对有限自然资源的开发利用、公共资源配置以及直接关系公共利益的特定行业的市场准入等,需要赋予特定权利的许可事项,除法律、行政法规另有规定外,行政机关应当通过招标、拍卖等公平竞争的方式作出决定。将招标、拍卖等公平竞争方式引入行政特许的授予制度,运用私法方法来实施许可的审核与发放,是《行政许可法》的一大创举。对于有限资源的配置而言,采取招标、拍卖等公平竞争方式发放行政许可,一方面有利于防止暗箱操作,遏制权力寻租,更好地体现公平与公正;另一方面有利于解决管制信息不对称的问题,维护资源配置的高效率。将招标、拍卖等公平竞争方式引入行政特许程序,是完善行政特许授予制度的一个重大创新与改进。

(四)登记的作用

在现行法上,对于行政特许是否必须经过登记程序才能取得,没有一致的规定。有的作了规定,如《土地管理法》、《海域管理法》;而大多数法律、

---

① 甚至许可条件也没有明确具体的规定,"由有关部门具体规定"的无限授权条款比比皆是。对此,《行政许可法》第 18 条明确规定:"设定行政许可,应当规定行政许可的实施机关、条件、程序、期限。"

法规则没有作规定。《行政许可法》也未统一设定行政许可的登记程序[1]，只规定行政机关作出准予行政许可的决定，需要颁发许可证件的，应当向申请人颁发加盖本行政机关印章的行政许可证件。

笔者认为，行政特许区别于一般许可的一个重要方面是，行政特许赋予了相对人对特定资源的独占使用权，这一权利具有对抗第三人的效力。例如，在法国行政法中，特别独占使用许可"对第三者而言，相对人的利益受到充分保障，受到侵害时可以向普通法院提出确认所有权的诉讼，或损害赔偿之诉"[2]。有行政法学家因此认为，有权独占公产的使用者的法律地位构成行政法上的物权权利，可以对抗第三者，在受到私人侵犯时，可以提起主张所有权的诉讼，正如民法上的物权一样。[3] 我国《土地管理法》也明确规定，依法登记的土地使用权受法律保护，任何单位和个人不得侵犯。[4] 既然行政特许相对人的权利具有对抗第三人的效力，为起到应有的公示作用，使第三人知悉权利的范围和内容，就应将权利登记补充为行政特许的法定程序。

此外，行政许可原则上不得转让，但"由申请人支付一定的价款，以公开、公平竞争方式取得的行政许可，依照法律、法规规定的条件和程序，可以转让"[5]。这实际指的就是行政特许。但行政特许的转让不同于一般商品的转让，为便于行政机关对相对人进行监督管理，转让双方应当到有关行政管理机关办理登记手续。因此，从有效实施行政管理的角度来看，设定登记程序也是必要的。

综上所述，笔者认为，为发挥行政特许的制度功能、维护交易安全，应当进一步完善相关立法，建立起统一的行政特许授予制度，这一授予制度的完整程序为：许可（招标、拍卖）—合意—登记，其中，招标、拍卖为行政许可的具体实施方式。

---

① 《行政许可法》中"登记"是指"由行政机关确立个人、企业或者其他组织的特定主体资格"的许可方式，它是行政许可的一种形式和类型，而不是许可程序中的一个环节。

② 王名扬：《法国行政法》，中国政法大学出版社 1988 年版，第 348 页。

③ ［法］M. 奥里乌：《行政法纲要》，法文版，第 178 页。转引自王名扬：《法国行政法》，中国政法大学出版社 1988 年版，第 354 页。

④ 《中华人民共和国土地管理法》第 13 条。

⑤ 乔晓阳主编：《中华人民共和国行政许可法释义》，中国物价出版社 2003 年版，第 74 页。

第二节　特许合同的性质

在行政法上，如同将政府所有或掌管的财产区分为国家私产与国家公产一样，对于合同，大陆法系行政法理论认为，行政机关所签订的合同也可以分为两类：一类是私法上的合同，称为民事合同或私法合同；一类是行政法上的合同，称为行政合同或公法合同。私法合同除在合同签订权限和程序方面受行政法的支配外，就合同本身而言，受私法支配和普通法院管辖。而行政合同，虽然依双方当事人的意思表示一致而成立，但其法律关系不受私法支配，而是适用行政法的规则，其诉讼关系由行政法院管辖。①

目前，在我国行政特许领域，并不是所有的相关法律都要求签订合同，法律和现实中运用较普遍的是土地使用权出让合同和市政特许经营协议。尽管民法学界对行政合同这一概念存在的必要性和合理性一直持质疑态度，行政法学界仍然认为这两种合同是典型的行政合同。以下以公用事业特许经营合同为例，对此问题进行分析。

一、行政合同说

关于什么是行政合同，国内外学者为其归纳了四个判断标准：其一，合同的当事人中必须有一方是行政主体；其二，直接执行公务（或者是当事人直接参加公务的执行，或者是合同本身是执行公务的一种方式）；其三，行政主体保有某些特别权力，如监督甚至指挥合同的实际履行，单方面变更合同的内容，认定对方违法并予以制裁；其四，合同超越私法规则。②

以公用事业特许经营制度中最基本且最重要方式的 BOT 模式为例。

---

① 我国行政法学界认为，由于英美法系国家没有严格意义的公私法划分，在其行政法中没有行政合同的概念，只是在形式上将涉及政府为一方当事人的契约统称为“政府合同”（government contract），所有合同均由普通法院统一管辖。但是，法院在审理案件时，并非对所有政府为一方当事人签订的合同都进行司法审查，必须根据合同是否具有“公法因素”（public law obligation）来确定哪些政府合同适用司法审查，哪些不适用司法审查。从而在实质上区分了私法合同与行政合同。

② 应松年：《行政合同不容忽视》，《法制日报》1997 年 6 月 9 日第 1 版。

BOT 合同,又称交钥匙合同,通说认为,它是指行政主体和受特许人之间所订立的合同,受特许人以自己的费用实施工程建设,工程完成后,受特许人在一定期间内对该公共建筑物取得经营管理权,从公共建筑物的使用人方面收取费用作为报酬,或者自己免费使用。法国将特许协议称为"公务特许合同",其特点是:当事人一方为公共权力机关,有基于公共利益单方面控制及改变合同执行的权利;协议适用法国行政法,由行政法院管辖。①

在我国,也有不少学者认为,BOT 合同为行政合同。② 该主张主要基于以下理由:第一,特许协议双方当事人中至少一方是行政主体。第二,特许协议是一种"公务特许合同"。由于公共基础设施的建设和管理本来就是政府公共部门的职责,仅仅是由于国家资金短缺、公共部门管理的低效率等原因,东道国政府才采用 BOT 等方式,以市场换资金,通过特许授权,把自己的一部分公共管理职能暂时让渡给了私人投资者,因此这些权利实际上是国家行使社会管理职能的合理延伸。第三,协议主体双方的权利义务具有不对等性。特许协议与国家的公共利益、社会经济生活密切相关,因此政府在签订协议时保留了监督指挥权、单方合同解除权、行政处罚权等行政优先权。而项目主办人或者项目公司则不享有此类权利。第四,BOT 特许协议的内容主要涉及政府公用事业和基础设施,是为了满足社会公众对基础设施的需要,所以政府和私人投资者签订合同的目的是为了公共利益,具有公益性。第五,特许协议适用特定的法律、法规,与传统民事合同的法律适用规定不完全相同。

二、私法合同说

在理论上,我国也有学者主张特许协议是民事合同,属私法性质的契约。③ 还有学者认为特许协议既牵涉到很多私法上的权利义务,又牵涉到公法上的权利义务,所以是一种混合性质。笔者认为,即使对于混合性质的合同,也应根据其占主导地位的因素为其定性。就特许协议的主要内容及其功能定位而言,其主导性的性质是私法性质。

---

① 王名扬:《法国行政法》,中国政法大学出版社 1988 年版,第 416 页。

② 沈玮:《BOT 中政府保证的相关法律问题》,《现代法学》2001 年第 1 期,第 126 页。

③ 朱遂斌、林伟明:《我国 BOT 特许协议法律性质分析》,《中国法学》1999 年第 4 期,第 114 页。

首先,在特许协议中政府主要是作为民事主体而非行政主体的身份出现的。政府与私人投资者订立 BOT 特许经营协议并非是为了执行公务,实现其公共管理的目标,而是为了让渡自己在公共领域的某项专属权利,使对方获得从事公共领域经营的特许。政府让渡此项权利的对价则是取得私人投资者在基础设施和公共领域的资本和技术投资。从私人投资者的角度而言,其是以资本和技术的投资来与政府的基础设施用益物权进行交易。因此,双方主要是一种商事交易关系,并非是管理与被管理、服从或者被服从的行政管理关系。而且双方签订特许协议的主要目的在于明确双方所应享有的权利和所应承担的义务,并非是要在双方之间设立、变更或者终止行政权力和义务关系。这一点与所谓的行政合同不同。行政合同的主要目的是为了履行国家的行政管理职能,“这是行政合同成立的前提条件。如果不是以实现国家行政管理职能为目的,任何行政机关与公民、法人或其他组织签订的协议都不是行政合同”①。

其次,政府在特许协议中享有的对项目的监督和对私人投资者的行政处罚权是基于政府“公”的身份而产生的。在 BOT 特许协议中政府具有双重身份:一方面,它以私的身份,即以民事主体身份,作为当事人与私人投资者订立特许协议,确定双方的权利义务,并且是以民事主体的身份来履行特许协议。另一方面,政府又是以行政主体的身份,以国家公共事务管理人的身份,监督项目的建设和运营,并对私人投资者的违法行为进行行政处罚。但是,就特许协议而言,在同一时间、同一事项上,政府不能既是合同当事人,又是行政主体。具体而言,在订立和履行 BOT 特许协议时,政府是以民事主体身份与对方订立协议,应遵守平等、诚实信用、意思自治等私法原则;在特许协议履行过程中,政府作为行政主体享有监督权,当私人投资者或政府授权部门有违法行为时,政府是以行政主体身份行使行政处罚权。政府对公用事业的监督权和对违法行为行政制裁权是政府基于公共管理职能而当然具有的权力,即使 BOT 协议中没有规定政府对项目的此种权力,政府仍然享有这种权力。也就是说,政府的这种行政优先权与 BOT 协议之间没有必然联系。

再次,特许协议的基本内容属于民事法律关系。建设、经营和移交是实

① 阎越:《论行政合同的法律特征及其法律控制》,《当代法学》1999 年第 6 期,第 11 页。

施 BOT 工程项目的基本经济活动环节，它在法律上的表达方式是：融资建设、经营回报、无偿移交。这三个环节是研究 BOT 法律问题的基础，同时也是特许协议的基本内容。毋庸置疑，建设、经营和移交环节均为典型的民事法律关系，从性质上看它只能是政府以公法人的身份与平等的民事主体之间所签订的一种民事合同，形成的是民事法律关系。

BOT 特许协议的性质是民事合同还是行政合同的定性具有重要的现实意义。一方面，将 BOT 特许协议定性为民事合同，强调其平等自愿、等价有偿的特点，有利于尊重和保障私人投资者的合法利益，在客观上也有利于吸收私人资本参与国家基础设施的建设。由于政府在 BOT 协议中享有私人投资者所不享有的项目监督权和行政处罚权，私人投资者的利益更容易受到政府的威胁。尤其是在我国市场经济初建阶段，政府滥用权力，侵害私人利益的现象时有发生，如果将 BOT 协议定性为行政合同，则容易助长政府滥用权力的倾向，使权力过分进入契约领域，损害合同本质。另一方面，民事合同的主要特征是当事人双方地位平等。在违约救济方面，民事合同更多地体现出对合同双方利益的保护。因此，如果政府无故不履行合同义务，要为此承担相应的违约责任。同样，如果政府或政府授权部门在特许协议中的某项权利受到损害，政府也可以依特许协议提起民事诉讼，要求投资者承担合同责任。如此，双方的利益都能得到有效保障。

此外，在我国，至今尚未形成系统的行政合同法律制度，对行政合同存在的合理性和必要性一直有争议。在此情形下，若将 BOT 特许协议定性为行政合同，不仅要遭遇理论上的困境，而且会因行政合同不具行政法上的可诉性而面临法律适用上的障碍。

第三节　多元视角下的行政特许

行政特许是行政许可的重要类型，对于行政特许性质的把握不同，往往会影响到对《行政许可法》的理解，进而影响该法在实际运用过程中的预期效果。本节以《行政许可法》关于行政特许的规定为分析起点，分别从分析实证法学、社会法学和价值法学等多维角度展开分析。

一、方法的选释

在一般法理学(general jurisprudence)的角度看来,法的构成要素不外乎三个,即价值、事实、逻辑。① 分别以这三个要素为研究对象的学科囊括了法学所有的流派,并构成了完整的法学方法论。法律现象所包含的价值因素是自然法学(或其他价值取向的法学)存在的基础,广义的社会法学以法律的事实因素为研究对象,它包括了法经济学、法社会学和历史法学的学科;法律所包含的逻辑因素则构成了分析法学赖以成立和发展的基础。从方法论的层面,分析实证方法、价值分析方法和社会分析方法构成了完整的法学方法论。②

分析法学是人类文明发展到一个比较成熟的状态时才出现的法学流派。法律所包含的逻辑因素构成分析法学赖以成立的基础。分析法学主张,法律研究应当注重从逻辑和语义的形式上分析实在法的法律概念和法律规范,并形成一套以逻辑分析和语义分析为基础的系统而精密的法律分析方法。它通过概念的分析与建构形成规则,通过极高的逻辑系统性形成超越具体问题的形式合理性。分析法学在方法论上一直做着"纯粹性"的努力,将一切非法学的因素从法学研究中驱除出去,注意事实与价值的区分,认为法学研究就应该价值无涉,从而将价值因素驱除出法学研究领域。可以说,"事实与价值分离以及法律作为一个逻辑封闭的自足体"是分析实证法学的两个基本前提预设,并以此区别于价值法学和社会法学。③

---

① 孙笑侠、夏立安主编:《法理学导论》,高等教育出版社 2004 年版,第 14 页。日本民法学家我妻荣关于民法方法论的问题也认为:民法方法论研究包括三个课题,一是被认为是现时法律学的根本问题,即法律价值解释,二是法律与其他社会现象的关系问题,三是作为法律解释的法律构成的技术问题。参见段匡:《日本的民法解释学》,载梁慧星主编:《民商法论丛》第 6 卷,法律出版社 1997 年版,第 354—356 页。

② 目前学界对法学方法论的问题开始重视起来了。2002 年,随着陈金钊、谢晖主编的《法律方法》和葛洪义主编的《法律方法与法律思维》的问世,法学方法论渐成一个研究的热点。期间,还可以看到了一些部门法学者在方法论问题上所作出的实质性努力。如林来梵:《从宪法规范到规范宪法》,法律出版社 2001 版;陈裕琨:《分析法学对行为概念的重建》,《法学研究》2004 年第 3 期,第 14 页;朱新力主编、余军副主编:《行政法律责任研究》,法律出版社 2004 年版等。

③ 参见许小亮:《法实证主义的方法论特质》,《中外法学》2008 年第 3 期,第 373—387 页。

如果分析法学注重法的形式与逻辑意义，那么价值法学所关注的正是法律的价值，它认为法律是一种正义与善良的观念，从价值入手，进而认为法律的功能不仅在于揭示实在法的共同原则，而且应当具有批判性。这种批判性源自于古典自然法思想中蕴含的价值观念。古罗马及中世纪时期，自然法学说得到了前所未有的发展，而在启蒙运动时期，洛克、孟德斯鸠等著名法学家高举"自然法"的旗帜，弘扬自由、理性、平等、人权等价值理念，使用的方法就是价值分析方法。这种方法论主张从"应然"的层面出发去探索法的基本普遍的价值，其目的在于探求人类对法律的终极价值观。

社会法学将法置于宏观的社会视野中，所关注的是法律规范的社会意义。它将法律现象放进社会领域联系地加以研究。因此，社会法学实际上是综合了多种学科的方法，因为在分析的过程中涉及大量其他学科的知识，如社会学、经济学、历史学甚至是文学理论等等。社会分析方法可以说以庞德的法社会学研究纲领为代表，其内容包括：(1) 研究法律制度和法律学说的实际效果；(2) 结合社会学研究和法学研究，为立法作准备；(3) 研究使法律规则生效的手段；(4) 对法律史进行社会学的研究；(5) 研究如何使各个案件能够合理地公正地得到解决；(6) 研究如何使法律的目的更有效地实现。从这个意义上说，社会法学着重分析的是法律的实然性问题，尤其是集中于法律动态过程中的实然性问题，即考察和检测法的实际运行、法的实际效力、实际作用和实际效果。这填补了传统法学上的一个盲点。[1] 社会法学的主要核心范畴有"活法"（即指法以外在现实生活中实际起法的作用的那些类法规则，它作为人类社会的内在秩序，实际支配着社会实际生活，是人类行为的真正决定因素）[2]、"经验"（即霍姆斯大法官理解意义上的：法的生命不在于逻辑，而在于它的经验）、"社会利益"（庞德社会法学中的核心范畴）等等。

---

① 郑戈：《韦伯论西方法律的独特性》，载李猛编：《韦伯：法律与价值》（《思想与社会》第1辑），上海人民出版社 2001 年版，第 50 页以下。

② 赵震江主编：《法律社会学》，北京大学出版社 1998 年版，第 14 页。

二、行政特许的逻辑形式构造

在分析法学家[①]看来,一门学科的发达程度取决于这门学科中概念的精细程度。他们认为法律研究应当从最基本的法律概念的正确分析着手,而后才能着手建构理论体系,阐释某些基本的法理。[②] 美国分析实证法学家霍菲尔德对权利概念的透彻分析充分说明了这一点。[③] 霍菲尔德对权利概念的精确分析,为我们认识其他法律概念提供了一个可借鉴的研究范式。

本书第一章运用分析法学对许可、民事许可、行政许可和行政特许的概念进行了分析。从许可的基本语义上分析,许可牵涉两个主体,即许可人—被许可人;牵涉两个主体的意思表示,即被许可人的愿望—许可人的准许。许可概念在逻辑上预设了另一个概念,就是限制,没有限制就无所谓许可。

---

① 分析法学或者分析实证法学作为一大法学流派,其大家族内支派林立(如德国概念法学、英美分析法学等)、脉络交织,任何梳理和分类都只能是粗略的。但十分明显的是,它们都具有共同的精神和方法。正因为如此,才被冠以分析法学之名。新分析法学大师哈特认为分析实证主义法学有以下五项基本特质:一是主张法律是人类的命令;二是认为法律与道德或者实在法与当为法之间没有必然的联系;三是认为对法律概念的分析是一项意义重大的工作,它不同于对于法律的来源与运作的历史学和社会学的研究,也不同于自然法学的方法;四是认为法律体系是一个"封闭的逻辑体系",正确的法律判决可以从与社会目的、道德标准毫无关系的既有的法律规定中,以逻辑的方法演绎出来;五是认为道德判断不能像事实的陈述一样,在证据的基础上以合理的推理予以确认。参见 Hart, Positivism and Separaion of Law and Morals, 71 *Harv. L. R.* 593。

② 我国民法学者王涌在阐述分析法学思想时,亦提出法律概念一般可分为三类,第一类是自然事实的概念,第二类是建构性法律事实的概念(如法人),第三类是建构性法律事实所形成的法律关系的概念(如赔偿责任),这三类概念贯通了整个法律推理的过程,从而阐述了法律运作的基本理路。以上见解系王涌口头发表于2004年10月间在浙江大学法学院的一次演讲中。

③ 霍菲尔德认为,人们往往把法律关系都化约为权利(rights)和义务(duties)关系,这种化约实际上并没有达致对法律关系最为精确的认识,他通过"逻辑原子主义"(logical atomism)的分析进路,提炼出四个"法律关系的最小公分母",以此来诠释法律权利的逻辑形式构造。在逻辑、形式意义上表现为如下四对法律关系:(1)自由(无义务)(privilege)—无权利(no right),即权利人具有作为或不作为的自由,义务人不得干预(不具有要求干预对方作为或不作为的正当性)。(2)请求权(claim)—义务(duty),即权利人具有要求义务人作为或不作为的正当性,义务人必须根据权利人要求实施特定的作为或不作为。(3)权力(power)—责任(liability),即权利人具有创设、变更或消灭法律关系的能力,义务人必须承受。(4)豁免(无责任)(immunity)—无权力(no power),即权利人所参与的特定的法律关系不因他人的行为而产生、变更或消灭,义务人不具有创设、变更或消灭法律关系的能力。参见余军:《宪法权利的逻辑构造——分析法学的诠释》,《法学》2005年第3期,第48页。

因此,许可的基本逻辑结构可以展现为:限制—准许—自由或权利。但许可本身并不与权利、特权或自由等同,许可是创设自由(特权)或权利的构成性事实。

行政特许与普通行政许可处于同一位阶,共同构成了行政许可。因此,两者首先应当具有相同的逻辑结构,即"限制—准许—自由或权利"。其次,在更为精细的分析上,两者的逻辑结构又应有所不同。对于普通许可而言,法律对特定权利的行使设定了条件,许可就是行政机关对相对人是否具备这些条件予以审核,合格者,给予行使权利的合法性证明(许可证)。它不是"赋权"行为,只是验证其资格与条件,具有标准的行政许可的逻辑结构。而行政特许作为有限资源的配置方式,具有两个阶段的法律构造。在第一阶段,是由行政机关基于公法上的限制对于资源使用者的条件、资格和对资源的利用方式予以审查,对合条件者准许其对资源进行开发利用;在第二阶段,由国家基于资源所有者的身份向合格的资源使用者为财产权转让。因此,行政特许具有行政许可与民事财产权转让行为的复合结构,即"限制—准许—财产权转让—财产权"。

此外,从本质上看,民事许可是改变私法法律关系的构成性事实,行政许可是行政机关为公民创设财产权或自由的构成性事实。但行政许可为相对人创设自由或权利并不限于公法上的权利,它同时还包括私法上的权利。例如,通过普通行政许可取得的营业许可以及通过行政特许取得的土地使用权、公用事业经营权等权利。

三、行政特许的社会事实因素

许可可分为公法意义上的许可和私法意义上的许可。公法意义上的许可包括但不限于行政许可(如刑事诉讼法中的许可)。行政许可是私法意义上的许可在行政法领域中的运用,但其内涵更为复杂和丰富。公法领域的行政许可与私法领域的许可,在逻辑构造上呈现某种相似性,表现为得到批准或授权而获得相应的自由或权利。[①] 从分析法学方法论的视角来看,因其

① 如在《专利法》中,专利权人对其所拥有的专利经过民事授权,被授权人就获得合法使用其专利的权利。这一过程在形成过程中或外在表现形式上面与行政许可有些相似,只是批准或授权的主体由原来的行政机关变成了专利权人。

只注重逻辑形式与语义分析,展现出来的是事实无涉和价值无涉的分析结果,因而,在逻辑形式的层面上,公法领域的行政许可与私法领域的许可未能得到十分清晰的区分。

从一般的法社会学的理路来看,公法上的行政许可和私法上的许可,在双方主体上呈现巨大的差异,分别表现为:行政主体—相对人;民事主体—民事主体。行政许可以公权—私权的二元认知模式反映在人们的观念中,而私法上的许可则明快地表现为私权—私权的二元结构。本书认为,行政许可制度中的社会事实因素可以从以下两方面来诠释:

第一,国家公权力的介入。国家公权力的介入并非像其介入法律责任的领域那样,表现为强制执行或潜在的强制和支配能力,而是以对社会事务管理的方式出现的。按照《社会契约论》的见解,每个人让渡一部分权利出来交给共同集结起来的集体(社会),国家(政府)便产生了,按照现代西方宪政秩序的合法性逻辑,人们成立政府的目的是为了更好地保护权利。于是,政府(国家)承担了权利主体集体让渡部分权利而赋予的责任,对有关人身健康、公共安全、产品质量等社会事务实行宏观调控,限制和制止公民、法人或其他组织未经允许而任意进行生产、经营及其他各种有可能导致社会失衡,损害社会公共利益的活动。需要指出的是,国家公权力对社会公共事务的介入以及有可能影响到个体利益,这都表现为一种社会效果,因而属于法律制度的社会事实因素。民事许可与行政许可的分水岭在于构成许可前提的"限制"的法律基础的不同:民事许可中的限制是基于私法上财产权的对世性,而行政许可的限制则源于公法义务。

第二,许可方式的多样性。在国家公权力的介入下,行政机关以何种方式实现许可,这成为行政许可制度中最为直观的事实表象。行政机关对相对人的许可主要表现为以下几种方式:对直接涉及国家安全、公共安全、经济宏观调控、生态环境保护以及直接关系人身健康、生命财产安全等特定活动设定的许可,以批准的方式出现;对有限自然资源开发利用、公共资源配置以及直接关系公共利益的特定行业的市场准入等所设定的许可,一般以特许的方式出现;对提供公众服务并且直接关系公共利益的职业、行业,需要确定具备特殊信誉、特殊条件或者特殊技能等资格、资质的事项所设定的许可,一般以认可的方式出现;对直接关系公共安全、人身健康、生命财产安全的重要设备、设施、产品、物品,需要按照技术标准、技术规范,通过检验、检测、检疫等方式进行审定的事项设定的许可，一般以核准的方式出现；对企业或者其他组织的设立等，需要确定主体资格的事项设定的许可，一般以登记的方式出现。而以上以不同形式出现的行政许可反映在实在法上就具体表现为《行政许可法》第12条的规范。

具体到行政特许领域，其中的社会事实因素也表现在两方面。

首先，行政特许具有复合性，既有国家公权力的介入，又蕴含有民事成分，从而区别于纯粹的行政许可和民事许可。国家公权力的介入体现在国家以公共管理者身份对人们使用某种资源的限制及其解除上。为了避免在有限自然资源和有限公共资源领域的拥挤效应，需要国家以社会事务管理者的身份来限制和制止公民、法人或其他组织未经允许而任意进行有限自然资源的开发利用和特定行业经营，而后再从人民生产和生活的必要性出发准许人们从事有关资源开发利用的行为。民事成分则体现在由国家基于资源所有者的身份向资源使用者转让资源的利用权。

其次，行政特许的授予方式具有特殊性。特有的授予程序和方式在形式上将行政特许与普通许可区分开来。传统的行政特许授予方式为直接审批式。现在，根据《行政许可法》的规定，除法律另有规定外，行政特许的授予必须采取招标、拍卖等公平竞争方式。这一变化不仅是法治进步的表现，也是与我国的经济发展与资源的供需状况相适应的。例如，我国的国有土地使用权制度，是参考香港地区实行的“香港政府土地租约”（1997年7月1日之前为“皇室租约”）制度而建立的。香港地产法中土地使用权的设定（租地），基本上是以拍卖（批租）和招标的方式为主，采协议方式的极少；而在我国内地，不但现行法中将协议与招标、拍卖并列，而且在实际操作中更是以协议为主。这主要是因为改革开放毕竟时日尚短，未能建立起完整的市场机制。另一方面也应该从市场的供求关系上看待这一现象。使用权的设定以拍卖和招标为主，固然可以达到高效率利用土地，杜绝腐败等诸多优点，但实施的客观条件是：市场对土地的需求总是大于、至少要基本相当于土地的供应总量。我国内地由于20世纪90年代初持续出现的房地产开发热潮，导致土地供应总量大于土地需求总量，因此在那一阶段土地使用权的设定不可能由现在的主要采用协议方式,很快转变为主要采拍卖和招标方式。[①] 当前,随着城市化进程的加剧以及国家加大对耕地的保护力度,城市可用建设用地日渐紧缺,商业性用地就更多地运用了招标、拍卖方式。招标、拍卖方式的适用是行政特许区别于普通许可的一个外在标志。

四、行政特许的价值评价机制

上述研究路径在逻辑形式和社会事实层面上揭示了行政特许的内在肌理,但这仍然不是问题的全部。即使在《行政许可法》制定以后,这样一些问题也反复缠绕着我们:国家公权力为何要介入社会公共事务及私人利益领域?它的正当性何在?为什么公民利用某些公共资源或从事某些社会活动需要得到政府的批准呢?是因为那些资源天生就属于国家所有或管理吗?是因为个人天生就不自由,就无权从事某些社会活动吗?这些都是具有价值评价性质的根本问题。为探究对行政特许的完整认识,导入某种价值的分析是必要的。

在近现代法治理论中,从自然状态到法律状态的假设是整个法律学的逻辑基础和起点。[②] 个人自由先于国家并决定了国家的目的,这与其说是推理的结论不如说是使国家权力正当化的一个假设。[③]

设定这样的一个论断或命题对于《行政许可法》的理解和实施,乃至中国改革都具有建构意义。凸显和高扬自由价值,一方面在于我们必须为市场经济取代计划经济寻求终极的精神价值和正当性,另一方面我们必须为法治、宪政、人权保障奠定理论基础。如果我们不能在上述假定上达成共识,那么许可管制的放松乃至整个改革开放就无法在精神层面得到规范论证,而只能在效益层面寻求其合理性。《行政许可法》大刀阔斧地削减行政权力,扩大市场和个人自由,不能仅仅看成是对市场有效性的肯定和政府干

---

① 参见梁慧星主编:《中国民法典草案建议稿附理由(物权编)》,第 297 条(国有土地所有权)的说明,法律出版社 2004 年版,第 98 页。

② 在国家产生之前,每个人都出于绝对自由的状态,是自己人身和财产的主宰。为了维护人身和财产免受侵犯,他们联合成为一个社会。"当每一个人和其他人同意建立一个有一个政府统辖的国家的时候,他使自己对这个社会的每一个成员负有服从大多数的决定和取决于大多数的义务。"〔英〕洛克:《政府论》(下篇),叶启芳、瞿菊农译,商务印书馆 1997 年版。

③ 自由与国家权力,哪个是第一位的?这是对国家权力正当性的追问,不是历史学家可以作出科学回答的问题,而是一个国家的基本政治哲学观念问题。

预能力的怀疑，或者仅仅看成是对自由（主要是经济自由）工具价值的认可，而应当同时理解为对自由内在价值的追求，对自由意志的崇尚。

既然个人自由先于国家并成为国家的目的，为何在某些领域中的自由（不包括思想自由）需要国家的公权力的介入，并通过一系列的构成性事实创设自由或权力？理由很简单，个人的行为很容易对他人或社会构成危害。自由的限度，也是唯一的限度，就是不得妨碍他人享有自由。

为了保障相互自由，在公法领域我们拟制了主权者，为了限定主权者行为的逻辑，我们制造了一个概念——公共利益。[①] 这样，个人自由之间的矛盾就转换成了个人自由和公共利益的矛盾，国家就具有了干预的理由。公法领域如此，私法领域亦不例外。公共利益是多层面的，国家的干预方式也是多样化的。[②] 作为一项管制法律制度，行政许可直接地构成了对个人自由的限制，同时也是相互自由的保障。在理想的意义上，行政干预个人自由的正当理由和原则界线是公共利益，行政许可的正当性和限度也就在于个人自由与公共利益的平衡。

基于国家所有权的财产型许可同样需要谋求个人自由与公共利益的平衡。因为个人自由是先验的，是生而有之的，是第一位的，国家所有权是历史的，是制度创设的产物，是公共利益的产物。为什么土地、矿藏等资源不能由私人随意开发利用而要由国家所有呢？理由只有一个，那就是为了公共利益。但这个所有权如果无所不包，公民便丧失了自由的空间，社会就失去了活力，因此，必须把它限定在一定的范围之内。

在中国既定的国家所有权制度下，如果个人不能通过某种法律机制分享使用权或经营权，那么，这个社会的经济自由就受到限制，相应地其他方面的自由也会受限制。中国当代的经济改革和自由发展史就是以公有财产权利的转让发祥的，假设若当初没有修改法律规定城市土地使用权的有偿出让，就没有今日房地产行业的兴旺发达和居住、办公空间的扩展。在转让

---

① 法律上有一个古老的原则，那就是，人民或公众的利益是最高的法律（Salus populi est suprema lex）。其基本的内涵是，在所有必要的情况下，个人利益必须为众人的利益让步，即便延及其生命。George Fredrick Wharton, *Legal Maxims*, 3rd ed., (London, "Law Times" Office, Windsor House, Bream's Buildings, E.C., 1903.) p.177.

② 但不能说全部公共利益的领域都属于或只属于国家权力，否则就无法解释社会道德对于个人自由的内在约束和舆论评价，也无法解释其他社会组织存在的根据。

制度的设计中,我们必须认真地考虑到个人自由与公共利益的平衡,以决定哪些方面的国家财产权利可以转让,以什么方式和条件转让。

将视野放宽到《行政许可法》,从价值维度看,《行政许可法》体现了对自由(主要是经济自由)的实在追求,力图寻求个人自由与公共利益的平衡。该法第 11 条(行政许可设立的原则)、第 12 条(可以设定行政许可的事项)、第 13 条(不需要设定行政许可的事项)便体现了国家以行政许可这种方式介入个人自由的正当性与合理性。但是,个人自由和公共利益的平衡点不是等待人们去发现的真理或科学定律,而是利益各方在充分言说、争辩的过程中达成的妥协与共识。行政机关与公民都应以一种较为积极的态度出现:行政机关成为公共利益的促进者,依靠自己所拥有的专业和信息等优势对经济和社会生活进行合理的调控;公民则通过行使听证权、知情权、监督权等权利成为一个影响公共政策决策的参与者和受益人。

小　　结

行政特许的授予制度是指将某种资源的使用或经营权授予给私人的方式以及与该方式相联系的一系列活动。目前,我国的特许授予制度并不统一,存在"审批式"、"审批—合意—登记式"和"招标、拍卖—合意—登记式"三种模式。为发挥行政特许的制度功能,维护交易安全,应当建立统一的行政特许授予制度,即将行政特许的授予程序统一为"许可(招标、拍卖)—合意—登记",其中招标、拍卖为许可的具体实施方式。就行政特许领域的合同而言,行政特许经营协议及土地使用权出让合同不是行政合同而是民事合同。从逻辑、事实、价值角度分析行政特许,行政特许在逻辑形式上表现为:公法限制—准予—财产权转让—权利;在社会事实因素层面表现为:具有国家公权力的介入和民事成分的复合性、授予方式具有特殊性;在价值评价机制上表现为:个人自由与公共利益的平衡。

第五章　特许权的性质

——以公权私权为语境

根据《行政许可法》的规定，行政特许是"有限自然资源开发利用、公共资源配置以及直接关系公共利益的特定行业的市场准入等，需要赋予特定权利的事项"，经特许后，被许可人获得"特定权利"。被许可人经特许所获得的权利可称为"特许权"。

行政特许的效力，是指因行政特许而发生的权利义务关系，这可以从被许可人方面加以观察。在行政特许中，被许可人的主要权利是对特定的自然资源和公共资源进行开发利用，主要义务是支付资源使用费和合理利用资源。因此，对特许权的研究实际上也就是对行政特许效力的研究。

关于特许权的性质，疑问颇多。行政法理论通常认为，由于法律、法规对行政许可持有人的条件作了规定，行政许可具有人身属性。因此，许可本身不属于民法上的财产。《行政许可法》也规定了行政许可的禁止转让原则，即许可持有人原则上不可转让、出租、出借、出卖其依法获得的行政许可。[①] 而在民法领域，通说认为，通过行政许可获得的自然资源使用权属于民法上的权利。例如，"关于矿业权属于物权，推而广之，关于渔业权、水权属于物权，进而属于他物权的观点，许多著名法学家和法律工作者都阐述过。"[②]经济法学界则提出，特许权，在大多数国家，都将其作为一种独立的权利来处理。特许权本身具有公法特征，同时又具有财产属性，既不同于公法管理权，也不同于私法物权，应当单独立法加以处理。[③]

---

① 张步洪：《行政许可》，载应松年主编：《当代中国行政法》（上卷），中国方正出版社 2005 年版，第 701 页。

② 崔建远：《准物权研究》，法律出版社 2003 年版，第 28 页。

③ 史际春、邓峰：《公路经营权研究》，载《经济法学评论》（第二卷），中国法制出版社 2001 年版，第 232 页。

行政特许的被许可人所获特许权在性质上是否为财产权,如果是财产权,在性质上是什么样的财产权——是公权性的还是私权性的。这些问题对特许权人利益的法律调整和保护具有重要意义,在理论上又存在相当大的争议,因此,有必要作进一步研究。本章将首先以财产权构造体系的经济分析为背景,分析特许权是否具有财产性。其次,通过对公权私权意义的解读,辩明特许权的属性。

第一节　财产权构造中的特许权

首先,应指出的是,财产权乃是一个极为宽泛的概念。本书在此并不就财产权制度的整体做一个历史的和比较法意义上的综合考察。

其次,对财产权的理论进行探究,从来就不仅仅是法学家们独自进行的。法学上财产权的概念与一定的政治经济环境是分不开的,与政治学和经济学的理论发展是分不开的。而在政治学领域,财产权在宏观方面抽象的意义远远大于其作为一种具体制度的意义。事实上,个人财产权是近代宪政民主的基石,也是人格尊严的基础。[①] 正像人们所熟悉的那样,法国1789年《人权宣言》中的有关财产权"神圣不可侵犯"的经典表述,成为一句有力的口号,对世界各国、尤其是欧洲诸多大陆法系国家产生过深远的影响,甚至至今还回响在我国21世纪修宪的急切吁求之中。然而,从纯粹的法规范科学的立场上看,对财产权加以"神圣不可侵犯"的这种价值判断,只是一种道德上和哲学上的思想表述,是近代自然法思想的一种话语,未必符合具有严格意义上的法律规范的要求。就法国1789年《人权宣言》第17条而言,如果没有后续的征用补偿条款,所谓财产权"神圣不可侵犯"的断言,也许只能成为一句真正法国式的浪漫空话。研究财产权也离不开经济分析方法,经济学中有关产权的理论为分析财产权提供了崭新的视野。经济分

① 根据波考克(John Pocock)等学者的研究,在近代大西洋政治思想中,有"共和主义"和"自由主义"两种重要的流派。在共和主义看来,私有财产从属于一个更高的社会目标,它既为一个平等参与的良序社会而设立,也在必要时可为社会而牺牲。而自由主义认为,私有财产的目的是划清公私界限,从而能够在私人经济领域不受政府干预随心所欲。自由主义视私有财产仅仅为实现个人目标的手段。

析的方法以清晰和具有说服力的方式为财产权的运作机制进行了合理化的论证,给人以无尽的启发。本书在此主要借助经济学的分析,对财产权的基本含义作一简要论述。

一、财产权的概念

(一)大陆法系的财产权概念

大陆法系所使用的"财产权"概念具有特定的内涵,即财产权是相对于人身权而言的民事权利。除了传统民法里的物权、债权外,还包括当代的知识产权、股权、信托财产权利以及票据权利等民商事法律上具有财产内容的权利。

自罗马法以来,对有体物的绝对所有权是财产权的基础和核心,而绝对所有权是在物的分裂的基础上形成的,体现的是有体物在物理空间上"量的分割"。形式上,大陆法系民法的财产权构造体系是由严密的概念系统来构建的,各个概念之间存在着理论上的归类和比较问题,每一种财产权均需要在原有概念中进行定位。例如,大陆法系将财产权看作是建立在物权与债权二元划分的基础之上,物权又具有所有权和他物权的二元结构。依此模式,任何具体财产权均宜纳入二元权利范畴。总体说来,大陆法系的财产权属于私法权利体系,在立法和理论上具有清晰、稳定和严密的特点。

(二)英美法中的财产权概念

英美法就财产权一直未形成理论上和立法上较为完整的构造,而具有相对性和具体性的特点。在英美法系,财产(权)具有多种含义。在最一般的意义上,财产可以包括一个人在法律上拥有的一切权利。例如,诺齐克对"正义授予论"(entitlement theory of justice)的辩护以及对民主政治体制、社会正义和福利国家的抨击,均基于把一切权利都视为财产权的分析。[①] 在第二种意义上、也是狭义上的财产,仅包括其人身权利以外的权利。财产的第三种用法更狭窄,它仅仅指对物性的财产权利。财产权利中的对人性的权

---

① 诺齐克的有关分析,See Nozick, Robert, Anarchy, *State and Utopia*, Blackwell, Oxford, 1974, p. 158ff. 在大陆法系,19 世纪法国法学家奥布里和劳创设了广义财产权理论,所谓广义财产权,即指民事主体拥有的财产和债务的总和。他们甚至把广义财产延伸至财产权利以外的非财产性权利,认为政治权利和人格权等也属于财产形式。尹田:《法国物权法》,法律出版社 1998 年版,第 3 页。

利关系属于债法调整的对象。最后一种用法，财产仅仅指有体财产——或者是对有实体的物品的所有权、或者是该物品本身。[①] 例如，在《布莱克法律词典》中，财产（权）property 一词有以下两种含义：第一，是指占有、使用和享用某一特定物品的权利，也就是指所有权（并非绝对意义上的所有权）。第二，占有、使用和享用某一特定物品的权利所指向的对象。[②] 由此可见，英美法中并不注意区分财产权和财产权的客体。

英美法通常在第三种意义上使用财产权的概念。如在 F. H. 劳森和 B. 拉登的《财产法》的开篇就提出，"财产法调整人们之间因物而产生的法律关系"。财产法所规制的财产权也主要属于一种支配性的权利，有关合同的权利属于合同法调整。

英美法财产法起源于在团体占有下对土地的充分利用，财产主要表现为对物上某一权利的享有，体现的是一种对权利（利益）的"质的分割"。因此，英美法系中没有绝对所有权的概念（所有权并不代表任何特别的意义，只是一种抽象的存在），而是以抽象物为基准，对各种具体财产权利予以平等保护。英美法这种包容性、开放性的财产权结构，使其发展过程具有历史连贯性，并显示出较大陆法系财产权体系更强的生命力和适应性。

（三）财产权的法经济学分析

运用经济手段去分析和评价法律制度，是 20 世纪以来西方法学（主要是英美）发展的一个潮流。早期的经济分析法学即源于对财产权利制度的研究，至今财产权利制度仍是其主要研究内容，如产权经济学派的核心内容在于探索财产制度的起因及流变。从经济学的角度分析财产法律制度，其形态和结构体系是全新的、开放的，常给人耳目一新之感，使人能摆脱财产权领域诸多混乱繁杂的概念束缚，更直接有力地把握财产权的本质。

目前，英美经济学中关于产权（财产权）[③]的定义是多种多样的。整体上看，经济学者认为产权不仅包括人对物的权利，更是一个广泛的各类权利的综合。一些学者从产权功能出发对产权加以定义，而不仅是抽象的加以

---

① John Salmond, *Jurisprudence*, Glanville L. Williams ED., 10th ed. 1947, pp. 423—424.

② See, Bryan A. Garner (editor), *Black's Law Dictionary* (7th edition), West Publishing Company (1999), p. 1222.

③ 在英文中，"产权"与"财产权"在绝大多数场合基本上用同一个词表述，即"property right"，因此英美经济学界和法学界对于产权和财产权的定义是不加区分的。

解释。如早期研究产权概念问题的德姆塞茨认为:"产权包括一个人或者他人受益或受损的权利……产权是一种社会工具,意义在于能给交易双方提供可持有的合理预期。"[①]富鲁普顿和S.佩杰威齐在《产权与经济理论:近期文献概览》一文中,通过对产权理论文献进行总结,把众多关于产权的定义归结为:"产权不是关于人与物之间的关系,而是指由于物的存在和使用而引起的人们之间一些被认可的行为性关系……社会中盛行的产权制度便可描述为界定每个在资源稀缺利用方面的地位的一组经济和社会关系"[②]。

在法学上,英美法学者对"财产权"的定义更接近于上述经济学家对"产权"的定义,如财产法学家劳森认为:"财产的法律概念,是一组所有者自由行使的,并不受他人干涉的关于资源的权力,是一个所有权无需告诉他人就能自由决定的行为的权力",同时"财产权又是一种排他性的权利,是指除了所有者之外,没有其他任何人能拥有使用资源的权利"[③]。另一学者布鲁斯·阿克曼在其《私有财产权与美国宪法》一书中认为,相对科学的决策者应把财产权视为一组权利,并运用经济学和功利主义模式,对财产权进行合理的衡量和计算。而普通观察者仅将财产视为物,而不能从权利组织上进行认识,这是一种错误的方法。[④] 从法律的观点来看,"财产是一组权利",这些权利描述了一个人对其所有的资源可以做些什么,不可以做些什么,包括对资源的占有、使用、改变、馈赠、转让和阻止他人的侵犯等。例如,土地所有人拥有的不是一件被称作是土地的东西,而是与此相关的一系列权利。[⑤]

英美学者对财产权观念的最大贡献之一就是"权利束"的隐喻。这一聪明的隐喻把财产权定义为对资源所享有(负有)的一束权利(义务),所有权即指,法律授予个人的,允许他/她对稀有资源实施的、相对而言是最大限度的、正式的控制的法律权利。

此外,值得注意的是经济学上的产权与法学上的产权只有在"法律权

---

① 〔美〕德姆塞茨:《关于产权理论》,载〔美〕R.科斯等著:《财产权利与制度变迁》,三联书店1994年版,第18页。

② 转引自黄少安:《产权经济学导论》,山东人民出版社1995年版,第67页。

③ F. H. Lawson:《财产法》,英国牛津大学出版社第144页。转引自梅夏英:《财产权构造的基础分析》,人民法院出版社2002年版,第171页。

④ *Private Property Right and American Constitution*, New Haven, Conn, 1997.

⑤ 〔美〕罗伯特·考特、托马斯·尤伦:《法和经济学》,施少华、姜建强等译,上海财经大学出版社2002年版,第66页。

利”的前提下才有可比性。产权理论认为，经济学上的“产权”不同于法学上的“产权”。严格地讲，经济学上的“产权”存在着两种不同层次的意义：一是产权是一种客观经济关系，它并不一定必然表现为一种法律权利。在早期的原始部落内部，实际上存在着一种公有产权关系，部落之间为争夺资源而进行的战争，也是因为各个部落是作为不同的产权主体而存在。因此，产权首先应是一经济关系，各种经济模式均为独立的产权模式。二是产权是一种法权，即事实上的产权界定方式经国家法律上升为国家意志，成为法律上的权利义务关系。马克思清楚地描述过这一过程：在社会发展某个很早的阶段，产生了这样一种需要：把每天重复着的生产、分配和交换产品的行为用一个共同的规则概括起来，设法使个人服从生产和交换的一般条件。这个规则首先表现为习惯，后来便成了法律。这说明，产权关系与产权法律关系是有相当区别的，前者在先，后者在后。没有事实上的产权关系存在，也就无所谓法权关系的存在。即使在法律权利体系日益庞大的民商法领域，各国仍有许多客观存在的财产关系并不能及时得到法律的认可和保护，客观存在的产权关系并不能直接表现为财产法律关系，产权法律关系具有滞后的特点。这就是所谓事实上的财产与法律上的财产。其区分的意义在于让我们认识到财产权是一个开放的、扩展的权利体系，其种类和形式并不局限于某一人为设定的传统框架，如果当代的某些财产权利在传统民法理论中无法定位，我们只能说传统理论也需要进一步发展和完善，而不能将当代的新的财产形式排除在私人财产权体系之外。

（四）财产权的定义

对什么是财产权，学者们的定义是多种多样的[①]，这反倒说明定义财产权的难度。甚至有学者在对财产权作了系统研究和论述后，得出的结论却是“试图定义财产权是困难的”。[②] 这很像是“财产是什么，你不问我，我还

---

① 例如，张五常教授认为，私有产权包括三个权利：一是私有的使用权；二是私有的收入享受权；三是自由的转让权。经济分析法学家波斯纳认为产权必须具备三种特性：一是普遍性；二是排他性；三是可转让性，只有具备上述三条标准，才能使产权制度发挥完整的作用。〔美〕波斯纳：《法律的经济分析》，蒋兆康译，中国大百科全书出版社 1997 年版，第 42 页。

② 赵慧廉：《财产权的概念》，知识产权出版社 2005 年版，第 273 页。另参见梅夏英：《财产构造的基础分析》，人民法院出版社 2002 年版，第 256—260 页。

知道。你一问我，我反而什么都不知道了”[1]。但即使情况如此，或即使是宣称财产权已死或解体，财产权目前仍然是我们整理社会关系构建法律规范和理论的一个基本概念，需要对它有一些基本共识。

我国目前民法理论也将民事权利分为财产权和人身权，关于财产权的概念有两种观点：第一种观点认为，财产权是指具有一定物质内容或者直接体现为某种经济利益的权利。[2] 第二种观点认为，财产权为具有经济价值且可交易的权利。[3]

笔者认为，可交易性不应当作为大陆法系财产权概念的必要条件。其理由在于，在大陆法系，财产权是与人身权相对的权利体系，财产权的基本意义在于权利具有经济上的价值或者直接包含物质利益，对于权利能否转让并不强求。以债权为例。在罗马法中，债是一种具有人身关系特性的法律关系。债权同债务关系除了可以按照继承法的原则向继承人转移之外，一般是不可以以其他方式在不同人之间相互转移的。[4] 这不同于现代法的规则。现代法认为：“债是两个总财产之间的关系，债是一个正的或负的构成因素，因此是可以转移的。如果转移的是一项抽象的债务，或者自身具有抽象性，则转移将更加可靠。”[5]但是，即使在今天，债权债务关系也同样意味着个人信用之间的交换，基于对对方当事人的信用的认识，债的转让同样受到限制。[6] 这种信任关系可以被称作是“类人身”

---

① 这是借用奥斯汀对时间的说法：“时间是什么，你不问我，我还知道。你一问我，我反而什么都不知道了。”

② 佟柔编：《中国民法学·民法总则》，中国人民公安大学出版社 1993 年版，第 69 页。

③ 参见高富平：《浅议行政许可的财产权属性》，《法学》2000 年第 8 期，第 23 页。

④ “这一原则来自这样一个时代，在当时，人们还能强烈地感受到债的人身性质，而且，物权与债权的划分体现着一种根本的分离，以致这两个领域完全不相干，它们之间的差别比物权和家庭法之间的差别更大得多。”〔意〕彼德罗·彭梵得：《罗马法教科书》，黄风译，中国政法大学出版社 1992 年版，第 315 页。

⑤ 沈达明：《准合同法与返还法》，对外经济贸易大学出版社 1999 年版，第 6 页。

⑥ 《民法通则》第 91 条规定，债权的转移需要经过债务人的同意，还要受到不得牟利的限制；债务的转让需要经过债权人的同意。即使新的《合同法》对债权债务转让的限制规定做了淡化，但是，债权的转让仍需通知债务人，债务的转让还需要债权人的许可，完全自由的转让仍不可能。这种信任可以是对其财力的信任，也可以是对其个人能力的信任，若不够信任则可以经磋商要求对方提供特别的和额外的信用，这就是担保产生的必要性。

关系。[①] 总之,在债的法律关系中,有不少是对债的当事人人身有依赖性的,其转让性受到限制。[②] 但债的可转让性方面的限制历来不影响其成为大陆法系财产权的重要组成部分(就物债二元结构而言,直接构成一元),这说明大陆法系的财产权概念并不要求权利具有可转让性。诚如胡长清先生所言,如果认为财产权是可以处分、转让的权利,但诸如雇佣权等专属于某人享有的权利,不纳入财产权范畴也是不合理的。[③]

如前所述,两大法系财产权概念在历史渊源、形成机制和立法构造上均有所不同,但也有相通之处。在英美法系,财产权有广义与狭义之分。广义的财产权是指人身权以外的权利,它并不要求作为财产的权利具有可转让性。狭义的财产权仅仅指对物性的财产权利,债或合同的利益不是财产。狭义的财产权要求权利具有"较好的可转让性",而英美法通常是在狭义的意义上使用财产权。正因为如此,才有"合同的权利一旦可以转让,就被视为财产权"之说;或者,"严格地说,此时的债权还不是狭义上的财产,因为这种债权债务关系还没有取得'较好的可转让性'这一财产权特性。但是,由于债所包含的主要是一种财产利益,可以把这些债的类型归类到广义的财产权里"[④]。

在当代,大陆法系学者越来越倾向于接受一种广义的财产权概念。法国民法上将财产权主要与人身权相对立而使用,即法律意义上的财产描述了一种利益,它能满足人类的物质需要。[⑤] 德国学者通常也将财产权称为具

---

① 有学者在考察阿根廷、法国和意大利的民事立法和民法理论之后认为,债权关系属于一种人身权的形态。参见徐国栋:《"人身关系"流变考(下)》,载《法学》2002 年第 7 期,第 49—50 页。另有学者指出这一认识是草率的,其错误原因在于对英文"perxonal right"的误解:该词在与财产权相对时可译作"人身权",但当指债权时应译作"属人财产"或"对人权",而不是人身权。同时,认为其理论从侧面论证了债权的不少形态对债的主体的人身存在依赖。参见赵慧廉:《财产权的概念》,知识产权出版社 2005 年版,第 99—100 页。

② 例如,债权人与债务人之间的特殊信任关系而产生的债权,如借用人对于借用物的使用权、委任人对受任人的处理委任事务请求权、定作人对承揽人的完成工作的请求权、演出组织者对演员的表演请求权等等;基于特定身份而产生的债权,如受扶养人对于扶养人的扶养请求权、人身损害赔偿金请求权、退休金请求权、抚恤金请求权等。

③ 胡长清:《中国民法总论》,中国政法大学出版社 1999 年版,第 40 页。

④ 赵慧廉:《财产权的概念》,知识产权出版社 2005 年版,第 275 页。

⑤ 尹田:《法国物权法》,法律出版社 1998 年版,第 13 页。

有经济价值的权利。[1] 日本学者认为,财产权概念现在并不取决于财产的价值,而是从非财产权相对(人格权、身份权)的角度,理解为一种不属于非财产权的权利,即一切可以与权利主体的人格或身份分离,具有独立存在理由的,与非财产权相对的权利,即为财产权。[2] 葡萄牙学者认为财产权是"系指某人所拥有的可以金钱评估的积极法律关系(权利)与消极法律关系(义务)的总和"[3]。我国学者一般都接受了这种广义的财产权概念,对财产权与非财产权的区分通常也是根据权利标的是否具有经济价值这一标准来完成的,如认为"财产是一种可以金钱来评价的利益,其本质反映的是人与人之间的关系"[4]。

因此,可以说两大法系在广义财产权概念上具有一个共性,即将财产权视为具有经济价值的权利。权利是否具有可转让性,只表明权利是强的财产权还是较弱的财产权。[5] 因为"财产权的价值通过交易性得以充分体现,没有可交易性,很难说财产权具有价值或其价值大大降低"[6],但不能说它就不是财产权。

二、特许权的财产权属性

作为政府管理社会的手段,行政许可的形式多种多样,涉及各个行业、各个领域:从准生证的发放到对外贸易许可证,再到卫生防疫、环境卫生等社会管制均存在许可。本书对许可的基本分类着眼于许可的实质内容,将对有限自然资源和公共资源的使用许可称为行政特许。经由行政特许取得的特许权是否为财产权,取决于特许权的经济属性。

---

① Vinding Cruse, *The Right of Property*, p. 122.

② 〔日〕於保不二雄:《日本民法债权总论》,庄胜荣校订,五南图书出版公司 1998 年版,第 20 页。

③ 〔葡〕Carlos Alberto da Mota Pinto:《民法总论》,澳门法律翻译办公室 1999 年版,第 189 页。

④ 胡开忠:《权利质权制度研究》,中国政法大学出版社 2004 年版,第 131 页。

⑤ "我们认为,是否具有可转让性即使不能成为判断某权利是否财产权的标准,转让性的强弱也可以成为判断一个财产权优劣的标准。"赵慧廉:《财产权的概念》,知识产权出版社 2005 年版,第 275 页。

⑥ 崔建远:《论争中的渔业权》,北京大学出版社 2006 年版,第 17 页。

（一）特许权的经济属性

以行政许可对相对人的利害关系为标准，行政行为可分为对当事人设定权利的行为和对当事人设定义务的行为。行政许可就属于前者，即行政管理相对一方当事人通过行政许可取得某种权利，并从此权利得到更多的利益，即物质或精神享受。与普通许可不同的是，从权利的内容来看，获得特许权，即意味着取得对特定资源的开发利用权或者使用经营权。特许权是一种具有物质内容或直接体现为经济利益的权利。并且，由于对权利的数量实施限制，特许权具有稀缺性。而在经济学上，稀缺即产生价值，即成为财富或资源。

以与民法联系最为密切的营业许可为例。在大多数国家从事营业均得登记，取得商业或营业主体资格。相对于其他国家，我国的营业登记更为严格，除进行形式审查外，还要进行实质审查。但根据法律规定和从理论上讲，只要具备一定条件的人，国家没有理由不进行登记，颁发营业资格证。即使对于外贸、保险、运输等特殊行业的许可，也仅仅是在普通营业执照之外还有特殊条件而已。也就是说，对于一般营业应当给予人们平等的进入市场的机会。例如，凡是具备法定条件的就可以登记为独资企业或合伙企业。而公共航空运输企业还需要具备适飞的民用航空器、依法取得执照的航空人员、不少于国务院规定的最低注册资本等特殊条件，经国务院民用航空主管部门批准后，才能办理工商登记。这是民法的平等原则、经济（或市场）的自由原则所必然要求的。因此，一般营业许可不是稀缺的，在满足法定条件时即可获取。

但是，对于行政特许的行业，并不是具备相应条件的人均可获得许可，进入这些特定营业领域。这里，特许表现为稀缺市场资源或机会的分配。许可限制了人们进入某行业的自由，享有许可者即享有某种特权，可以从事某种营业获取利益；而没能获取许可的人则不能进入，因而就没有从事某种营业的权利或机会。因此，这类营业许可就成为一种可带来经济利益的权利，且这种权利不能无限供给，即具有经济价值，因而变相地成为一种“财产”。正如南澳大利亚洲最高法院在认定渔业许可证在本质上具有所有权的性质时，King 法官说：“我们所讨论的许可证不仅仅是一种个人的、不可剥夺的权利，它还是可以移转的权利，是可以被看作有价值的。作为常识，六本许可证的限制就可能导致许可证有价值。”[①]

(二) 特许权的可转让性

行政许可是否具有可转让性,不能一概而论。

首先,行政许可一般不得转让。其原因在于,大多数行政许可是对相对人行使权利的“条件”进行审核,对其行使该权利的“资格”予以确认,许可与持证人的个人属性相关联,即只有在申请人符合规定的条件,具有适当的品行、技能、素质,才能获得行政许可,例如,律师执业资格许可、卫生许可、建筑企业资质等。离开特定的主体,这种许可即失效或作废,因此,这类许可本质上属于一种资格,具有人身性,权利人对之不能行使出租、出借、转让、出卖等处分行为,不得转让。但是一些许可不是依据个人适格性或者个人技能,而是与土地、商号、车辆等紧密相连的许可则允许转让。如规划许可一般被认为是与地产紧密相连的,转让地产后,规划许可相应就可由取得土地的人承继。这些与特定的物相连而脱离被许可人人身属性的许可,可以转让。

其次,即使行政许可不得转让,也仅仅是指许可不能脱离原主体独立处分。因此,与自然人的技能、素质或条件为发放标准的许可无论在何种情形下都不具有可交易性,因为自然人作为主体本身不能成为交易的客体。但是,对于商业企业则不同。由于在商业领域商号具有一定的财产属性,在商号下所有能够带来利益或影响营业能力的东西均可以成为企业财产。在企业分立、合并、转让等资产变更或重组时,所有的经济意义上的财产均成为交易客体,因此在企业资产重组或产权转让需要进行资产评估时,一些行政许可,即成为企业整体财产的一部分,与企业一同转让和处分。例如,我国政府推行积极的产业政策,为制止“重复建设”,限制新企业进入(尽管以生产能力过剩为由控制建立新的企业、阻止企业扩大生产能力,是一种典型的政府替代市场进行选择的做法)。例如,国家计委、机械工业部与1997年发布的《关于加强农用运输车管理的意见》规定:国家为控制重复建设、盲目发展农用运输车,“九五”期间,各级政府、各部门一律不得审批新的农用运输

① 〔澳〕D. Fitzpatrick:《从法律的视角透视涉及澳大利亚捕捞许可证的财产权利》,刘新山译,载农业部渔业局编:《国外渔业权制度研究资料》(一),2003年9月,第77页。转引自崔建远:《论争中的渔业权》,北京大学出版社2006年版,第17页。

车整车厂点和多缸发动机厂点。这就使得农用运输车和多缸发动机生产许可成为非常有价值的“财产”。作为一种许可,企业不能将生产许可转让给未经有关部门批准的企业,否则主管部门将查处原许可企业甚至取消许可。而且有关权威部门专门针对禁止此类许可转让出具解释,此类许可属行政行为,不属于知识产权或无形财产范畴。但是,不可否认的是,当一个享有许可权的企业被兼并或与其他企业合并或将企业整体转让于第三人时,原目标企业的许可就成为非常重要的资产。事实上,在企业资产评估时,类似的许可即成为资产评估的重要项目。此时许可也成为交易的对象,只是它负载于特定的企业中,脱离不开原企业而独立存在或转让。这便是以上提到的经济学意义上的财产。

以上是对行政许可是否具有可转让性的整体分析。总体上看,普通许可旨在控制危险,通常对被许可人设有若干标准和条件,被许可人的特定情况是与许可紧密联系的,为保障行政许可管制目的的实现,许可证就不得转让。在行政特许领域,由于许可基本上着眼于特定资源的开发利用方式、期限等条件,在这一点上特许权不具有人身属性,可以进行转让。但特许权的转让不同于一般商品的自由转让,为实现管制目的,在转让时还有一些程序上的限制或要求。第一,如果法律、法规对许可的条件除金钱以外没有作出任何规定(如 BOT 项目公司在完成投资后获得的收费经营特许、拍卖的土地使用权、水权等),应允许许可证持有人自由买卖,除非许可的转让将损害公共利益的实现。第二,为保障行政许可机关能够对被许可人的活动及时进行监督,买卖双方必须到行政许可机关办理许可的登记手续,否则买卖合同无效。第三,如果法律、法规同时规定了许可的条件,为确保受让人符合法定的许可条件,在转让的程序上,转让许可必须报经核发许可证的机关批准。此外,特许权还可能负载于特定的企业中,在享有特许权的企业被兼并或与其他企业合并或将企业整体转让于第三人时,一并被转让。

在行政许可的转让问题上,《行政许可法》第 9 条规定:“依法取得的行政许可,除法律、法规规定依照法定条件和程序可以转让的外,不得转让”,即行政许可原则上不得转让。这一规定也适用于行政特许,而现行法律、法规的规定和现实中的实际做法与特许权原则上可转让的特性相距甚远。

目前涉及行政特许的法律、行政法规,向市场开放 14 类的行业中,有 4 类完全禁止许可的转让,6 类未作出相关规定,只有 4 类允许有条件限制的转让。行政特许转让方面的限制性规定不仅抑制了资源配置的竞争环境，而且仍然延续了传统的将行政特许视为公法主体管理活动结果的看法。尽管某些法律作出了资源有偿使用、特许实行招标拍卖的规定，但关于特许权禁止转让的规定表明特许权并未获得完全的财产权地位。此外，对同类特许是否可以转让，各地的规定不尽一致，例如，对出租车营运牌照，北京等地明文禁止转让，而温州、深圳等地则允许转让。

从总体上看，特许权的转让没有得到现行法的认可。而在实际生活中，特许权的交易是大量存在的，如北京市出租车牌照的私下交易、沿海养殖权"非法"转包等等。"一个规则如果被广泛地规避和违反，它传达给我们的信息就是，这个规则在设置上可能是存在问题的。规则本身的合理性也是需要不断论证的。"①

（三）特许权与财产权

有学者认为，许可本质上是政府的市场管制行为，它是对市场机会资源进行分配的行政管制行为，受公法调整，且具有很强的身份性，是一种不可转让的权利。离开特定的主体，这种许可即失效或作废。因此，许可的内容本身不具有财产内容，它不是民法上的财产；许可也不可能赋予被许可人以财产权。正如美国比较权威的法律辞典《布莱克法律辞典》所解释的，"许可既不是财产（property）也不是财产权利（property right）"②。但是，它具有一般财产权的合理内核，即具有一定价值且可以排他地享有（许可的营业受法律保护，任何干扰他人营业的即属于侵权或犯罪行为）。许可本身为被许可人创造了一种"事实上的财产权"。③ 笔者认为，上述分析对于普通许可而言有其合理性，但并不适用于行政特许。如前所述，经行政特许取得的特许权具有直接的经济利益即具有财产权属性，并且，通常还具有可转让性，属于较强的财产权。例如，在新西兰、冰岛、澳大利亚、加拿大等国家，渔业权表现为渔民从行政主管机关获得的捕捞配额。配额持有人有权将该配额出

① 赵慧廉：《财产权的概念》，知识产权出版社 2005 年版，第 106 页。

② 《布莱克法律辞典》，第 5 版，第 829 页，West Publishing Co.，1979.

③ 参见高富平：《浅议行政许可的财产权属性》，《法学》2000 年第 8 期，第 23 页。另波斯纳认为无线电广播和电视许可证的结果，导致"广播频道虽在正式法律上没有财产，但在经济学意义上却有财产权"。参见〔美〕波斯纳：《法律的经济分析》，蒋兆康译，中国大百科全书出版社 1997 年版，第 57 页。

卖、出租,也可以采取其他转让方式,故称为个体可转让配额。凭借可转让配额制度,"个体可转让配额是圆满的、价值没有减损的财产权,具有让与性、可分割性。个体可转让配额受到侵害时,持有人可以获得损害赔偿"①。但特许权是否当然就是法律上的财产权,还因财产权的构造不同而有所不同。

在英美财产权构造中,财产权表现为基于土地、动产和无形物而形成的一整套排他性的权利体系。"从法律观念看,财产就是一组权利,这些权利描述了一个人对其所有的资源可以做些什么,不可以做些什么,包括对资源的占有、使用、改变、馈赠、转让和阻止他人的侵犯等。"②在这一定义下,经由行政特许获得的特许权理所当然具有财产属性,属于财产权。因为行政特许正是确立个人对国家所有或掌握的有限自然资源和有限公共资源进行开发利用的方式,特许权界定了个人对特定资源可以行使的权利边界,包括对资源的占有、使用、馈赠、转让和阻止他人的侵犯等。并且,值得注意的是,在英美法系中往往是在狭义的意义上使用财产权一词,即财产权是指对物性的财产权利,对人性的权利关系属于债法调整的对象。其对物性的财产权利大致相当于大陆法系中的支配性财产权利。由此也可以窥见特许权与大陆法系物权权利体系的一丝内在联系。

而在大陆法系,由于所使用的财产权概念具有特定的内涵,即财产权是私法体系中相对于人身权而言的民事权利,基于行政手段而取得的特许权是否为法律上的财产权就成为一大问题。在理论上,应不应该将特许权纳入私人财产权体系存在争议,甚至问题本身尚未得到足够的重视。在现行民事法律体系中,也并不是所有的特许权都占有一席之地。诚如学者所言:"重要的是,在一定条件下这些许可可以与其他财产一起或独立地成为交易标的。如果按照具有经济价值且可交易的东西即为法律上的财产标准的话,那么,许可也具有法律上的财产特征。如何将这些具有财产价值的许可

---

① 〔澳〕R. Connor:《个体可转让配额是财产权吗——定义、学科和分析语段》,刘新山译,载农业部渔业局编:《国外渔业权制度研究资料》(一),2003年9月,第39页。转引自崔建远:《论争中的渔业权》,北京大学出版社2006年版,第3页。

② 〔美〕罗伯特·考特、托马斯·尤伦:《法和经济学》,张军等译,上海三联书店1996年版,第125页。

作为财产加以规范,无疑是摆在民法学者面前的新课题。”①

第二节　公权私权语境下的特许权

以客体的不同为标准,特许权分为基于有限自然资源取得的特许权和基于有限公共资源取得的特许权。其中,自然资源属于民法中的有形物,有限公共资源(广义)则是因制度设计产生的拟制资源,为无形物。传统民法建立在有形物之上,调整知识产品这种无形物的知识产权制度是其后才产生的,而即使在知识产权进入民法体系后,也并未改变民法以有形物为基石的规范体系和理论体系。因此,民法学对特许权的研究基本上限于自然资源特许权,而对有限公共资源特许权少有关注。本节先探讨私权与公权划分的标准和意义,再分别探究自然资源特许权与有限公共资源特许权的公权性与私权性。

一、公权与私权的界分

(一) 公权与私权

大陆法系理论在将法律分为公法和私法的前提下,将权利相应地划分为公权与私权。这里的公权是指私人公权,即私人享有的公权利,而不是指由国家享有的公权力。对于区分公权与私权的实际意义,日本行政法理论的通说认为,首先,在于权利救济的审判程序不同;其次,在于权利的性质不同。公权具有非融通性(放弃、让渡、移转、抵押、继承、代理等的限制及禁止)。公权与私人权利不同,不仅仅是为了个人的利益而存在。公权之所以由个人来享受,是谋求国家或社会公共利益所必须。因此,公权原则上有着一身专属的性质,不得转让或放弃。参政权及自由权,就当然具有这种属性。至于受益权,如公务员的恩给(养老保险金)权、工资请求权、生活保护请求权等的融通性受到限制或禁止,正是因为这些权利是公权,具有一身专属的特殊性质。②

---

① 高富平:《浅议行政许可的财产权属性》,《法学》2000 年第 8 期,第 29 页。

② 参见杨建顺:《日本行政法通论》,中国法制出版社 1998 年版,第 175 页。

但对公权与私权的划分标准和内涵却没有一致的见解。传统的观点有法律说、关系说、利益说,此外,还有从社会生活领域进行的划分或综合几种标准来定义。

其一,法律说,即私权是私法上所确定的权利。有学者早就指出,权利有公私之别,乃假定法律有公私之分。即公权者,公法上之权利也。私权者,私法上之权利也。①

其二,关系说,即私权是平等主体相互之间的权利。例如,认为民法所调整的民事权利与私法所调整的私权,两者同一,民事权利即私权。民事权利(私权)的根本特征是主体之间具有平等的法律地位。②

其三,利益说,即私权是关于私人利益方面的各种权利。例如,认为公权利与私权利的本质区别在于体现的利益不同,私权利体现公民个人的利益,而公权利则体现的是公共利益。③

其四,生活关系说,认为公权即人们在政治领域和社会公共事务方面的权利,私权即人们在经济领域和民间的以及私人事务方面的权利。④

其五,在法律目的论与法律形式论对公法与私法的区分方法的基础上,认为公私权的区分方法无非有两种:一是从形式上理解,即公权是公法上规定的以对抗国家的权利,私权则是私法上规定的赋予私人的以对抗其他私人的权利;二是从实质上理解,公权是为了保护国家利益和公共利益而设定的权利,私权则是为保护私人利益而非国家利益或公共利益所设定的权利。⑤

其六,认为所谓私权,即私的权利,可以从以下几个方面来理解:(1) 它是私人的权利。这里的私人,特指民事法律关系的主体,即处于平等地位的

---

① 参见胡长清:《中国民法总论》,中国政法大学出版社 1997 年版,第 39 页。

② 参见金海军:《知识产权私权论》,中国人民大学出版社 2004 年版,第 4—6 页。

③ 杨延超:《监狱私权保护的法学与经济学分析》,《犯罪与改造研究》2005 年第 3 期,第 10 页。

④ 参见张文显:《二十世纪西方法哲学思潮研究》,法律出版社 1996 年版,第 507 页。日本民法学者富井正章在《民法原论》第一章"私权之本质"中也阐述到:"民法为私法之原则,即定生私法关系之权利义务之地也,欲明其理,必先知私权之本义,因民法全部皆关于私权之规则故也。私权对公权而言,二者区别之说甚繁。据余所见,则公私权之区别缘公私法之区别而生,由主观以说明公私法之结果也。"

⑤ 参见王涌:《私权的分析与建构》,中国政法大学 1999 年博士论文,第 40 页。

人。当国家以民事主体出现时,其与其他民事主体之间也是平等关系。(2)它是私有的权利。这里的私有,意指民事权利为特定民事主体所享有,是特定人享有的私人权利,而不是一切人同享的公共权利。(3)它是私益的权利。这里的私益,是与公益相对应的个人利益。根据私法的原则,允许"个人根据自己的意愿形成相互之间的经济关系和其他关系",追求合法的私利。①

本书认为,公权与私权是权利本身的一种分类,本质上仍属于私人领域的利益,而且首先涉及的是个人利益。无论从形式和实质上而言,公私权首要的目标都是个人利益,而非公共利益。无论是公权利还是私权利,都应当得到国家权力的尊重和保护。公权与私权统一于人权,它通常被理解为"是要求维护或者有时要阐明那些应在法律上得到承认或保护的权利,以便使每个人在个性、精神、道德和其他方面的独立获得最充分与最自由的发展"②。人权不仅为个人发展所不可缺,也为社会的全面进步所不可无,但人权首先是社会个体自身利益的度量界标。因此,以保护的是公共利益还是私人利益来划分公权与私权既不应当,也不可能。

对于公权私权划分的标准,本书认为首先应看权利所存在的法律关系的性质,其次,是看权利本身是否具有或应当赋予私法上的效果。即"私权是个人在其生活关系中享受个人利益的地位,与国民向公权力主体要求一定利益的'公权'(如参政权、自由权)相对应。私权原则上系以权利人及其相对人之间对应的利害为其背景,且私权基本上可以自由处分、抛弃,而且,在其保护方法上不能适用行政事件诉讼法"③。在这里,对将公私法的划分与公私权的划分作为对应范畴的问题上,要特别澄清两个错觉。

要澄清的第一个错觉是,以为区分公法与私法就是区分不同的法律部门,因此,对着一部具体法律问:"这部法律是公法还是私法",这种理解是十分粗糙的,因为在许多具体的法律中既有公法关系,也有私法关系。我们应当问的是其中某一条文所规范的法律关系是公法关系还是私法关系?公私法的划分应局限在法律关系的层面上,同样,只有将公私权的划分也局限在

---

① 参见吴汉东:《知识产权本质的多维度解读》,《中国法学》2006年第5期,第97页。

② 〔英〕戴维·M.沃克主编:《牛津法律大辞典》,北京社会与科技发展研究组织编译,光明日报出版社1998年版,第426页。

③ 〔日〕四宫和夫:《日本民法总则》,唐晖、钱孟珊译,朱伯松校,五南图书出版公司1995年版,第29页。

法律关系的层面上,两者才能较好地融合起来。本书认为,公权私权划分的意义主要在于该项划分能使我们对于具体法律关系有一正确理解,公私权是不同法律关系中私人权利的不同表现形式。

要澄清的第二错觉是,以为所有基于公法关系产生的权利都是公权。因为“行政权的设定有时就是公民的权利或者派生出新的权利”①。至于这种基于行政权产生的“公民的权利”或者“派生出的新的权利”是公权还是私权,取决于该权利本身是否具有或应当赋予私法上的效果。例如,在行政审批与物权的关系上,有学者清晰地指出,“尽管特别法上的物权需要经过行政审批才能产生,具有较强的行政色彩,但不能因为这一原因而否认这些权利可以成为物权”,“是否经过行政审批不是能否作为物权存在的理由,问题的关键在于:这种权利能否通过登记而成为一种长期稳定的财产权利”②。因此,基于公法关系仍然可以创设私权,这时“民法典只不过是将公法所创造的这些财产权再加以私法上的效力和私法上的保护而已”③。

(二)公法上的财产权与私法上的财产权

大陆法系的私法有着悠久的历史传统和完整的理论体系,尤其是“作为大陆法系民法中最骄人的部分,物权法以其清晰的历史线索和稳定的体系结构体现了其特有的价值和魅力”④。然而这种特有的价值和魅力是有其历史局限性的。从社会经济生活状况来看,罗马法所有权概念的形成与有形财产(主要是不动产)的分裂是同步的。而直至法德民法典的编纂时期,有形财产的生产和占有以及有体物贸易仍然是经济生活的主宰。对于有形财产占主导地位的社会经济生活状况,大陆法系的财产权体系是具有生命力和适应性的。但现代市场经济时代已不同于“风车、水磨、马车”时代,大陆法系从罗马法沿袭下来的一套财产法概念逻辑体系在纷繁复杂的商品世界受到强有力的挑战,在理论上和实践上常常陷入困境。

在大陆法系,财产权体系不仅建立在有形物之上,而且一直被视为私权看待。“财产权在民法里一直被视为私权看待,从某种程度上讲,私有财产

① 胡建淼主编:《公权力研究——方法权·行政权·司法权》,浙江大学出版社2005年版,第251页。

② 王利明:《物权法研究》,中国人民大学出版社2002年版,第611页。

③ 王涌:《私权的分析与建构》,中国政法大学1999年博士论文,第114页。

④ 孟勤国:《物权二元结构论》,人民法院出版社2004年版,第7页。

权成为个人权利与政治权力之间的界限,传统财产权体系基本上也是私法上的权利体系。"[1]这种将财产权视为纯粹的私权的传统理论,在当代财产权受到国家的更多的限制时,首先面临的便是对被法律强行限制的私权在理论上如何解释和定位的问题。这或许还可以用私权只是被涂上了公法色彩来解释。但更为严峻的问题是,当代许多直接由国家赋予的财产权被排除在传统财产权体系之外,如排污权、社会福利等。就实质意义而言,这两种权利仍不失为市场主体享有的不可侵犯的财产权,但却无法纳入传统私法权利体系范畴,其主要原因便在于这是由国家直接赋予的权利。而当前财产权的发展趋势则是:"政府已成为财富的最主要来源,政府就像一个巨大的吸管,它聚敛着财税和权力,然后吐出财物。"[2]1964 年美国学者查尔斯·雷齐提出一个至今仍很著名的观点,即各种形式的政府赠与物应被看作一种"新的财产",因而应给予适当的法律保护。在此基础上他认为政府正源源不断地创造财富,主要包括:薪水与福利、职业许可、专营许可、政府合同、补贴、公共资源的使用权劳务等。这些财产是现代社会的重要财产形态,而对这些财产的分配是通过公法实现的,而不是私法。[3] 在司法实践中,目前美国法律一改过去认为政府公共福利为可以随意确认或撤销的"特权"的观念,将福利救济视为新的权利,享有与传统财产权同等的法律保护。

当代美国"新财产"的理论和司法实践对于我国建立财产权体系不无启示。首先,将一些政府直接授予的福利或特权视为财产权是当代社会发展的客观需要。其次,传统理论从公私权角度将财产权定位为私法上的权利体系具有很大的局限性,财产权体系的建立不应再受价值观念上的私权影响,应在国家立法界定的前提下扩展到传统的公权领域。因此,本书认为,财产权不限私权,还包括一些具有经济利益的公权。在此,值得注意的是,由于公私法的划分与公私权的划分并非完全对应,基于公法产生的财产权并不都是公权,如果这些权利被赋予了私法上的效力则为私权。例如,对基于公法产生的社会保障权与自然资源特许使用权,由于前者只能依公法的规定取得并循公法的途径获得救济,因此是公权,而后者需要并且能够被法

① 梅夏英:《财产权构造的基础分析》,人民法院出版社 2002 年版,第 134 页。

② Friendman, Property, Succession and Society, 1996 *wis. L. Rev.* 34*a*.

③ Charles A. Reich, The New Property, *Yale Law Journal*, 73(1964), p. 783.

律赋予私权效力，因此属于私权。简言之，对于财产权与公私法及公私权的关系，可概括为：财产权包括公法上的财产权和私法上的财产权，但公法上的财产权并不都是公权，基于公法产生而被赋予私法效力的权利为私权。

二、自然资源特许权的公权性与私权性

自然资源使用权与自然资源特许权的范围大致相当，但并不完全一致。因为自然资源使用权虽基本上经特许取得，但还有一些无需行政许可而直接享有，如基于河岸权原则取得的水权。还有一些是经普通许可而享有，如由划拨方式取得的土地使用权。因此，自然资源使用权在概念上大于自然资源特许权。从逻辑上讲，对自然资源使用权公私权属性的研究当然适用于自然资源特许权。

基于自然资源的开发利用形成的矿业权、水权、渔业权、狩猎权等权利，是民法研究的对象。如前所述，理论上用以概括矿业权、水权、渔业权、狩猎权等权利的概念并不统一，有"准物权"、"特许物权"、"特别物权"、"特别法上的物权"等。为便于行文，在讨论这些权利究竟应定位于私权还是公权，如果是私权在权利体系中又处于何种地位等问题以前，先采用通常运用的"准物权"概念。

（一）准物权的公权性与私权性理论

学者崔建远对准物权作了系统地研究，对准物权的私权性与公权性理论进行了梳理。认为确定准物权是公权抑或是私权的标准和原因，比较复杂，有的基于历史沿革自然地确定，有的基于准物权所作用的对象的性质确定，有的基于准物权所出自的法律性质确定，有的采折衷说，还有的采新主体说。

基于历史发展确定准物权公私权属性的典型例证是日本法对渔业权的态度。在日本，自远古时代以来，各种势力争夺渔场不止，渔民为渔场的边界而争斗不断，渔业权则由此渔业纠纷的历史中自然产生。渔业权、入渔权形成于江户时代，渔业法所规定省县市政府的特许执照，并非最初所创权利，乃在使渔业权的范围和内容合理化、明确化，即承认"岩矶地段之捞捕、山野之打猎，属于当地人民之专利，近海地区之捞捕则为大家共同所有"。明治八年太政官发布"海面国家宣言"，对从事渔业者实行"海面借区制"，该宣言引起一片混乱，但随即被撤销。其背后的原因则在于当时的内政部

主张公权说，而大藏省则认为"海面系公有水面（公共用水面），不是政府所有，故渔业权向来虽经诸侯以核发特许执照的行政处分设定权利，惟其性质仍属私权"。太政官裁决采纳此说，确定了对渔业权的根本态度，其后日本法上的渔业权皆以公有水面为基本，以捕捞水产动物植物为目的，属于私权。

持准物权出自何种性质的法律来确定其公私权属性的观点认为，准物权若被规定于公法中，便属于公权，若被规定在私法中，则属于私权。例如，我国台湾地区有学者主张，渔业法属于公法，渔业权系规定于渔业法之中，因此渔业权应是公权。[①]

日本的美浓部达吉博士及其他某些公法学者认为水权属于公权，其理由之一是水权的客体为公用物。我国的一些学者在论证水权具有公权属性时也从水资源是一种公用物的角度着眼，认为水资源上附着了一些不具有竞争性和独占性的生态环境功能和社会公共利益，使得水资源为一种公用物。[②] 这一主张的理论基础是法国法上的公产所有权理论，本书在第二章对该理论作了论述和评析。简言之，该理论的核心观点是行政主体的财产在法律上一分为二，私产受私法规范，公产不受私法支配。公产所有权为行政法上的公所有权，由此以公产为客体的权利即公权。

私权说为近代通行的说法，大体上可以分为单纯物权否定说、形成权说。所谓单纯物权否定说，是指承认矿业权、水权、渔业权和狩猎权具有支配力、对世力的物权性，但反对把矿业权、水权、渔业权和狩猎权的标的视为民法上的物。所谓形成权说，又称物权取得说，它把矿业权、水权、渔业权和狩猎权解释为一类形成权，认为这些权利不只以直接支配标的物为内容，而且能够通过或采掘或捕捞或引取等而取得所有权。就渔业权而言，支持该说的学者末川博肯定渔业权就是物权取得权，认为物权取得权是基于权利人的单方行为而取得所有权的权利，不是以支配权为内容的权利。渔业权就是这种权利。此外，渔业权还有渔业行为绝对说和渔场支配说。前者是指渔业权的内容仅仅限于采捕行为，否认水面使用是渔业权的附随权能之

---

① 管欧：《中国行政法总论》，第 454—467 页。转引自许剑英：《论渔业权》，《法学丛刊》第 36 卷第 1 期（总第 141 期），1991 年 1 月，第 109—111 页。

② 裴丽萍：《水权制度初论》，《中国法学》2001 年第 2 期，第 95—96 页。

一,渔业权人若有使用水面的必要时,应该另外取得主管机关的认可。后者认为渔场具有可支配性,故渔业权是指渔业权人得针对特定渔场排他地进行特定渔业的权利。[①]

折衷说认为,矿业权、水权、渔业权和狩猎权具有私权兼公权的性质。例如,对水权,采折衷说的台湾学者认为,水权为公权兼私权性质,惟公权程度比私权强,其理由如下:(1) 其权利取得的形式(水权),系属公权,为公法物权,惟水利法尚未创制明定说明。使用权(特许),对应水权费。(2) 其权利的内容(水权之水),系属私权,为私法物权,惟仍受公共性之规范,仅限于使用或收益,似为准物权。收益权,对应损害补偿(协议补偿或在主管机关核定下)。(3) 水权公权程度比私权强些之论述点,在于损害补偿的内容,非损害补偿(公权),亦非损害赔偿(私权),而是介于两者之间。[②] 大陆采折衷说的学者认为,一方面,水对权利人来说是一种财产,水权由此呈现出私权性;同时,水资源又是一种公用物,因为水资源上附着了一些不具有竞争性和独占性的生态环境功能和社会公共利益。后者的价值大于前者,即财产价值。[③] 学者崔建远本人赞成折衷说,但对公权的性质大于私权的性质持审慎态度。他认为,首先,水权是按照水法这种公法的规定产生的;其次,水是一种社会资源、经济资源与环境资源,社会因素几乎是起到决定性作用的,水权从取得、运行到终止都受到公法的限制。但这些限制并未动摇水权的准物权属性。就水权的内容观察,水权是地地道道的私权。而权利本身的属性在确定其类别时应处于更为重要的地位。并且,基于对矿业权、水权和渔业权的定性宜遵循统一的判断标准的规则要求,把渔业权、矿业权和水权统一定为具有公权色彩的私权比较恰当。

(二) 本书的观点

如前所述,对于准物权的公权性与私权性,有基于历史沿革自然地确定,有基于准物权客体的性质确定,有基于准物权所出自的法律性质确定,有的采折衷说。结合本书对公权与私权的划分标准的界定,本书认为准物

---

① 许剑英:《论渔业权》,《法学丛刊》第 36 卷第 1 期(总第 141 期),1991 年 1 月,第 108—109 页。

② 林伯璋:《台湾水权及其法律性质之探讨——公水之特许使用》,《台湾水利》第 49 卷第 3 期,2001 年 9 月,第 100—101 页。

③ 参见裴丽萍:《水权制度初论》,《中国法学》2001 年第 2 期,第 95—96 页。

权为具有公权因素的私权。主要理由如下：

第一，以准物权出自何种性质的法律来确定其公私权属性的观点过于简单。如前所述，公私法的划分并非就某部法律整体而言，而是指具体的某一法律关系应为公法规范还是私法规范。以渔业权为例，如同民法中也可能有公法规范，渔业法中也存在私法规范。这样，就不能简单地认为渔业法属于公法，渔业权系规定于渔业法之中，渔业权应是公权。渔业权究竟为何种性质的权利还需具体分析相关法律规范的属性。

第二，以准物权的客体为公用物而认为准物权为公权的观点，缺乏相应的理论和立法基础。这一观点实际上是建立在公所有权理论基础之上，认为公产所有权为行政法上的所有权，公产所有权的行使是国家管理权的行使。对这一问题，本书在第二章中作了专门分析，指出公产所有权仍然是民法上的所有权，只是受到更多的公法上的限制，如负有公共使用的义务、不因时效而取得等。除在法国法中存在行政法上所有权理论外，德国、我国的台湾地区都认为公产所有权受私法的一体调整。我国的《民法通则》也规定了自然资源所有权，《物权法》以及诸多民法学者提出的《民法典（物权法）草案建议稿》，也都对自然资源所有权作了规定。因此，我国在立法上未采公所有权理论，在这一立法和理论前提下，不能因准物权作用的对象为公用物（公产之一类），就当然认为准物权为公权。

第三，准物权存在于民事法律关系之中。本书对行政特许的构造采德国法上的两阶段理论，即行政特许包含两层法律关系：第一阶段由行政机关以管理者身份对资源利用行为进行批准，形成公法法律关系；第二阶段由行政机关以资源所有者的身份向使用者转让特定的财产权利，形成民法法律关系。并且，准物权最终由民事法律关系确立。例如，根据我国《宪法》和有关法律规定，我国矿产资源属于国家所有，国家实行采矿权有偿取得制度。因此，取得采矿资格的民事主体与国家之间形成了一种合同关系，在这个合同关系中，作为采矿权人的公民、法人与矿产资源所有人的国家之间的地位是平等的，采矿权人通过缴纳资源税和资源补偿费取得了作为民事权利中准物权的采矿权。尽管我国现行法律并没有规定取得采矿权需要签订合同，但实际上这种权利仍然是由企业、公民个人与国家之间通过订立合同的方式取得的，所取得的权利在本质上仍然属于私法上的财产权。将来也有必要在法律中明确规定采矿权出让合同。[①]

第四，赋予自然资源特许权以私权效力有其必要性和可行性。首先，此种权利的设立和移转需要经过登记，这就使得这种权利具有一定的公示性，使第三人了解和知道此种权利设定和变动情况。因此，自然资源特许权可以产生对抗第三人的效力，可以成为物权。[②] 其次，自然资源特许权可以作为交易的对象，进入交易过程。再次，将此种权利作为受物权法保护的长期稳定的财产权利，可以避免权利人的短期行为，清晰的权利边界也有利于减少侵权行为。[③] 在权利受到侵害时，可以获得物权保护方法的救济。此外，如果不规定众多的准物权类型，对自然资源开发利用的申请的审查、批准就没有确定的项目。因此，“如果说，矿产资源法、水法、渔业法、野生动物保护法的主干是行政法律规范，那么其基础则为属于民事权利范畴的矿业权、水权、渔业权和狩猎权。”[④]

第五，准物权是具有公权性质的私权。如前所述，本书认为，即使是基于行政权产生，但如果权利本身的内容具有私法上的效果或应当被赋予私法上的效果，则该权利为私权。私权原则上系以权利人及其相对人之间对立的利害为其背景，基本上可以自由处分、抛弃，在权利受到第三人侵害时，受私法方法的保护。从取得的角度观察，自然资源特许权是基于行政权（行政许可）产生，但此类权利的内容是对特定自然资源的占有、使用和收益，并因此形成了权利人与所有的其他人在利用自然资源方面对立的利害关系。自然资源特许权可以抛弃，依其性质应允许转让。任何人不法侵害自然资源特许权，都构成侵权，权利人有权请求侵权行为人承担停止侵害、排除妨碍、消除危险的责任。所有这些，都表明自然资源特许权符合私权的要求，或者说表现出私权的属性，且处于主导地位。因而自然资源特许权的核心性质为私权。准物权虽为私权，但出于保护自然资源，维护公共利益的需要，这种权利在设定时必须要取得行政机关的批准，并且对于权利的行使，政府要进行必要的监督。例如，“矿业权虽然为财产权，但因其往往事关社会公共利益、国家战略利益，故在取得、转让、行使等诸多方面被课以种种公

---

① 参见王利明：《物权法研究》，中国人民大学出版社 2002 年版，第 632—633 页。

② 同上。

③ 参见崔建远：《准物权研究》，法律出版社 2003 年版，第 15 页。

④ 同上。

法上的义务,法律对矿业权设置不少监督规定,因而矿业权又具有公权性,是具有公权性质的私权。"①

综上所述,在行政特许领域,形成于有限自然资源之上的特许权为具有公权性质的私权。

三、有限公共资源特许权的公权性与私权性

本书认为,有限公共资源有广义和狭义两种含义。狭义的有限公共资源仅指自然资源以外的人工共用公产,如市政设施、航线航道等。广义的有限公共资源是指成立于狭义的有限公共资源之上的各种独占使用许可以及垄断行业的市场准入机会。人们通常在广义上使用有限公共资源,将其与自然资源相对。例如,"由政府通过许可的方式配置有限的自然资源与其他公共资源,已经成为世界各国的通行做法"②。广义上的有限公共资源是基于政府数量管制形成的制度资源,表现为各种市场准入机会,例如,供水供电等垄断行业的经营权、民用航空航线经营权、公交线路经营权、出租车营运牌照等等。有限公共资源特许权实际上就是政府授予的特许经营权。

关于特许经营权的概念,起源可以追溯到中世纪。在当时,特许经营权主要表现为政府特许的专营,我国古代的盐、铁专卖即是一例。在布莱克斯通的《英国法评注》中,"特许经营权"被界定为:特许经营权(franchise)与特许权(liberty)是同一概念,它们是一种王室特权,或者是国王特权的一部分,主要存在于土地制度中。因为它们源自于王权,所以必须得到国王的授权或指定。特许经营权中有一些共通的原则,即它们既可被授予自然人,也可被授予政治实体;既可被授予一个人,也可被授予多人。但是,具有同一性质的特许经营权,如果先前已被授予了某人的话,就不能再授予其他人,否则将损害前者取得的授权。在《牛津法律大词典》中,也有关于"特许经营权"的定义:"特许经营权(franchise),是指由王室授予的权利……如果特许权是通过特许状、规定或者说明被特许人为此特许权已向国王交付了一定的费用的证据来授予的,那么该特许权能够成立。成立的基本原则是,除

---

① 〔日〕我妻荣、丰岛升:《矿业法》,有斐阁1958年版,第17页。

② 应松年、杨解君主编:《行政许可法的理论与制度解读》,北京大学出版社2004年版,第255页。

非经法律变成了王室特许，否则该特许权就不存在。”①在当今的英语词典中，对 Franchise 这个词的解释仍然保留了一些历史痕迹：“特许权是由权力当局授予个人或法人实体的一项特权”。19 世纪时，人们将这个词运用到了商业上，使其产生了新的含义，特指一种全新的商业经营模式，即“一个企业（特许人）依照双方签订的合同，在一定时期内授予另一个企业（被特许人）使用其专利权、商标权、商号、技术秘密等的权利”②。此即所谓“由企业授予的特许经营权”。

从特许经营权的发展历史来看，特许经营权的含义也早已突破了仅限于政府特许的范畴，从而可以区分为“政府授予的特许经营权”和“企业授予的特许经营权”。“政府授予企业的特许经营权”是指政府授予企业专营某种事业或某种商品的权利；这些权利具有独占性质，而使经营者获得优厚的利益。“企业授予的特许经营权”概念则用来概指现代商品和服务的一种营销模式。毫无疑问，企业间的特许经营权属于民事权利，至于政府授予的特许经营权的性质，则存在不同观点。

一种观点认为，特许经营权是一种具有民事和行政双重属性的特殊权利。因为，一方面特许经营权是由政府将对某事业的独占经营权在一定时间内转让给民间私人而形成的一种权利，在转让中，特许权人支付了获得该特许权的许可费，也就是说，政府将某种独占权在一定时期内卖给了特许权人。从这一角度看，与合同上的买卖颇为类似，应受合同法的调整，特许经营权也就类似于债权。另一方面，在特许经营权的转让中，转让的一方是政府，与特许权人处于不同的地位，在双方的转让过程中，并不能完全遵循意思自治原则，法律往往对特许经营权的授予规定了一定的程序、申请人应该具备的条件、特许权人经营活动中应遵守的工作方式及产品或服务的标准等等。并且权利的转让也规定了一定的期限，特许权人对产品或服务的提供也没有完全的自由定价权。也就是说，在特许经营权的内容中，由法律法规规定了适用于一切相类似的转让行为的权利和约束。因此，从这个角度

---

① 〔英〕戴维·M. 沃克主编：《牛津法律大词典》，北京社会与科技发展研究组织编译，光明日报出版社 1998 年版，第 349 页。

② 蔡吉祥：《无形资产》，海天出版社 1996 年版，第 15 页。

看,其又具有行政法上的权利的属性。[①]

另一种观点认为,即使是政府授予型的特许经营权,作为特定企业获得从事特种商品或服务的经营的资格,亦应属于民事权利的范畴。换言之,无论是基于合同而产生的特许经营权还是政府授予型的特许经营权,两者只是在取得方式上有所不同,而在权利的本质属性上,它们并无二致。[②]

笔者认为,对政府特许经营权公权性和私权性的判断,同样应从"特许经营权"的权利内容和作用机制来观察和界定。政府特许经营权的取得,是使作为被授权方的企业获得从事特许经营事业的资格或能力。任何企业若未获得特许经营权的授予,即不具备特许经营的资格,从而不能开展特许经营事业。在这一点上,特许经营的"资格"问题与商法上通常所称的"市场准入"原则在本质上是相通的。"市场准入"的核心问题是营业能力或资格。所谓营业能力,是指"从事营业活动的能力"[③],这种营业能力是民事能力,同时不是一般的民事能力,而是"为了一定的盈利目的,运用有组织的财产进行活动的能力,它不是偶尔地、个别地进行交易的能力,而是反复地、不间断地、有计划地进行营业活动的商事能力"[④]。可见,商法上所说的"市场准入"中的资格或能力与政府特许经营中所授予的特许经营权的法律意义是一致的,即能否通过政府授权而获得经营资格或能力正是特许经营的"市场准入"问题。因此,政府特许经营权在本质上是赋予民事主体以民事能力。就特许经营权而言,从整体上可以界定为,"特许经营权是指商业企业通过政府授权或者契约的方式所获得的,在特定的条件下从事特殊商品或服务的经营或是利用授权人的知识产权及经营模式等无形财产从事经营的权利"[⑤]。这种从事经营的权利属于民事权利。

尽管政府特许经营权的授予具有行政和民事双重性,但政府特许经营权本身却是一种为民事主体所享有的私权。法律、法规对政府特许经营权政府的经营期限、权利人的条件等的限制,只表明这种权利的内容及其边界

① 参见刘强:《政府特许经营权法律问题研究》,西南财经大学 2002 年硕士论文,第 17—18 页。

② 参见吴汉东、胡开忠:《无形财产权制度研究》,法律出版社 2001 年版,第 568 页。

③ 〔日〕上柳克朗等编:《商法总则 · 商行为法》,有斐阁 1993 年版,第 34 页。

④ 〔日〕龙田节编:《商法略说》,谢次昌译,甘肃人民出版社 1985 年版,第 22—23 页。

⑤ 吴汉东、胡开忠:《无形财产权制度研究》,法律出版社 2001 年版,第 575 页。

有其法定性。以政府特许经营权中典型类型市政特许经营权为例,"虽然有鉴于市政特许经营法律关系的双重性,政府对授予特许经营权的项目公司的特许权利有不同程度的制约与规制。然而,说到底,市政特许经营权是一种财产权性的民事权利"①。

上述分析表明,特许权是具有财政权属性的私权。如前所述,大陆法系民法的财产权构造体系是由严密的概念系统来构建的,各个概念之间存在着理论上的归类和比较问题,每一种财产权均需要在原有概念中进行定位。例如,大陆法系将财产权看作是建立在物权与债权二元划分的基础之上,物权又具有所有权和他物权的二元结构。依此模式,任何具体财产权均宜纳入二元权利范畴。那么特许权在物权债权二元结构中又应如何定位呢?

小　　结

在广义上,财产权是具有经济价值的权利。权利是否具有可转让性,表明了权利是强的财产权还是较弱的财产权。从权利内容看,特许权是一种具有物质内容或直接体现为经济利益的权利。同时,行政特许着眼于特定资源的开发利用方式、期限等条件,属于"对物的许可",具有可转让性。因而,特许权具有财产权属性,且属于较强的财产权。在英美财产权构造中,财产权被定义为在资源上的一组权利,故特许权属于财产权的范畴。而在大陆法系,财产权是指私法体系中相对于人身权的民事权利。如何将具有财产价值的特许权在整体上纳入私法体系加以规范,是摆在民法学者面前的新课题。

财产权包括公法上的财产权和私法上的财产权,但公法上的财产权并不都是公权,基于公法产生而被赋予私法效力的权利为私权。自然资源特许权和特许经营权的授予具有行政和民事双重性,但特许权本身具有私权效力,是民事主体所享有的私权。同时,因其事关社会公共利益、国家战略利益,故在取得、转让、行使等诸多方面被课以种种公法上的义务,因而又具有公权性。特许权是具有公权性质的私权。

---

① 李显东:《论市政特许经营中的双重法律关系》,《国家行政学院学报》2004 年第 4 期,第 44 页。

第六章　特许权的地位

——物债二元结构的考察

特许权的地位，是指特许权在整个财产权制度中究竟处于什么样的地位，发挥什么样的功能的问题。厘清它，有利于正确认识特许权的本质，明确特许权在整个财产权体系中的地位与归属。大陆法系将财产权的概念看作是建立在物权和债权二元划分的基础之上的，物权又具有所有权与他物权的二元结构。由于二元划分及其相应的二元思维的存在，一旦出现新的财产权类型或者财产权结构，学者们会习惯性地按照大陆法系的概念体系去论证它属于物权还是属于债权，是所有权还是他物权。例如，对担保物权为物权的质疑，对股权性质的探讨等。也有观点认为，这些争论毫无意义，重要的是对每一项具体权利本身有一个清晰的界定。[①] 同样，对自然资源特许权是物权抑或债权，也存在分歧，大多数学者认为属于物权，也有学者认为属于债权。而物权派对这些权利中应划归物权的具体权利种类和范围，以及定位于用益物权还是用益物权之外的"准物权"，又看法不一。此外，提出"无形财产"概念的学者通常认为特许经营权属于无形财产权。笔者认为，辩清特许权的本质并非完全毫无意义。如果认为其为债权，则其设定和实行应遵循债权的调整规范；反之，如果认为其为物权，则应遵循物权的调整规范。对认为是无形财产的特许经营权也需要找到与传统财产权恰当的衔接方式。本章将深入到物权债权二元结构中，进一步探明特许权的本质，

---

① 这是一种常见的观点。例如，日本民法学家对权利质权是否是物权的讨论不无揶揄地指出："议论权利质权是否是物权，是典型的不务实的做法。"〔日〕石田喜久未夫：《口述物权法》，成文堂 1982 年版，第 496 页。国内也有一些学者持这种"务实"的观点，如针对我国《公司法》出台，许多学者用双重所有权概念来为"股权"定性的问题，提出科学的研究方法应是对股权的内在要素进行分析，而不是急于定性。参见王涌：《私权的分析与建构》，中国政法大学 1999 年博士论文，第 73 页。

寻求其在民事权利体系中的地位。

第一节　物权抑或债权:特许权的本质

有限公共资源特许权在我国是新兴事物,其行政授予的方式使之一直是行政法学或经济法学研究的对象,加之传统民法将物权客体限于有体物,建立于无形物之上的有限公共资源特许权难以进入民法的研究视野。因此,民法上关于特许权在本质上是物权还是债权的争论限于自然资源特许权。

一、准物权的物权说与债权说

关于自然资源特许权的性质,主要有两种学说,一是物权说,一是债权说。

1. 物权说

该说认为,矿业权、水权、渔业权、狩猎权等自然资源使用权在客体、权利构成、排他性、优先性、权利取得以及追及效力方面具有特殊性,同典型物权相比,存在着差距,但在总体上又呈现着相当的共性。并且,这些权利与典型物权的共性处于更为重要的地位,该共性更应受到法律的重视和评价。例如,它们都具有绝对性(尽管程度不同)、支配力、对抗效力、物上请求权、实行法定主义等。所以,这些权利仍然属于物权范畴。[①] 强调这一点,旨在显现它们的法律效果往往相同或相近,在渔业法、水法、矿产资源法、野生动物保护法等无相应的具体规定时,适用物权法乃至民法的规定。[②] 为了比较准确地揭示出这种关系,人们用特定的概念来概括渔业权、水权、矿业权、狩猎权等权利,但学者们使用的概念各不相同。有的采"准物权"[③],有的倾向于用"特许物权"[④],还有将民法典规定的物权叫做普通物权或民法上的物

---

① 参见崔建远:《准物权研究》,法律出版社 2003 年版,第 25—26 页。

② 陈华彬:《物权法原理》,国家行政学院出版社 1998 年版,第 81 页。

③ 崔建远:《准物权研究》,法律出版社 2003 年版,第 26 页。

④ 林伯璋:《台湾水权及其法律性质之探讨——公水之特许使用》,《台湾水利》第 49 卷第 3 期,2001 年 9 月,第 100—101 页。

权,而将特别法规定的具有物权性质的财产权,命名为“特别物权”①,或者直接称为“特别法上的物权”②。

2. 债权说

该说认为探矿权、采矿权、取水权、渔业权、驯养权、狩猎权是基于自然资源许可合同产生的,当属债权,而不是物权。具体而言,国家实行自然资源有偿取得制度。被许可人支付的自然资源补偿费是用益自然资源的对价,是对自然资源所有权人的补偿,它的支付,是民事许可合同关系的重要体现。国家以所有权人身份与被许可人构成民事合同关系,产生的探矿权、采矿权等权利是债权,不是物权。有偿探矿属承揽合同:探矿人支付金钱,国家许可探矿人探矿,探矿人取得矿产资源勘查权。有偿采矿为承揽加买卖的混合合同:采矿人支付资源补偿费,国家许可采矿人采矿并由其取得矿产所有权;采矿人采矿是承揽,预先支付的资源补偿费是矿产的对价,对所采的矿取得所有权;采矿后,矿即枯竭,因此采矿不是对不动产的使用收益,采矿权不是用益物权。同理,取水权、驯养权、狩猎权、捕捞权也都不属用益物权,而是债权,为承揽加买卖的混合合同。养殖权不是单独的民事权利。在江河湖泊等水域、滩涂养殖水生动物、水生植物的养殖权同于土地承包经营权,属于渔村与渔民内部关系的,为用益物权;属于外部关系的,是租赁关系,为承租权。③

笔者认为,债权说对准物权的基础合同是民事合同的判断是正确的,但认为基于民事合同产生的权利就应当是债权,以及权利内容不是对物的使用收益却有失偏颇。

首先,基于契约产生的权利不限于债权。通常所说的契约是指私人契约,即特定的私人之间为实现某种目的而设定的权利义务关系。④ 契约是人们从事合作、交易等一切交往活动的纽带,也是权利的生成与转换机制。基

---

① 陈华彬:《物权法原理》,国家行政学院出版社 1998 年版,第 81 页;欧庆贤、陈美宇:《渔业权制度》,《中国水产》第 487 期,1993 年 7 月,第 48 页。

② 王泽鉴:《民法物权》(第 1 册),三民书局 1992 年版,第 41 页;王利明:《物权法研究》,中国人民大学出版社 2002 年版,第 610 页。

③ 河山、肖水:《物权原理解析与批判》,群众出版社 2005 年版,第 11—12 页。

④ 契约有两种形态,除私人契约外,还有社会契约,即形成社会制度的契约。任何形式的由主体参与形成的民主制度(政治和法律制度等),其实质都是契约的结果。

于契约产生的权利包括两种：一种是设立团体如公司、企业法人、合伙等形成的契约权利；另一种是双方当事人之间设定而成的具体权利义务关系，即债权和某些意定物权[①]，如设定的所有权、用益物权、担保物权等。对于债权与意定物权关系，如果基于契约设定的权利在法律上已经存在，其权利内容便可归入物权；如果其所创设的权利还没有存在，其权利内容主要还是表现为当事人之间的请求权，这部分仍归入债权。[②] 本书认为，渔业权、水权、矿业权、狩猎权、公用事业特许经营权等特许权都是基于合同产生，如果法律将这些权利确立为物权，那么它们就是物权；如果还没有规定为物权，其性质如何，究竟是应确定为物权，还是债权，需要进一步探讨。对这一探讨，本书倾向于从权利的内在机制及实益来考察。债权说显然是混淆了债权与基于契约生成的权利，将契约生成的权利等同于债权，而实际上基于契约既可成立债权，还可以成立包括意定物权在内的多种权利。

其次，应以发展的眼光来看用益物权。债权说认为采矿权是通过承揽行为，对所采的矿取得所有权，采矿后，矿即枯竭，因此不是对不动产的使用收益，不是用益物权。这实际上采用的是传统用益物权理论，即认为用益物权是对不动产的使用收益权；用益物权的客体为非消耗物，用益物权人对标的物的占有、使用、收益并不造成对标的物价值的减损，在用益物权消灭时，用益物权人有义务将标的物返回所有人。而对用益物权是否只能是传统意义上的对土地的使用收益，梁慧星教授等学者认为，虽然采矿权、取水权和捕捞权是以获取物为内容的物权，从而区别于以物的支配为内容的物权，但在性质上都是对物的利用，所以称这三种权利为限制物权，并无不妥。[③] 在我国，基地使用权、农地使用权、采矿权、取水权和捕捞权都属于用益物权。还有学者指出，采矿权乃权利人享有对矿产资源的开采权、矿产的所有权，由于矿产资源不能再生，所以，它与典型用益物权有很大的不同；捕捞权、狩猎权的权利人享有对动物资源的利用权、对捕获的动物的所有权，但是，一般而言，整个动物种群的数量并不因此减少，因此，其与典型的用益物权十

---

① 意定物权与法定物权相对应，是“其发生基于当事人之意思者”，也称作设定物权。参见谢在全：《民法物权论》（上册），中国政法大学出版社 1999 年版，第 51 页。

② 参见彭诚信：《主体性与私权制度研究》，中国人民大学出版社 2005 年版，第 236 页。

③ 参见梁慧星主编：《中国物权法研究》（上），法律出版社 1998 年版，第 73 页。

分类似。从这个意义上讲,海域使用权则属于典型的用益物权。①

另一方面,我们也应看到,从规范的层面来看,即使肯定渔业权、水权、矿业权等诸项权利的内容属于对物的使用收益,也并不能当然得出这些权利就是物权的结论。这里还有一个"物权法定"问题。实质上,一项对有体物的支配权之所以为物权,其根本原因并不在于主体享有一种对该物的支配权利,而在于法律认可该种对物的支配权利具有物权的效力,能够发生物权的特有效果。"物权为对物的直接支配权"是在"物权法定原则"的前提下对物权所下的定义。换句话说,物权一定是对物的直接支配权,但对物的直接支配权并不一定就是物权。如果一项权利未被法律明定为物权,则即使该项权利表面上完全符合物权的法律特征,或者其显得好像是完全符合物权的定义,其也并非为物权。在这一方面,租赁权是典型的例子:租赁权完全符合物权的任何一种定义(具有直接支配性、享受物之利益及排他性),尤其是不动产的长期租赁权,很多国家的法律实际上都赋予其物权的效力,但由于立法上一直不承认租赁权为物权,故理论上只能说,租赁权为"物权化的债权"而非物权。再如,按其性质和特征,我国农村集体土地承包经营权应为用益物权之一种,但在法律未明文承认其物权性质之前,此种对土地的"直接支配并享受其利益"的权利,永远只能是债权。而法律确认某项权利是否为物权,并非单纯依据该项权利的内容是否为对物的支配,而在于其一定时期的法律政策。②

目前,新出台的《物权法》已明确将土地使用权、海域使用权、探矿权、采矿权、取水权和养殖权、捕捞权确立为用益物权。在此情形下,笔者认为,对特许权应为物权的内在机制及实益进行阐释仍然是必要的。因为,一方面在当前还有多种特许权还没有被"法定"为"物权";另一方面,即使在《物权法》将一部分自然资源特许权法定为物权之后,理论上关于特许权应否为物权的争议仍然存在。物权说要以理服人,就不应仅仅从权利的性质、特征以及法律适用上来论证自然资源特许权的物权性,还应在权利的内在机制上予以说明。

---

① 参见屈茂辉:《用益物权制度研究》,中国方正出版社 2005 年版,第 12 页。

② 参见尹田:《论物权的定义与本质》,《中外法学》总第 81 期,2002 年第 3 期,第 281 页。

二、特许权的物权与债权机制

传统民法学理论认为物权与债权均为财产权,二者有显著不同,通说认为物权反映静态财产关系,具有支配性、法定性、对世性、绝对性、排他性、优先性、追及性,能够对抗第三人;债权反映动态财产关系,具有请求性、自由性、对人性、相对性、无排他性、非优先性、非追及性,不能对抗第三人。

从物的利用制度的本源上分析,所有人之外的民事主体对他人之物的占有、使用、收益,本有债权方式和物权方式之分,前者有借用、租赁,后者即用益物权。由于债权关系的本质特征为相对性,因此,债权方式不具有对世性,对物占有、使用、收益的权利人的权利保障就比较弱;而物权具有对世性、排他性,用益物权人不仅可以对抗当事人之外的其他人,而且可以对抗标的物的所有权人,因而,用益物权人的权利的保障性就比较强。

意定物权的产生和存在,反映了物权与债权区分的相对性,给我们提供了分析和研究物权债权二元结构的新视角。对基于契约产生的权利而言,其应为债权还是物权,在形式上取决于"物权法定原则",在实质上取决于两种权利的治理机制。

英美法学者运用经济分析方法对物权和债权所作的机制分析,显示了物权与债权形式化区别后面蕴含的深层差异。如前所述,在英美法中,财产权是指人与人基于社会资源的使用收益而形成的法律关系。美国有学者指出,对物权(其典型形态是物权)和对人权(其典型形态双务合同之债)可以看作是为了调整对资源的利用关系而采取的不同策略。对人权策略直接明确:在特定当事人之间谁有使用权,每一方当事人可以对特定社会资源行使哪些权利。而对物权策略则通过两个步骤确定使用权:第一步,确认资源(物)的范围和资源的守门人和管理人(所有人);第二步,该主体有权决定(以一种几乎不受限制的方式)哪个人有权使用该财产。对人权的策略可能被称作决定谁有权使用资源的治理策略(governance strategy),对物权的策略可以被称作决定谁有权使用资源的排除策略(exclusion strategy)。治理规则以允许使用和限制使用的方式,明确具体地规定对资源使用的细节,包括权利人的状况和义务人的状况。排除策略是通过限制对特定资源使用的人口的方法来确定对资源的权利,它确定某一人或实体作为对财产的管理者

(所有人),并授权该管理者在开放的物的使用方式中进行选择。[①]

具体到资源利用的特定问题上,选择两种策略的哪一种,取决于在特定的情况下该种策略的优点和缺点。一般认为,以排除性为主要特点的策略对物权(以传统的物权为例)担负着重要的社会功能:第一,为长期利用资源的期待提供安全性和信用基础,并允许在长期使用资源过程中进行灵活的调整;第二,为决定哪一方有权利以契约的方式具体规定资源的用途提供基础;第三,根据资源的特定属性来确定剩余索取权人[②]的身份。并且,在复杂的社会中,人的数目和资源的数目都在增多,排除权规则能迅速成为决定资源使用的最有效的策略。对物权产生较低的信息成本,但有一个前提:财产(资源)本身必须被清楚地界定,这种界定必须为广大的人数不确定的义务主体所理解(依靠大多数人能够观察到的事实状态)。为使这种界定得到尊重,法律也需要对权利分配规则的遵守情况进行必要的监督。

对人权显然需要更多的信息收集成本:为了设立一个对人权,必须依照资源的特定用途详细地把权利义务关系规定下来,然后把这些权利和义务分配给确定的人。为确定这些,当事人所要做的交易是十分烦琐的。在对资源主张权利的人数目众多的时候,让多个人进行契约安排或达成一致不说是不可能的,至少也是成本昂贵的。另一方面,治理规则把特定的、使用资源的权利和义务授予特定的人,这样,治理规则就允许以一种非标准化的方式对资源进行更精确和更复杂的控制,扩大了当事人选择的空间。在外部性上,对人权产生较少的对第三人的外部成本(与对人权相关的信息成本被限制在由当事人自己承担的范围内)。而且,在有关的资源很难被打包为

---

① Thomas W. Merrill & Henry E. Smith, The property /contrcat interface, *Columbia Law Review*, Vol. 101., p. 789.

② 新制度经济学派经济学家巴泽尔认为,世界上有各种各样的资产构成,每一种财产都具备多方面的属性。由于正的交易成本的存在,财产的各种属性无法在合同中完全地反映出来。巴泽尔把这些不能被合同所包含的属性叫做处在公共领域,把能够从公共领域取得资产的属性的人叫做剩余权索取者。他认为能够更多地影响资源属性的价值的人会取得更多的剩余索取权。参见〔美〕巴泽尔:《产权的经济分析》,费方域、段毅才译,上海三联书店、上海人民出版社 1997 年版,第 4 页。哈特的一个贡献是发现了合同的不完备性是产生所有权的重要因素。为了解决合同的不完备性所带来的重新谈判问题,且当对方资产与自己的资产互补时,厂家将对方收购下来,也就是说,所有权是解决合同不完备性的手段。参见姚洋:《道德情操》,《读书》2001 年第 10 期,第 3—9 页。

容易测量、便于监督、范围明确的权利的时候,治理规则还有其独特的优势。这种治理模式可以成为法定的排除规则的补充。

将上述治理策略运用到行政特许领域,在有限自然资源和公共资源的利用问题上,物权与债权的治理机制均有其独特的作用。

由于这两类资源潜在的主张权利的人数较多,因此,首先运用排除策略确认资源的守门人和管理人——国家,由该主体决定哪个人有权使用该财产,这同时也限制了资源使用的入口。其次,为了使资源得到充分有效和合理的利用,运用治理规则把特定的、使用资源的权利和义务授予特定的人,可以明确具体地规定对资源使用的细节,包括权利人的状况和义务人的状况。在此,是否再次运用排除规则确定使用人对资源的权利,取决于资源本身能否被清楚地界定、界定的成本,以及运用排除策略的意义。现代的登记系统可以使土地及附着于土地中的各种自然资源、有限公共资源能够以较低成本进行分割和界定。并且,确认治理策略选定的资源使用人为独立的资源守门人和管理人,授予其排除权,一方面能够为资源使用人长期利用资源的期待提供安全性和信用基础,避免短期行为,从而有利于保护有限的自然资源,保持特定行业营业的稳定,维持关系国民基本生活的公共服务水准;另一方面,通过法律对权利的类型和边界的界定以及对权利分配规则的遵守情况进行必要的监督,可以更有效地防止第三人对资源利用权的侵害。可见,在行政特许中,治理策略可以完成对资源的分散利用。但通过排除策略的再次运用,赋予资源利用人排除权,将使权利明确且风险较低。简言之,债权可以代替物权的某些功能,但债权与物权毕竟是不同的权利,具有不同的利益、成本和风险。物权的有些功能是债权无法代替的。

在行政特许领域,通过"排除策略—治理策略—排除策略"的治理结构,形成了有限公共资源和有限自然资源从"物权—基于契约产生的权利—物权"的权利形成过程,而其中治理策略只能在第二次运用排除策略确立的权利框架内进行补充。因为,该种权利需要得到广大的人数不确定的义务主体的尊重,这种界定必须是清晰的,并且为广大的人数不确定的义务主体所理解。这就是英美法系上所谓的"标准化的权利应受到鼓励",或者大陆法系上的"物权法定原则"。

第二节　法定还是自由:特许物权的创设

物权法定是传统物权法的基本原则。所谓物权法定,通常是指物权类型和内容由法律明确规定。[①] 这是物权法定原则的基本内涵,但并非其全貌,除此之外还应把握另两层含义:(1) 物权法定需要明确的公示形式,正因为有了特定形式为依托,法定的物权类型和内容才能一致表现出来,否则,即使物权的类型和内容法定,社会公众也难以产生一致认识。(2) 物权法定中的"法"指向最狭义的法律,是指立法机关通过立法程序产生的制定法[②],并不涵盖行政法规、规章、习惯、契约等规范。

关于物权法定的缘由,通说认为,物权具有排他性,是民事权利中效力最强的权利,所以必须是社会公认的权利而不是当事人私自约定的权利。[③] 换成法律经济学的语言就是,因为对物权影响到开放的、大量的第三人,相关法律规则的设计应该努力使可能受影响的市场主体的信息成本负担最小化。标准化的权利应当受到鼓励,因为,权利形态的多样化会使第三人(这些人应当尊重如此设定的权利)的信息成本增加。这种标准的权利形态是不能被当事人更改的。

尽管物权法定原则对物权法具有最重要的意义,但是,存在于背后的法律僵硬性从其产生的一刻起,就一直困扰着它,对它的质疑或反思一直存在。特别是近些年来,随着我国《物权法》的颁行以及我国台湾地区"民法

---

① 如〔德〕鲍尔、施蒂尔纳:《德国物权法》(上册),张双根译,法律出版社 2004 年版,第 7 页;〔日〕我妻荣:《日本物权法》,有泉亨修订、李宜芬校订,五南图书出版有限公司 1999 年版,第 22 页以下;王泽鉴:《民法物权法》(第 1 册),中国政法大学出版社 2001 年版,第 46 页;孙宪忠编著:《物权法》,社会科学文献出版社 2005 年版,第 66 页。

② 参见史尚宽:《物权法论》,中国政法大学出版社 2002 年版,第 13 页。

③ 除此之外,学者梁慧星主持的民法典草案建议稿认为,物权法定的立法理由还包括:(1) 财产支配关系是一个社会存在和发展的基础,采物权法定原则,只认可和保护本国法律规定的物权,是各国立法发展的必然要求。(2) 物权是人们交易、交换的前提和结果,因此各种物权的内容的含义,在一国法律领域内必须统一,此为交易和交换所必须。参见中国民法典立法研究课题组(负责人梁慧星):《中国民法典草案建议稿附理由》(物权编),法律出版社 2004 年版,第 9 页。

典”物权编的修改,重新审视物权法定正当性的理论著述开始比较集中地面世。在既有的反思性作品中,有的从财产法的发展以及法律经济分析的视角出发,得出推翻物权法定,改采物权自由的结论①;有的着眼于我国的社会现实,主张对物权法定持警醒的态度,引入私法自治机制②;有的从检讨物权法定的功能缺失和制度缺陷入手,根据物权类型和功能的不同,提倡部分物权法定,部分物权自由③;还有的从体系化的视角分析了物权法定的缺陷,提出在公示基础上采物权自由立场,在立法技术上兼顾有名物权与无名物权。④

从治理机制上分析,特许权应为物权。当前,物权法定仍是物权法的基本原则,而理论界又是一片物权法定缓和之声,在此情形下,特许权是否应当“法定”,如应“法定”,其“法”又是指何种法源?

一、物权法定重构下的特许权

在市场经济中,为确保物权的效力与交易安全,需要立法对社会上存在的形形色色的物权进行整理。有学者根据物权类型的性质不同,以及在法律体系和整个社会中所扮演的角色和地位不同,将不同种类的物权分为基础性物权和功能性物权。基础性物权主要包括:(1)所有权、建筑物区分所有权;(2)基地使用权、农用地使用权与邻地利用权等用益物权;(3)典权;(4)水权、探矿权、采矿权、渔业权、驯养权、狩猎权等自然资源使用权。这些权利的“基础性”体现为四个层次:一是从根本上讲,这些权利涉及不同当事人之间的权利分际关系,与物权归属与占用关系密切相关;二是只有在基础性权利的基础上才能创设新类型的物权,功能性物权在创设时利用了基础性物权;三是只有基础性权利的边界明确,才能使财产流转关系变得流畅;四是明确的基础性物权是整个社会稳定的基础。⑤

---

① 如苏永钦:《物权法定主义松动下的民事财产权体系——再探内地民法典的可能性》,载苏永钦:《民事立法与公私法的接轨》,北京大学出版社 2005 年版,第 202 页以下。

② 如杨玉熹:《论物权法定主义》,《比较法研究》2002 年第 1 期,第 34 页。

③ 如梁上上:《物权法定主义:在自由与强制之间》,《法学研究》2003 年第 3 期,第 43 页;刘亚峰:《论无名物权的物权法保护》,《法商研究》2006 年第 2 期,第 9 页。

④ 常鹏翱:《体系化视角中的物权法定》,《法学研究》2006 年第 5 期,第 3 页。

⑤ 参见梁上上:《物权法定主义:在自由与强制之间》,《法学研究》2003 年第 3 期,第 53 页。

从经济学的角度分析，对基础性物权实行法定主义，能使人知道各种物权的标准内容，有利于减少财产关系中的信息成本，降低交易的缔约成本和监督成本。并且，只有基础性物权种类确定和内容明确，才能降低公示成本，使公示制度得以实施。因此，基础性物权的内容应该是社会普遍公认的统一的东西，作为原则，其种类和内容必须由法律来规定，而不能由双方当事人通过合同随意创设。

功能性物权主要包括抵押权、质权、让与担保和留置权。这些权利的功能性是指，在当事人之间设定这类物权并不是其直接目的，其根本目的是利用物的基础性权利来担保债权的实现。从某种程度上讲，这不是物权的重新创设，而只是对基础性物权的利用。总之，相对于债权而言，该物权是第二性的，其处于从属地位。为充分发挥物的效能，保障资源在不同主体之间的高效流转，应当允许创设功能性物权。但创设功能性物权也不是完全没有限制，主要条件有创设的功能性物权是建立在基础性权利之上的，有适当的公示方法，社会可以对此产生公信。①

二、公示对特许权物权化的影响

在物权法的诸多成分中，物权法定与物权公示的关系最为紧密。因为物权法定的一个很重要的功能，就是便于物权公示，以确保交易安全和便捷。② 物权法定引导着物权公示的方向，公示的对象必须是法律明定的物权，法定成了公示是否正当的首要标准。反过来，物权公示又是物权法定的决定性因素。抽象的物权要在现实中实现其绝对性和排他性，就必须有可被识别的外观形式，动产占有和不动产登记就承担了这样的使命，而且这些公示形式是刚性的，当事人不能擅自改变。长久以来，受制于它们的物理特性或操作方式和成本，公示的形式和效能非常有限，没有能力充分表现形态多样的物权。公示的有限性在某种程度上决定了物权法定的必要和物权种类的有限。但随着社会发展和技术进步，由《德国民法典》确立的单一的公示系统不断发生变化，许多国家和地区均根据自身情况审时度势，修改公示

---

① 参见梁上上：《物权法定主义：在自由与强制之间》，《法学研究》2003 年第 3 期，第 54 页。

② 参见王泽鉴：《民法物权》（第 1 册），中国政法大学出版社 2001 年版，第 45 页；谢在全：《民法物权论》，中国政法大学出版社 1999 年版，第 42 页。

系统，公示系统所具有的地方性和时代性特征日益突出。我国也是如此，有学者将我国公示系统的现实和趋势概括为：公示形式、公示事项、公示主体、公示方法从单一走向多元。① 公示系统从单一走向多元，标志着物权公示效能的扩大，与德国法的公示系统相比，现代的公示无论在形式上还是在内容上，均能反映更多的信息。

公示事项和方法的变化，使得债权也能很方便地获得与物权相同的外观形式，这在相当程度上模糊了物权与债权的区分，同时为新类型物权的产生提供了契机。对于基于法律行为的物权变动，债权和物权均基于当事人的意思表示而发生，物权是衍生于债权的权利，债权的实际履行结果就是物权的变动（且不言该意思表示是否应当区分为债权行为和物权行为，单就它们在实践中混为一体的常态观察）。在这个背景下，相对性的债权向绝对性物权转化的关键点，就是看债权相对人之外的第三人能否知悉债权的履行过程或其结果，如果第三人无从了解这些信息，基于不得为他人私设义务的一般道理，债权只能约束相对人；反之，如果不特定的第三人能充分获得这些信息，债权就能转化为对世性的物权。

在我国现行体制下，登记是一种典型的国家控制社会的手段，它除了承担维护社会稳定、保护耕地、维持国有资产、环境保护等私法体制外的价值目标外，还具有公示和表现物权的功能。在现代技术条件下，公示发生的变化为新类型物权的问世提供了通道。例如，动产抵押权的产生②、地下空间使用权的独立存在③、土地租赁权成为抵押权的标的④都是经登记由债权上升为物权的。

在行政特许领域，对特许权的登记，有的法律、法规作了规定，有的则没有作规定。但在实际做法上，授予行政特许都要求行政主体颁发相应的许可证件。从技术操作层面上看，颁发许可证与登记制度相去不远，稍加改造，发证制度就可以摇身变为登记制度。在这里，关键是完善相关立法，统一将权利登记作为行政特许的法定程序。因此，从公示与物权法定的关系，尤其

① 参见常鹏翱：《体系化视角中的物权法定》，《法学研究》2006 年第 5 期，第 9—10 页。

② 参见《担保法》第 42 条规定。

③ 参见国土资源部（国土资厅[2000]171 号）《关于地下建筑物土地确权登记发证有关问题的复函》以及（国土资厅函[2002]84 号）《关于跨越或穿越铁路用地土地权属问题的复函》。

④ 参见国土资源部（国土资厅[1999]222 号）《规范国有土地租赁的若干意见》第 6 点。

是现代公示系统对物权法定的影响来看，特许权完全可能通过登记公示的方式，让权利的内容为公众所知，从而为特许权从债权上升为物权打开通道。

三、特许物权法定之“法”

物权法定的含义之一，在于物权以民法或者其他法律所规定者为限，这里的民法是指狭义的民法，这里的法律是指宪法上所定狭义之法律。[①] 由于社会在不停地向前发展，而制定法的文本是静态的。物权法也面临着立法者有限理性、社会变动不居和制定法的稳定性的矛盾。社会的发展必将带来法律所给定的物权制度无法满足现实社会需要的结果。对这一问题，大陆法系的学说与判例往往用习惯来对物权法定主义加以缓和。[②] 国内还有学者指出，民法在整体上对外开放，其他成文法、习惯、法理等都是民法的法源，而物权法定将制定法作为决定物权形态的唯一力量，背离了民法体系的开放性，存在体系悖论。可行的策略是与民法其他部分的态度一样，将其他规范资源纳入物权法法源范围，依次作为法官弥补法律漏洞的依据。[③]

从实际情况来看，在我国，由于法律近年来才开始趋于完善，严格意义上的制定法存在诸多不足，为解决现实中的问题，司法机关通过司法解释和判例，行政机关通过行政法规、规章和命令，各个地方通过地方性法规和规章，不断地创造着新的物权。例如，我国司法实务经常出现居住权的判例，即在处理离婚纠纷时，为了维护房屋的整体功能，同时考虑到离婚夫妇不可能共有同一房屋的现实，也为贯彻一物之上只能负担一个所有权的基本原则，法院将原属夫妻共有的房屋判归一方所有，但基于另一方没有房屋居住的现实，还会在该房屋上为其设定继续居住该房屋的权利。[④] 再如，我国法律没有明确认可典权，但它存在于民间融资的交易实践之中，这得到了地方性法规（如《上海市房地产登记条例》第 43 条）和行政规章（如《城市房屋权

---

① 参见史尚宽：《物权法论》，中国政法大学出版社 2002 年版，第 13 页。

② 主要观点有物权法定无视说、习惯法包含说、习惯法物权有限承认说、物权法定缓和说。参见谢在全：《民法物权论》（上册），中国政法大学出版社 1999 年版，第 46—47 页。四种不同的学说有细小的差别，但共同之处是引用“习惯”概念对“物权法定”加以缓和。

③ 参见常鹏翱：《体系化视角中的物权法定》，《法学研究》2006 年第 5 期，第 12—13 页。

④ 参见刘东华：《离婚判决中女性的居住权问题》，载梁慧星主编：《民商法论丛》第 18 卷，法律出版社、金桥文化（香港）有限公司 2001 年版，第 254 页。

属登记管理办法》第 3 条)的认可。又比如,对于出租车营运牌照的转让问题,多数地方性法规将其作为普通行政许可,规定其不得转让,而深圳、上海、珠海等地的地方立法则规定了出租车营运牌照可以转让和设定抵押,创设了新的物权。这样,物权法定之"法"其实已经大大超出了制定法的范畴,涵盖了行政法规、地方性法规、部门规章、司法解释、判例等。

在物权法定及其缓和的问题上,笔者赞同这样的观点,即物权法定作为物权法的基本原则应当由物权法确立下来。同时,由于立法本身总是滞后于社会生活,特别是由于我国目前仍然处于社会转型时期,经济生活变动不居,法律体系还不完善,严守"法律"的概念会导致现实生活中一些新出现的权利得不到物权法的保护。为缓和物权法定的僵硬性,应当放宽物权法定的法源范围。① 但对哪些规范资源应纳入物权法定之"法",笔者认为,应当根据我国当前社会经济发展的状况,结合我国的立法体制来斟酌确定。

首先,习惯与法理都存在模糊性问题,不应成为物权法定之"法"。先看习惯,习惯是经过一定的时间于一定的环境中形成的,具有地域性特征和时间性要求。就习惯形成的时间而言,习惯是在什么时候确立的?一个习惯的确立需要多长的时间?就习惯的地域性特征而言,习惯在什么范围内有效?这些都存在疑问。再看法理,法理即法学理论,众所周知,理论上几乎对所有的问题都存在不同观点。而社会早已不可能再像罗马法时代那样,由皇帝来宣布几大法学家的理论具有法律效力并确定其观点的效力等级。在多种观点中如何取舍就成了大问题。可见,从本质上讲,习惯与法理都是极为模糊的概念,具有很大的伸缩性。而对于所有权等基础性物权而言,其内容直接规定物或特定利益的归属,是涉及整个私法制度的基础,将这些权利通过"法定"原则在法律中明文加以规定是必要的。并且,物权法定中的法应当限于制定法,因为只有制定法才含有确定的内容(当然,制定法也有法律解释问题,但至少在文本上是确定的),才能为公众所知。物权法定应当缓和,但对缓和的方式应采取审慎的态度,将习惯和法理纳入物权法定的法源是不妥当的。

其次,基于我国立法体制,司法解释、判例与规章不应成为物权法定之

---

① 参见梁上上:《物权法定主义:在自由与强制之间》,《法学研究》2003 年第 3 期,第 57 页。

"法"。在我国的法律体系中，司法解释和判例都不是正式的法源。而规章，尽管是正式法源，但却是我国法律体系中效力层次最低的一种法的形式。根据《宪法》和《立法法》确立的立法体制以及依法行政的要求，规章主要是为执行法律、法规而作出具体规定，不具有创设性的立法权。基于法治原则和尽量减少行政许可的考虑，《行政许可法》也没有赋予规章以行政许可设定权。① 因此，司法解释、判例和规章尽管曾在现实中创设过一些物权，但从物权法定的意图和我国现行立法体制来看，仍不宜在物权法中将其纳入物权法定的法源。

再次，在行政特许领域，将行政法规与地方性法规作为物权法定之法，有其实践基础和立法上的依据。《立法法》赋予了行政法规和地方性法规以创制性立法权。《行政许可法》也规定，对于可以设定行政许可的事项，尚未制定法律的，行政法规可以设定行政许可；尚未制定法律和行政法规的，地方性法规可以设定行政许可。在行政特许领域，我国目前制定有多部自然资源法律，但在这些法律中，有的规定了自然资源的有偿使用制度（《土地管理法》、《海域使用管理法》、《水法》、《矿产资源法》），有的还没有规定。在许可的发放方式上，除《土地管理法》和《海域使用管理法》规定了可以采用招标、拍卖等方式发放许可外，其他资源保护法都实行普通行政许可方式，即符合条件的就授予许可，在数量有限的情形下实行申请在先原则，先到先得。这种资源配置方式难以将资源配置到最有利用价值者手中，既缺乏效率，又不公平，还可能产生寻租问题。这些问题的解决可以通过修改相关法律进行，也可由行政法规和地方性法规先行作出规定。在有限公共资源领域，目前少有专门的法律。这主要是因为这个领域很多事项正处于改革探索阶段（如公用事业民营化问题），或者属于地方性事务（如对公交线路、出租车牌照、公共道路上的经营摊点等），或者两者兼具，不宜或者一时难以出台相关法律。因此，对有限公共资源的行政许可调整，主要是依靠行政立法和地方立法。这些法规中关于特许权权利内容的规定、设定抵押或质押的规定都具有法律上的效力。如果一方面认可其法律效力，一方面又不承认

① 为解决地方出现地方性的特殊问题，需要立即采取行政许可措施进行管理，而法律、行政法规未作规定，又来不及或者不需要制定地方性法规的问题，《行政许可法》赋予了省级人民政府设定一年的临时性行政许可的立法权限。总体上看，《行政许可法》没有全面赋予部门规章和地方政府规章以行政许可设定权。

其中规定的与物权相吻合的特许权为物权，则既不能满足实际需要，也不符合《行政许可法》的规定。目前，已有学者提出，为缓和物权法定的僵硬性，应当把行政法规纳入“法律”的范畴，使行政法规也可以创设物权，待物权法修改时再将其提升到物权法中。因为这有利于保护当事人的利益，也不违反《立法法》。并且，行政法规经过严格的立法程序和专家论证，相对于习惯，显然科学。[①] 本书认为，地方性法规有严格的立法程序和民主性、科学性要求[②]，因而对于某些地方性的行政特许事项，如果有地方公示系统的支持，地方性法规应当可以创设特许物权，在法规适用的地域范围内有效。

由于行政法规与地方性法规涉及法制统一以及中央与地方分权的重大问题，在从立法的补充性、创制性、民主性、科学性方面论证行政法规与地方性法规应作为物权法定之法的同时，还应在法制统一的原则下对这一问题作进一步分析。

传统物权法定理论认为，物权是人们交易、交换的前提和结果，各种物权的内容和含义，在一国法律领域内必须统一，此为交易和交换所必须。《立法法》也规定，“民事基本制度”属于国家专属立法权，只能由“法律”予以规定。这一规定的主要目的在于“维护和促进国内市场的统一”。[③] 因此，从法制统一的角度看，物权法定之法应仅指“法律”，至多放宽到在全国范围内统一实施的行政法规，地方性法规则因适用范围的地域限制而不宜纳入。对此，笔者认为应放宽视野，从我国改革和私权发展的特有方式的角度来重新考虑地方性法规在民事立法中的作用。

从改革开放实践来看，自 1978 年以来，我国形成了根据经济指标来对地方官员进行业绩考核和财政分权的中国式分权制度，地方政府在发展经

---

① 参见梁上上：《物权法定主义：在自由与强制之间》，《法学研究》2003 年第 3 期，第 57 页。

② 在立法程序上，《立法法》规定，行政法规由国务院常务会议或者全体会议讨论决定，以国务院令的形式发布。地方性法规由省级人大或者其常委会制定或批准。在立法过程中，要广泛征求和听取意见。对设定行政许可，《行政许可法》还专门规定，起草法律、法规草案拟设定行政许可的，起草单位应当采取听证会、论证会等形式广泛听取意见，并向制定机关说明设定该行政许可的必要性、对经济和社会可能产生的影响以及听取和采纳意见的情况。这些立法程序要求为行政法规和地方性法规的科学性提供了一定的保障。

③ 参见中国民法典立法研究课题组（负责人梁慧星）：《中国民法典草案建议稿附理由（物权编）》，法律出版社 2004 年版，第 9 页。

济方面有相当大的自主权。[①] 考虑到我们改革的起点是计划经济,从市场经济的改革取向和进程来看,突破原有的意识形态和法律限制应该带来更快的经济增长。实践证明,在实行中国式的分权制度之后,在地方间就形成了一个权利形式与经济增长之间的竞争实验:对政府追求经济增长的目标而言,私权的拓展和保护,越来越成为一个必要条件。正是在这种分权制度下,才使得渐进式的改革与私权的逐步扩张成为可能。换言之,我国私权扩展在很大程度上都是以地方政府违规(意识形态或者法律规定)的方式进行的,这是由我国经济转轨的起点(计划经济)和选择的转轨路径(渐进式而不是休克式)决定的。在转轨的起点,所有的规定都是维护计划经济制度的,而向市场经济转轨,也就意味着这些制度的废除。但决策者并不先知先觉地知道哪些规定必须废除,这就要求在规则被废除之前,有人先违反规则进行试验。如果说,经济转轨的最终目标是法治的话,至少在中国,转轨的路径恰恰是以非法治的方式或者甚至可以说违法的形式进行的。[②]

这就是学者们所谓的良性违法或违宪。这种转轨方式的优点,已经为我国的经济成就所证实,无需多费笔墨。但这种转轨方式的缺点,也是很明显的。一方面,地方政府已经习惯了违法突破的执政习惯和执政观念,从而在很大程度上漠视法律所施加的限制,由此延缓整个社会的法治进程。另一方面,在转轨的后期,出现比较激烈的权利之间的冲突,而地方政府完全遵循激励原则进行权利配置和权利保护,在制度上,私权是作为实现政府目标的手段——而不是作为实现个人目标的工具来——考虑的。这种功利主义的标准,无法实现权利的平等保护,也无法实现私权的真正独立。对此,学者们提出必须找到在制度上约束地方政府的方法,对当前的地方分权制度进行实质性的重构。对有效约束地方政府的方法,有学者建议建立行政法院[③],实务中

---

① 中国式的分权制度包括三个方面的内容:第一,地方政府在发展经济方面获得相当大的自主权;第二,根据经济指标来对地主官员进行业绩考核;第三,在财政上进行分权,在前期,实行所谓财政包干制;在后来,实行分税制。参见钟瑞庆:《渐进式改革与私权的发展》,《中外法学》2006 年第 6 期,第 655 页。

② 参见钟瑞庆:《渐进式改革与私权的发展》,《中外法学》2006 年第 6 期,第 655 页。

③ 参见马怀德:《行政审判体制重构与司法体制改革》,《国家行政法学院学报》2004 年第 1 期,第 57 页。

试行了督察制度[1]。笔者认为，在根本上，应当在立法体制中重构地方分权制。由于扩展和保护私权越来越成为地方政府可以选择的发展经济的手段之一，在立法权限上，应当赋予地方在民事方面有一定的立法权限，给予一定的空间，使地方立法在私权的扩展方面有所作为。如此，地方可名正言顺地根据地方经济的发展适时确立一些新型的民事权利，而不必再背负良性违法的"罪名"。这符合法治精神，也符合我国宪政体制对地方立法的定位——地方立法"对于我国这样一个地域辽阔、人口众多、各地政治、经济文化发展不平衡的大国来说，是非常必要的"[2]。

基于上述分析，笔者认为，《立法法》将"民事基本制度"作为国家专属立法权是必要的，这有利于维护法制的统一。但应当明确的是，作为专属立法权的不是所有的民事制度，而是民事基本制度。这意味着，一方面，要在民法典中确立和宣示各种类型的私权，确立所有权、债权、知识产权、特许权等权利的法律地位，明确这些权利的私权属性，从而为权利的独立和平等保护奠定基础，同时防止和约束地方对私权的任意干预和侵害。另一方面，又应保持民法典的开放性，由其他各种形式的法律进行补充。

具体到物权领域，物权的基本种类和内容属于民事基本制度，应当由法律规定，但在物权基本种类之下的具体权利类型应可以由行政法规和地方性法规作出规定。例如，《物权法》应当明确规定自然资源特许权为物权、有限公共资源特许权准用物权的规定。在此前提下，其他法律、行政法规和地方性法规可以依据《物权法》的基本规定，具体规定土地使用权、采矿权、渔业权、出租车营运权、公用事业经营权、公路收费权等单项权利。这既有利于因地制宜解决问题，调动地方扩展和保护私权的积极性，而又不致影响整个国家法制的统一。

四、对《物权法》及主要物权法草案相关规定的评价

近年来，物权法的制定是人们关注的焦点。目前，久盼的《物权法》业已

---

① 目前已在土地、环保、安全生产等多个领域建立了督察制度，其特点是，由中央相应的职能部门，按照大的地域划分派出常驻的督察局（中心），其人员任免和经费，都由中央财政负责，其任务则是监督地方政府，以使其在某个特定的方面，如土地或环保等，遵循法律或中央政策的要求。

② 乔晓阳主编：《立法法讲话》，中国民主法制出版社 2000 年版，第 34 页。

出台。此前,梁慧星教授、王利明教授各自主持物权法草案建议稿也已向社会公布。①

《物权法》以及梁慧星教授主持的物权法草案,严格遵循传统物权法定原则的内容,将物权法定之法限定于“法律”,即仅包括“物权法”本身和“其他法律”。② 王利明教授主持的物权法草案看到了传统物权法定主义存在的僵硬性,认为仅仅通过法律确认物权是不够的,该草案规定:“依法规、司法解释而形成的物权,如具有相应的公示方法可以认定其效力”。依本书的观点,物权法定原则应当坚持,但应放宽法定之法,将制定法中的行政法规和地方性法规纳入物权法定的法源。依此标准,则梁慧星教授主持的物权法草案失之过窄;王利明教授主持的物权法草案又失之过宽:将法规(包括行政法规和地方性法规)作为物权法定之法,没有问题,而将司法解释也纳入物权法定的法源则过于扩大了“法律”的范围。

诚如学者指出,物权法定主义发展至今,历经萌芽、茁壮、繁荣、开花与结果,在物权法领域中绽放着异彩,惟时变境迁,社会经济之需要,因时地而不同,物权法定主义之内涵,亦需随着社会经济之演变与需求,注入新生命,而不能一成不变。按物权法定主义之立足基础,既在于确保物权之特性,防止封建时代旧物权之复苏,以及便于物权之公示,以保障交易之完全。时至今日,前项功能已逐渐褪色,失其左右力量。因此,物权之新种类或不同内容,是否能为物权法定主义所容许,应是以其是否无违物权之直接支配与保护绝对性,以及能否公示,以确保交易安全为判断之基准。如符合此项基准,社会上又确有其实益与需要时,即可认为与物权法定主义存在宗旨无

---

① 当然,还有多位学者也拟定了自己的物权法草案建议稿并向社会公布,但无疑这两个草案及《中华人民共和国物权法(征求意见稿)》对最后出台的《物权法》有更大和更直接的影响,在此,仅对这三个文件关于物权法定中有关法定之法的内容加以评析。

② 《中华人民共和国物权法(征求意见稿)》第3条规定:物权的种类及其内容,由本法或其他法律规定。梁慧星教授主持的《中国民法典草案建议稿附理由(物权编)》关于物权法定的条款为:第223条(物权法定原则) 除本法和其他法律有明确规定者外,不得创设物权。第224条(违反物权法定原则的后果) 非依本法和其他法律规定的物权种类而设定的物权,不得认可其为物权。非依本法规定的物权内容而设定的物权,无物权的效力。物权的设定虽然无效,但该行为符合其他法律行为的生效条件的,许可其产生相应的法律后果。本法施行前,依原来的物权法规设定的物权,至原来设定期限届满之前有效。

违，当能透过物权法定缓和之运作，加以接受。[①] 就特许权而言，特许权具有对物（广义上的物）直接支配和任何人不得侵害或干涉的特性，能够通过登记进行公示，保障交易安全，在社会上有将其独立为物权的实益。因此，物权法应当将特许权确定为物权法上的物权。但为维系传统物权法的体系，对与自然资源有着同样肌理与功能的有限公共资源特许权，囿于物权之物为有形物的限制，不能直接定义为物权。

综上，结合对物权法定原则的诸多反思，本书认为，根据特许权的性质，对特许权应采法定原则；从现有的公示系统的进步来看，特许权能够实现法定；从我国经济生活的变动不居及与《行政许可法》的衔接来看，在行政特许领域物权法定之"法"应放宽到行政法规、地方性法规。

第三节　用益物权抑或准物权：特许权的定位

传统物权理论将物权分为自物权和他物权，后者又分为用益物权和担保物权。如果我们认为特许权应当法定为物权，如果我们仍然遵从传统的民法理论，面临的问题就是如何将特许权在传统物权体系中定位。

面对传统物权制度，有观点认为大陆法系物权制度陈旧，富于偏见，无力解决中国的实际问题，当代中国需要一个新的物权制度。以往的物权理论、制度和术语都只能是建立中国物权理论体系和实践模型的原始素材，如何取舍、改造、使用，要按照新的物权思路重新安排。[②] 这实际上是借用大陆法系物权法的壳另起炉灶。由于一切物权观念、知识和概念都有历史渊源，这种"旧瓶装新酒"方式隐含着巨大的制度变迁成本。

笔者承认，法学是研究各种芜杂的社会现实并试图寻找协调各种关系的方案的学问，力图保持一种反思的心态，不断追问固有的、被普遍接受的概念和原则的合法性（legitimacy）应当是学术研究的基本态度。并且，在新的历史条件下，大陆法系传统物权法理论确有其缺陷或不足。但是，我们必须看到任何法律制度都是一个复杂的内部系统，都保有一种经过长期实验、

---

① 参见谢在全：《民法物权论》（上册），中国政法大学出版社 1999 年版，第 46—47 页。

② 参见孟勤国：《物权二元结构论》，人民法院出版社 2004 年版，第 30—34 页。

调适和改进而形成的微妙和精细的平衡。实际上,大陆法系本身就存在这种自我辩解和自我修正的能力。比如在大陆法系的民法理论上,几乎每一个既定的原则都能找到例外。在民法典制定过程中,很多学者从我国的法制传统、现行的立法、司法、法律教育资源等方面阐述了我国采大陆法系的物权制度的必要性和可行性,并提出要依据社会经济条件的变化和中国的国情改进和完善传统物权法。笔者赞同这种观点。

用益物权是传统物权的一类,有其特定的内涵和外延,同时用益物权又是一个不断发展的概念和制度。自然资源特许权是传统物权法理论一个经久不衰的研究题目,学者们对自然资源特许权是否属于用益物权、哪些自然资源特许权属于用益物权观点不一。本节将通过对用益物权制度、物权法理论关于自然资源特许权的认识、特许权的权利内容和特点的考察,明确特许权在物权法中的定位。

一、用益物权制度概说

在民法传统的国家和地区,用益物权制度几乎与所有权制度一样历史久远。在现代社会里,用益物权制度是物权法的重要组成部分,它与所有权制度、担保物权制度及占有制度一起构成现代物权法的支柱。

在物权体系中,物权,是指对物的直接支配权。① 所有权为物权的典型,

---

① 物权的概念是民法学者争论不休、见仁见智的问题。有学者将我国台湾地区及日本一些主要学者关于物权的各种相互间大同小异的定义作了归纳,共计四类。这四类定义如拼图一般,在确定物权为"对物的支配"的条件下,将"享受利益"、"排他"或替换或合并,从而构成四类定义。参见梁慧星主编:《物权法研究》,法律出版社 1998 年版,第 17—18 页。有学者对物权定义中的"享受利益"和"排他"这两项条件进行了分析,认为这两项条件在物权定义中非属必须。主张物权应含"享受利益"者认为,如果仅将物权定义为"对物的直接支配"而不指出物权人对物之利益的享受,有可能使物权的定义被不当地适用于"财产管理权"(权利人同样得对物为直接支配但不享受由此产生的利益)。该学者认为物权为"对物的直接支配"是在物权法以及物权法定的语境下表述的,财产管理人对物的控制、管理乃至处分本身就不应被理解为物权法上所谓的"对物的直接支配"。关于排他性,该学者认为此处的"排他"应理解为"排斥"之意,某人支配某物,即排除他人支配之可能性,也就是"不允许互不两立的物权同存于一物"。这是由物权的直接支配性所决定的。对排他性所作的"物权人有权排除他人对于其行使物上权利的侵害、干涉及妨碍"的理解,实际上是物权的绝对性。而绝对性为一切支配权所具备(人身权、知识产权等),并非物权独有,不必在物权中明示。为此,物权的定义为"对物的直接支配权"。参见尹田:《论物权的定义与本质》,《中外法学》2002 年第 3 期,第 281 页。《物权法》对物权的概念表述为:"权利人依法对特定的物享有直接支配和排他的权利。"

是在法律限制的范围内对物的全面支配，称为完全物权。所有权兼具使用价值和交换价值。为发挥物的使用价值，得设定用益物权。为发挥物的交换价值，得设定担保物权。二者合称为定限物权。① 依通说，用益物权是非所有人在他人所有的物上享有的使用、收益的物权。②

关于用益物权的法律特征，可以从不同角度来分析。总体上看，用益物权作为他物权和物权的下位概念，具有上位概念的基本法律特征，即作为他物权具有受限制性、不完全性、派生性、有期限性的法律特征，作为物权具有法定性、支配性、排他性、对世性、优先性的法律特征。此外，需要指出的是，日本、我国台湾地区等只承认不动产为用益物权的标的物。之所以如此，是因为动产的种类繁多，数量亦至为零碎，而其价值又远较不动产为低，因而如需利用某动产，则仅可买为己有，即便是偶尔有利用他人动产的必要时，以借贷或租赁等债的方式就可以达到目的。③ 但是，从法理上说，在任何有使用价值的他人之物上均可设定用益物权。在法国、德国、瑞士等大陆法系的西方国家，其民法规定用益物权的标的物不限于不动产，用益物权仍可在动产或不动产上设定。因此，应当说用益物权的标的物主要为不动产，但不以不动产为限。④

---

① 参见王泽鉴：《民法物权》（第二册），中国政法大学出版社 2001 年版，第 3 页。

② 诚然，如何定义用益物权，我国学术界也存在细微的差异。例如，有的学者依用益物权的目的来界定用益物权的概念："用益物权是权利人对他人所有物享有的以使用收益为目的的物权。"参见梁慧星主编：《中国物权法研究》（下册），法律出版社 1998 年版，第 582 页。有的学者依用益物权的内容来界定用益物权的概念："用益物权是指权利人对他人所有物享有的以使用收益为内容的物权。"参见江平主编：《民法学》，中国政法大学出版社 2000 年版，第 394 页。还有的从目的和内容两方面来界定用益物权的概念："非所有权人以使用、收益为目的，在他人所有的物上享有的使用、收益的物权，即称为用益物权。"参见屈茂辉：《用益物权制度研究》，中国方正出版社 2005 年版，第 2 页。

③ 参见郑玉波：《民法物权》，三民书局 1992 年第 15 版，第 132 页。

④ 还有学者认为，用益物权的客体基本上为非消耗物，用益物权消灭后，标的物要以原状返回到所有权人。即使用益物权可以消耗物为标的物，在用益权消灭时，如不能返还原物，则返还与原物同种类、同品质、同数量之物，或者返还其价值。因此，非所有权人对他人之物在利用后不能返还原物的，就很难纳入用益物权体系。参见屈茂辉：《用益物权制度研究》，中国方正出版社 2005 年版，第 11—12 页。

学理上,依不同的标准,可以将用益物权分成许多不同的种类。① 其中,根据规范用益物权的法律渊源的不同,可以将用益物权分为民法典上的用益物权(或称民法上的用益物权)和特别法上的用益物权。特别法上的用益物权是指在民法典之外的特别法规定的用益物权。所谓特别法,是指有民法规范和行政法规范的综合性法律,如我国的《土地管理法》、《矿产资源法》、《森林法》、《水法》和《渔业法》等。② 这样,渔业权、采矿权、水权等自然资源使用权就是特别法上的用益物权。

在理论上,既然自然资源特许权属于物权,而物权必有自物权与他物权之分。所谓他物权,就是存在于他人财产上的物权。行政特许中的自然资源属于国家所有,特许权是存在于他人所有的自然资源之上的,自然不能叫自物权,只能叫做他物权。他物权又以对物的利用在使用价值还是交换价值,分为用益物权和担保物权。自然资源使用权是对他人的物的使用价值的利用,因此只能是用益物权。但是,对自然资源使用权是否当然归入用益物权体系、哪些自然资源使用权属于用益物权、用什么概念来概括这类权利,理论上都不无争议。

二、自然资源特许权的定位

在我国,涉及行政特许权的现行法,在自然资源领域,主要有《土地管理法》、《海域使用管理法》、《森林法》、《草原法》、《矿产资源法》、《水法》、《渔业法》、《野生动物保护法》。其中,《土地管理法》、《海域使用管理法》、《矿产资源法》比较明确系统地规定了国有土地使用权、海域使用权、探矿权和采矿权;2002 年修订的《水法》首次明确了取水权的概念和水权类型,但对其他水权仍未明确定名。而其他法律未从特许权人所享有的权利角度加以规定,而是侧重于行政管理层面的规制。学者从理论上概括的自然资源使用权主要有:国有土地使用权、放牧权、打草权、野生经济植物收获权、草地

---

① 根据用益物权的设定方式的不同,用益物权可以分为法定用益物权和意定用意物权。根据用益物权的存续期间长短不同,用益物权可分为有期限用益物权和无期限用益物权。根据用益物权人是否以支付代价而取得权利为标准,可以将用益物权分为有偿用益物权和无偿用益物权。

② 参见陈华彬:《物权法原理》,国家行政学院出版社 1998 年版,第 81 页。

使用权、林木采伐权、林地使用权、水产养殖权、捕捞权、狩猎权等等。[①]

传统用益物权建立在以土地为中心的不动产之上,即使依照传统物权理论,国有土地使用权属于用益物权也不成问题。而对其他自然资源特许权是否直接归属于用益物权,则观点不尽一致。

(一)用益物权说与准物权说

关于土地使用权以外的其他自然资源特许权的定位,一种观点认为,这些权利是物权,且直接称为用益物权。例如,我妻荣教授认为,在第二次世界大战之后,日本全面修订的渔业法为经营渔业的人强化了各种渔业权,矿业法则创设了租矿权此种在他人的矿区采掘矿物的用益物权,采石法则创设了采石权此种于他人土地上采取岩石的类似地上权的物权。以上这些,在广义上都不外是用益物权制度的扩大。[②] 史尚宽先生主张,矿业权、渔业权、水权为物权,而且明确水权为用益物权。[③] 梁慧星教授等学者认为,在我国,基地使用权、农地使用权、采矿权、取水权和捕捞权都属于用益物权。[④] 此外,还有一些学者通过不同的概念和体系对我国的用益物权体系进行了重构,将不同范围的自然资源特许权纳入了用益物权。例如,认为用益物权应为地上权、地役权、永佃权、典权(扩充范围)和用益权(包括现行的国有企业经营权和国有资源使用权)[⑤];用益物权应为地上权、自然资源用益权、统一的承包经营权、典权(扩充其范围)[⑥];用益物权应为使用权(包括土地使用权、采矿权、取水权、其他使用权)、地役权、典权[⑦];用益物权包括土地使用权、农村土地承包经营权、宅基地使用权、地役权、居住权、

① 参见屈茂辉:《用益物权制度研究》,中国方正出版社2005年版,第34页。

② 〔日〕我妻荣:《日本物权法》,有泉亨修订,李宜芬校订,五南图书出版公司1999年版,第30页。转引自崔建远:《准物权研究》,法律出版社2003年版,第29页。

③ 参见史尚宽:《物权法论》,荣泰印书馆股份公司1979年版,第414—415页。转引自崔建远:《准物权研究》,法律出版社2003年版,第29页。

④ 梁慧星主编:《中国物权法研究》(上),法律出版社1998年版,第73页。

⑤ 参见杨立新、尹艳:《我国他物权制度的重新构造》,《中国社会科学》1995年第3期,第86—91页。再如,认为用益权应为地上权(土地使用权就是地上权)、地役权、典权、用益权(包括现行的国有企业经营权和国有资源使用权)。参见房绍坤等:《用益物权三论》,中国民商法律网,http://www.civillaw.com.cn/article/default.asp? id=7614,最后访问时间2007年3月20日。

⑥ 参见屈茂辉:《用益物权制度研究》,中国方正出版社2005年版,第43—46页。

⑦ 参见李景丽:《中国用益物权制度的重新构筑》,《现代法学》1999年第2期,第47页。

典权、空间利用权和特许物权，特许物权又包括养殖权、捕捞权、海域使用权、取水权[1]。

另一种观点认为，这些权利属于物权，但不同于用益物权，在概念上称为“特别物权”、“特别法上的物权”，特别物权就是“准物权”。[2] 例如，郑玉波教授认为，物权，包括民法及其他法律（如渔业法、矿业法）有明文规定的物权。[3] 王泽鉴教授认为，特别法上的物权，包括矿业法规定的矿业权、渔业法规定的渔业权[4]，用益物权仅包括地役权、永佃权、地上权和典权。谢在全教授主张，矿业权为特别法上的物权。[5] 王利明教授认为，采矿权、探矿权等国有资源开发利用权为特别法上的物权。特别法上的物权不完全等同于用益物权，但从广义上讲，也可以纳入物权体系中并由物权法予以规范。[6]

在两种观点以外，还有学者通过在用益物权之上另设用益性物权的概念来解决这一问题。认为用益物权为传统物权法上的概念，包括基地使用权、农地使用权与邻地使用权。用益性物权则包括传统的用益物权、典权和自然资源使用权等。[7]

准物权说以传统物权法理论为基础，在说明矿业权等属于准物权时，其衡量标准是客体具有不确定性[8]，即矿业权等权利因不具有物权所要求的客体的特定性而不能直接纳入传统用益物权体系。王利明教授则认为，特别

---

① 参见王利明主编：《中国民法典草案建议稿及说明》，中国法制出版社 2004 年版，第 134 页。该草案用益物权一章包括土地使用权、农村土地承包经营权、宅基地使用权、地役权、居住权、典权、空间利用权和特许物权。特许物权又包括养殖权、捕捞权、海域使用权、取水权四类。但在其著述中，又认为养殖权与捕捞权性质不同，养殖权可以作为独立的用益物权加以规定，而捕捞权则应当作为准物权对待。似有矛盾。

② 陈华彬：《物权法原理》，国家行政学院出版社 1998 年版，第 81 页。也有观点认为，准物权根本就不是物权，如认为渔业权根本就不是物权。参见欧庆贤、陈美宇：《渔业权制度》，《中国水产》1993 年 7 月，第 487 页。但民法学界在准物权是否为用益物权上有争议，但认为至少属于物权。

③ 参见郑玉波：《民法物权》，三民书局 1988 年版，第 414—415 页。

④ 参见王泽鉴：《民法物权》，三民书局 1992 年版，第 6 页。

⑤ 谢在全：《民法物权论》（上册），中国政法大学出版社 1999 年版，第 52 页。

⑥ 参见王利明：《物权法研究》，中国人民大学出版社 2002 年版，第 613 页。

⑦ 参见梁上上：《物权法定主义：在自由与强制之间》，《法学研究》2003 年第 3 期，第 53 页。

⑧ 〔日〕我妻荣、丰岛升：《矿业法》，有斐阁 1958 年版，第 18 页。

法上的物权的客体表现为一种开发、利用行为，也就是说，它不是特定的物而是特定的行为。如采矿权，是允许公民、法人在特定的区域内，有权开采矿产资源的权利。因此，特别法上的物权不完全等同于用益物权。但是由于权利人在行使自己权利的过程中，必然会涉及对特定的国有自然资源的支配，这些权利的设定、移转也要遵循物权法的基本规则，所以它和物权特别是用益物权有密切的联系，从广义上讲，可以纳入物权体系并由物权法予以规范。[①] 同理，养殖权与捕捞权性质不同，捕捞权只是在特定的水面从事捕捞行为的权利，并不是直接针对物而享有的权利，也不是直接支配一定水面的权利，其所使用的水面也较难实现特定化。"养殖权可以作为独立的用益物权加以规定，而捕捞权则应当当做准物权对待。"也就是说，采矿权、探矿权、捕捞权不是用益物权，而是物权体系内用益物权之外的准物权。

概括起来，主张采矿权、探矿权、捕捞权等为准物权有两方面的理由：一是认为其权利客体是特定的行为，而不是物；二是认为其权利客体为物，但不具有特定性。试对这两点分析之。

（二）自然资源特许权的客体

1. 客体问题之一：物还是行为

在我国法学界，一般认为民事法律关系的客体是指民事法律关系中权利义务共同指向的事物，包括物、行为、智力成果、人格和身份等。[②] 近年来，我国一些学者主张民事法律关系的客体只有一个，即行为。[③] 对此，有学者指出，这种主张有两方面的不妥，一是过分强调客体的单一性，二是混淆了民事法律关系客体与民事法律关系调整对象的区别，误将社会关系控制的对象与民事权利义务指向的对象混为一谈。[④] 笔者认为，实际上，什么是权利的客体关键取决于我们如何定义权利的客体这一概念。如果将权利关系所规范的对象视为权利的客体，那么行为显然是权利的客体，因为只有行为才是权利法律关系所规范的对象。但这一界定可以说是毫无意义的。在民

---

① 参见王利明：《物权法研究》，中国人民大学出版社 2002 年版，第 613 页。

② 参见佟柔主编：《中国民法法 · 民法总则》，中国人民公安大学出版社 1996 年版，第 50 页。即将客体表述为物、行为和人的身体、生命、自由、名誉等等占绝对统治地位。

③ 参见马骏驹、梅夏英：《无形财产的理论和立法问题》，《中国法学》2001 年第 2 期。

④ 参见屈茂辉：《用益物权制度研究》，中国方正出版社 2005 年版，第 139—140 页。

法理论中,客体理论的意义正是在于确定权利的特点、内容以及救济方法,因而将客体视作权利义务所附或者权利保护的对象才符合客体理论的本旨。

前述将采矿权、探矿权、捕捞权视为准物权的进路之一就是认为这些权利的客体不是物,而是行为。国有自然资源使用经营权、养殖权是物权,因为其客体是物,即国有的土地、矿藏、水流、森林、山岭、草原、荒地、滩涂等自然资源。例如,养殖权是针对特定的水面进行使用而享有的权利,可以作为独立的用益物权加以规定。但特别法上的物权只是从事某种开发国有自然资源或作某种特定的利用的权利。例如,捕捞权只是在特定的水面从事捕捞行为的权利,应当作为准物权对待。[①] 这样,由于权利客体不同,自然资源开发领域的权利需分别定位于用益物权和准物权。

笔者认为,这一分析和论断不无问题,问题就在于没有用同一视角来观察所涉及的诸权利。以养殖权和捕捞权为例,如果认为养殖权是针对特定的水面进行使用而享有的权利,那么,对于捕捞权同样可以认为是针对特定的水面进行使用而享有的权利,因为捕捞权作用的范围也是一定的水域。反过来,如果认为捕捞权的客体是在特定水面从事捕捞的行为,那么,对于养殖权同样可以认为其客体是在特定水域从事养殖的行为。依此类推,还可以认为国有自然资源使用经营权的客体是对特定的资源进行占有使用经营的行为,地上权的客体是在他人土地上进行建设等利用的行为,永佃权的客体是对他人的土地进行耕作的行为,地役权的客体是对供役地的利用行为。不仅如此,顺着这一思路,可以认为所有的权利客体都是行为,因为从行为角度来定义权利,权利正是"可以为或者不为某种行为的自由"。这实际上落入了民事权利的客体都是行为的窠臼。如此一来,传统物权法上的用益物权也都不成其为用益物权了,因为用益物权的客体是物,而上述权利客体却是某种行为。

那么采矿权、探矿权、捕捞权的客体又是什么呢?已有学者作了相关的探讨。矿业权的客体,是一定的矿区或者工作区内的地下土壤和其中所贮存的矿产资源。水权的客体是由相应水权许可条件(如取水地点、取水方

---

① 王利明:《物权法研究》,中国人民大学出版社 2002 年版,第 613、627 页。

式、取水总量、水质、取水流量过程限制，等等）所限定的水资源。[①] 渔业权的客体，是一定的水域，在捕捞权场合，该一定水域包含水生动植物，但后者只是前者的构成因素，而非独立之物；在养殖权场合，一定水域中水生动植物为所有权的客体，并非养殖权的客体。狩猎权的客体则为一定狩猎场所，野生动物活动其中，但不是以同狩猎场所相并列的物出现，而是作为狩猎场所的构成因素，成为狩猎权的客体。[②] 由此看来，这些权利的客体仍然是物，权利的内容是一定范围内对特定的物直接支配。但是，作为这类权利客体的物在特定性上有其独特性。

2. 客体问题之二：是否特定

物权为对物直接支配的权利，因此物权的客体必须为特定物，即具体指定之物，未具体特定之物，例如，仅定有种类及数量之物虽可为债权之标的，订立债权契约，但不能以之作为物权的标的。法谚亦言："所有权不得未确定。"学者称此为物权标的之特定性。[③] 既有理论在说明矿业权等属于准物权时，其衡量标准是客体具有不确定性。[④] 如以此为标准，的确，某些自然资源特许权的客体在特定性方面，或许不具备，或许严格意义上不具备。前者如探矿权和引取河流或湖泊之水的水权等场合，探矿权的客体为特定矿区或者工作区内的地下土壤和其中所贮存的（局部）矿产资源，在特定矿区或者工作区内是否存在着欲勘探的局部矿产资源或曰矿物，有时甚至常常是不确定的，而水则更是无常形。后者如在渔业权的场合，渔业权以特定水域为客体，只有在舍去水质、水深、水温诸因素时，才可以说客体具有特定性；在狩猎权场合，狩猎权的客体为一定的狩猎场所，只有略去生态环境的因素，看到有形的场地，才能说具有特定性。沿用传统的物权特定性的标准，自然不能将自然资源特许权中的渔业权、探矿权、狩猎权、水权认作物权及用益物权，而只能界定为准物权。

要求物权的客体具有特定性，意在实现对物的直接支配。但对物的特定性的理解，不能机械和僵化。学者早已指出，此所谓特定物，仅须一般社会或经济观念为特定物即可，非必须为物理上的特定物，例如，分别共有物

① 刘斌：《我国水权制度探析》，清华大学法学院第二学士学位论文（2002 年），第 23 页。
② 参见崔建远：《准物权研究》，法律出版社 2003 年版，第 25—26 页。
③ 参见谢在全：《民法物权论》（上册），中国政法大学出版社 1999 年版，第 17 页。
④ 〔日〕我妻荣、丰岛升：《矿业法》，有斐阁 1958 年版，第 18 页。

之应有部分,虽非物理上之特定物,仍得为物权之标的。[1] 对传统民法理论中准物权客体的特定性,也有学者提出应发展出新的思维模式及方法,采用多视角模式、时空结合观、宽严相宜的弹性标准、注重客体内容构成因素变化的方法来观察和界定。根据这些标准和方法,如果通过特定的数量、特定的地域或者特定的期限等方式能使物权人直接支配客体,实现物权目的,就可以认定该客体具有特定性,至少在物权行使时具有特定性。[2] 这样,渔业权的客体为特定水域,在不考虑水质、水深、水温和水量等因素的情况下,具有特定性。狩猎权的客体为一定的狩猎场所,略去生态环境因素,应该说具有特定性。水权有多种类型:以特定的水域面积界定水权客体和单纯以特定地域面积界定水权客体的(以地下水作客体场合),在空间上有明确的范围,并由该空间确定用水量的情况下,水权客体存在特定性;在以一定水量界定水权客体和以一定期限的用水作为客体的,通过特定的数量或特定的期限能使物权人直接支配客体,实现物权的目的,可以认定该客体具有特定性。

3. 用益物权制度的发展趋势

解决了传统物权理论中所谓准物权的客体有其特定性问题,将之纳入传统用益物权体系应当顺理成章。自然资源特许权在整体上成为现代用益物权的重要组成部分,这也反映了用益物权制度的发展趋势。

现代物权法从"所有为中心到利用为中心"的发展趋势,使得用益物权制度在物权法中的地位日益突出。至今,大陆法系各国的立法通过各种措施强化对物的利用,法律规则的数量大量增加,法律理念上已不再是过分强调物的所有,而更多的是关注物的利用。用益物权是社会经济条件的一种法律表现,其种类和内容都随着社会经济的变化而变化。

首先,新的用益物权种类不断出现。用益物权的种类取决于人们对物的控制和利用程度,随着科学技术的不断发展,人们对物的控制能力大大增强,对物的利用程度日益加深,这就要求法律确认新的用益物权。例如,在罗马法中,只有地上权、永佃权和役权等用益物权,而在现代物权法中,除了这几种用益物权外,特别法中还规定了采矿权、水权等用益物权。在我国,由于我国经济体制与其他国家和旧中国的不同,用益物权种类亦

---

① 参见谢在全:《民法物权论》(上册),中国政法大学出版社 1999 年版,第 17 页。

② 参见崔建远:《准物权研究》,法律出版社 2003 年版,第 33—38 页。

出现新的形式,农村土地承包经营权即为典型的例子。同时,随着社会的发展变化,一些固有的用益物权逐渐消失。最明显的例子是永佃权。我国社会主义土地公有制建立以后,土地属于国家所有或集体所有,永佃权失去了存在的基础。而在我国台湾地区,自20世纪50年代实行“土地改革”以后,自耕农已占农户的大多数,永佃权已逐步消失,固有法院上的典权已趋式微,设定地役权极为少见。①

其次,与种类变化相联系,现代用益物权的客体已经从以土地为中心发展为土地、海洋和其他自然资源并举。传统民法上的用益物权主要以土地为立法的基本考虑,地上权、地役权、永佃权、典权等莫不如此。在现代社会中,土地之外的自然资源越来越重要,如矿产、水等资源就与土地相分离而成为独立的用益物权客体,海域就成为土地之外的另一种仅次于土地的不动产。与此相适应,原来的渔业权就面临彻底的变革,存在以渔业为目的的海域使用权和非渔业为目的的海域使用权的区分。

最后,用益物权内容不断扩大。正如一些学者指出的那样,随着人们对物的控制能力的增强和对物的利用程度的加深,不仅有新的用益物权种类不断产生,而且用益物权的内容也发生变化,呈现出不断扩大的趋势。② 比如,地上权从传统的地表向地下和空间发展,出现所谓的空间地上权;地役权也是一样,出现了空间地役权。③ 我国台湾地区在修正“民法”物权编时,就考虑了用益物权内容的这一变化趋势。第一,容许当事人关于用益物权的内容有广泛自由形成的空间;第二肯定用益物权的处分性,得为让与或设定抵押权,原则上不受任何限制;第三,明定同一标的上多种用益物权的并存性,以期能物尽其用,如在同一土地上得设定多数地上权。④

(三)特许用益物权的内容

自然资源特许权既属用益物权,则如何规定各种自然资源特许权的内容,是用益物权制度的基本问题。根据我国现行法,自然资源特许权主要有

---

① 参见王泽鉴:《台湾的民法与市场经济》,《法学研究》1993年第2期。

② 参见房绍坤等:《用益物权三论》,http://www.civillaw.com.cn/article/default.asp?id=7614,最后访问时间2007年3月20日。

③ 参见刘得宽:《民法诸问题与新展望》,1980年第2版,第35—36、65—67页。

④ 参见王泽鉴:《物权法上的自由与限制》,载蔡耀忠主编:《中国房地产法研究》第1卷,法律出版社2002年版,第38—39页。

建设用地使用权、海域使用权、探矿权、采矿权、养殖权、捕捞权、取水权、狩猎权、野生植物采集权、林木采伐权。为便于观察，王泽鉴先生整理了台湾和香港地区民法上各种用益物权的内容要点。① 本书借鉴其方式，将各种自然资源特许权的内容整理如下：

自然资源特许权	建设用地使用权	海域使用权	探矿权	采矿权	取水权
相关法律	《土地管理法》	《海域使用管理法》	《矿产资源法》	《矿产资源法》	《水法》
客体	不动产（国有土地）	不动产（海域）	不动产（特定矿区、工作区及赋存其中的矿产资源）	不动产（特定矿区、工作区及赋存其中的矿产资源）	不动产（局部水资源）
设定方式	申请—审批—签订合同—登记发证，或协议、招标、拍卖—签订合同—登记发证	申请—审批—登记发证，或招标、拍卖—登记发证	申请—审批—登记发证，或招标投标—登记发证	申请—审批—登记发证，或招标投标—登记发证	申请—审批—发证
许可证或权利证书	建设用地批准书（行政许可文书）、土地使用权证（权属文书）	海域使用权证	勘查许可证	采矿许可证	取水许可证

① 参见王泽鉴：《民法物权》第二册“用益物权 · 占有”，中国政法大学出版社 2001 年版，第 6 页。

用益物权		地上权	永佃权	地役权	典权
标的物		不动产（限于土地）	不动产（限于土地）	不动产（限于土地）	不动产（限于土地）
发生		意定 · 法定	意定	意定	意定
内容及效力	用益内容	使用他人土地，而有建筑物或其他工作物或竹木	在他人土地上为耕作或牧畜	以他人土地供自己土地便宜之用	占有他人之不动产而为使用收益
	对价	有偿或无偿	有偿：佃租	有偿或无偿	有偿：典价
	期限	有期或无期	永久	有期或无期	期限不得逾 30 年
	处分性	得让与、设定抵押权	得让与、设定抵押权不得出租土地	不得与需役地分离而为让与或为其他权利之标的物（从属性）	出典人得让与典物，典权人得让与典权、转典、设定抵押权
消灭事由（特殊事由）		期满 · 抛弃 · 撤销	撤佃 · 抛弃	土地灭失法院宣告	绝卖 · 留买 回赎 · 找贴

（续表）

自然资源特许权		建设用地使用权	海域使用权	探矿权	采矿权	取水权
内容及效力	用益内容	使用他人土地进行建设	使用海域并获得收益	在他人土地上进行矿产勘查（包括勘查权和土地占有权）	在他人土地上进行矿产开采（包括开采权和土地使用权）	从地下、江河或湖泊取水
	对价	有偿	有偿	有偿	有偿	有偿
	期限	有期（按用途分为40、50、70年）	有期（按用途分为15、20、25、30、40、50年，可续期）	有期（按类分3、7年，可延期）	有期（按规模分10、20、30年，可延期）	有期
	处分性	可转让、出租、抵押	可依法转让、继承；因企业合并、分立、合资、合作，变更使用权人需批准	完成最低勘查投入后，经批准可转让	因企业合并、分立、合资、合作、出售等变更企业资产的，经批准可转让	禁止转让
消灭事由（特殊事由）		期满・收回	期满・收回・吊销	期满・申请采矿权・撤销项目・吊销	期满・停办・吊销	期满・吊销

自然资源特许权		养殖权	捕捞权	狩猎权	野生植物采集权	林木采伐权
相关法律		《渔业法》	《渔业法》	《野生动物保护法》	《草原法》	《森林法》
客体		不动产（全民所有的水域、滩涂）	不动产（特定渔场）	不动产（一定狩猎场所）	不动产（指定范围的草原）	不动产（伐区或特定地点）
设定方式		申请—审批—发证	申请—审批—发证	申请—审批—发证	申请—审批—发证	申请—审批—发证
许可证或权利证书		养殖证	捕捞许可证	特许猎捕证、狩猎证	无	林木采伐许可证
内容及效力	用益内容	在他人水域养殖水生动植物	在他人水域捕捞水生动植物	在他人的土地上猎捕野生动物	在他人的草原上采集野生植物	在他人的土地上采伐林木
	对价	无偿	无偿	无偿	无偿	无偿
	期限	无期	有期	有期	无	无
	处分性	未作规定	禁止出租、转让	禁止转让	未作规定	禁止转让，但林地使用权依法转让的可同时转让
消灭事由（特殊事由）		撤销・吊销	期满・撤销・吊销	期满・吊销	撤销・吊销	吊销

三、有限公共资源特许权的定位

广义的有限公共资源是指基于政府管制数量形成的对自然资源以外的国家公产的利用机会。广义的有限公共资源属于制度资源,表现为各种市场准入机会,例如,供水供电等垄断行业的经营权、民用航空航线经营权、公交线路经营权、出租车营运牌照等等。有限公共资源特许权实际上就是政府授予的特许经营权。

与政府授予的特许经营权相对,还存在企业授予的特许经营权,两者合称特许经营权。企业授予的特许经营权是指:"一个企业(特许人)依照双方签订的合同,在一定的期限内授予另一个企业(被特许人)使用其专利权、商标权、商号、技术秘密等的权利。"①

特许经营权是民事主体因政府或契约的授权而获得的从事特殊商品或服务的营销的专营优势或特权,它作为一种民事权利已广为法学界所认同,但该项权利究竟归属于何种权利范畴尚存争议。② 笔者认为,判断包括政府授予型的特许经营权在民事权利体系中的定位,应从特许经营权的客体出发,因为"客体常常是对权利和义务进行分类的标志,它涉及对各种民事法律关系的定性"③。

(一) 特许经营权的客体

民法一般理论认为,民事法律关系客体是指民事权利和义务共同指向的对象。在民事法律关系中,一方当事人的权利常常是另一方当事人的义务,权利所指向的对象通常是义务所支配的对象,二者一般是相同的,民事法律关系的客体也简称民事权利客体。因此,探讨"特许经营权"的客体,可先研究"特许经营权"的具体内容,再通过"提取公分母"的方法来界定特许经营权的客体。

首先,看企业授予的特许经营权。特许经营权是特许经营人以支付特许费为代价,获得对特许权人的商标、商业名称以及整个企业的经营模式的

---

① 蔡吉祥:《无形资产》,海天出版社 1996 年版,第 15 页。

② 参见吴汉东、胡开忠:《无形财产权制度研究》,法律出版社 2001 年版,第 578 页。

③ 胡开忠:《权利质权制度研究》,中国政法大学出版社 2004 年版,第 137—138 页。

使用权等一系列权利。[①] 从特许经营人所获得的各项权利内容来看，这些具体权利的取得都是以“特许经营人”的这种主体地位（或者说是“身份”）的取得为前提的；换言之，通过授权成为特许经营人之后即可享有以上这些具体的权利。企业授予的特许经营权可解释为：基于特许权人赋予某一企业以从事特许经营事业的资格或能力，而使其获得的使用特许权人的商标、服务标志、商业名称等知识产权或整个经营模式来进行商品或服务的营销的权利。通过对这些内容的上位概念的提取（方法论上称为“公分母”），可以得出“企业授权——取得特许经营人资格——行使特许经营的具体权利”的公式。这表明，企业授予的特许经营权客体为“经营资格”。“经营资格”是作为法律所承认和保护的经营性资信利益，这种法律上的可接受性使其成为民事权利的客体。

其次，看政府授予的特许经营权。政府授予型的特许经营权是特许经营人通过政府特许的方式获得的在特定条件下从事特殊商品或服务的经营的权利。行政特许经营的前提是存在有关市场准入的法律和政策规定。公用事业由于具有规模经济[②]、范围经济[③]和次加性[④]的经济特征，而成为不

① 具体而言，特许经营人通过授权方式所获得的特许经营权包括以下内容：创设特许经营企业的权利；使用与特许经营事业有关的特许权人的商业秘密；要求特许权人提供信息、技术、经营建议及系统，或与特许权人一致的经营方法；在授权的地域范围内得以排除任何其他企业以同样的方式进行经营；在享有专有销售渠道的地域范围内得以排除任何其他企业使用同一销售模式；有权使用特许权人的财产性标记，包括商标、服务标志、商业名称等等；使用特许权的一整套经营模式来从事商品或服务的销售（又称“一揽子授权”）；在获得授权的固定时间内享有更新经营的选择权；要求特许权人提供与特许经营有关的营运操作标准的系统和程序；有权要求特许权人提供广告计划、促销手段、经营设计、固定资产和流动资金的配置、现金的流程、建立会计账目的方法和程序、开展经营的各项培训等等。参见 David J. Kaufman, An Introduction to Franchising and Franchise Law, *Commercial Law and Practice Course Handbook Series*, Practicing Law Institute 1992, Vol. 603, No. A4-4367.

② 规模经济（economies of scale）指厂商的平均生产成本随着产量的扩大而呈“递减”趋势。造成规模经济的最重要原因是厂商的固定成本，即不管厂商的产量是多少，这一成本始终存在。

③ 范围经济（economies of scope）指生产一定数量的两个或更多的产品时，与由不同厂家分别各自生产某个特定的单一产品相比较，由一家厂商来集中生产它们时，生产总成本更为低廉。这是由于在非单一产品的生产过程中，由于有时存在着共用设施和通用设备的情况，与分别生产这些产品相比，这时多项产品的集中生产的总成本较低。如果将短途和长途电话服务视为两种服务商品，那么就可认为存在范围经济：连接“市话交换系统”的网络同时也可以服务于长途电话通讯，如果由两家公司分别经营短途和长途电话服务就可能造成设施的重复建设，由一家厂商来集中经营短途和长途电话服务两种业务可以获得范围经济效益。在这里需要明确的一个重要概念是，规模经济与多种产品的共用生产设施相关，而与拥有或使用这类共用设施的厂商数量并无内在联系。

④ 次加性（subadditivity）指由一个厂商来生产商品 A 和商品 B 的全部产量时的成本低于由两个或更多的厂商进行生产的这种或那种安排。次加性同时包含“范围”和“规模”两个方面，并且意味着，无论从任何一方面考虑，单一厂家都是最经济的。

宜更多的厂商进入的高度自然垄断行业。政府传统上以一个管制协定的方式对此作出回应。在这个协定中,公共设施被允许以一个垄断地位向特定地区服务。政府通过亲自定价来限制服务价格,并对服务者课以其他义务。① 对于过度竞争的管制是基于这样的理念:在一些市场中,强有力的竞争者可以将价格降低到某一水平,足以使他们当中的许多人退出这一交易或降低他们产品或服务的质量。如果企业为了省钱而放弃安全预防措施或索要比在竞争更充分的市场条件下更高的价格,公众将受到伤害。例如,在交通服务领域,政府通过定价和市场准入来控制过度竞争。②

准入限制实际上就是管制机构在厂商进入特定市场时所施加的法律控制或限制。政府授予的特许经营权实际上是某种经营资格。因而政府授予的特许经营权可解释为:基于政府授予某企业从事特许经营事业的资格或能力,而使其获得的使用特定的公共设施、提供某种公共物品或服务的权利。政府授予的特许经营权同样具有"授权——取得特许经营人资格——行使特许经营的具体权利"的内在结构。这表明,政府授予的特许经营权客体也是"经营资格"。从"权利的本质均为一种资格"来看,可以说特许经营权是以权利为客体的。

（二）特许经营权的权利属性

对特许经营权的法律属性及应归属于何种权利范畴,存在争议。概括起来,主要有以下四种学说:

第一,利用垄断权说。这是法国学者提出的一种观点。"依标的的不同将无形财产权从总体上分为两大类,即经营垄断权(又可称为利用垄断权)

---

① 政府保留了垄断,因为由一个机构生产可以带来最低价格。它通过试图将价格控制在当市场存在竞争时可能的价格水平来保护消费者。参见 Leonard. Hyman, *America's Electric Utilities*: *Past*, *Present*, *And Future* 195—196(3d ed. 1988); Jersey Cent. Power & Light Co. v. FERC, 810F. 2nd 1168, 1189(D. C. Cir. 1987).

② 当政策分析家指出管制通过人为地提高价格伤害了消费者的利益时,交通服务的管制应被取消。参见 Richard H. K. Vietor, *The Hubris of Regulated Competition*: *Airlines R*,1925—1988, *in Rugulation*: *Economic Theory And History* 19—58(Jack High ed., 1991)(airlines). 最明显的改变发生在民航企业,管制的放弃被认为带走了有限的成功。消费者通过增加竞争获得了实在的利益,但竞争所带来的问题仍然存在。Steven A. Morrison & Clifford Winston, *The Economiac Effects oF Airline Dergulation*(1986); Alfred Kahn, Airlines Deregulation—A Mixed Bag, but a Clear Success Nevertheless, 16 *TRANSP. L. J.* 229(1988). But see Pau S. Dempsey, *Flying Blind*: *The Failure of Airline Deregulation*(1990).

和顾客权利。"[①]特许经营权作为无形财产权的一种,被归为利用垄断权之列。"利用垄断权"指明特许经营人是特许权人的商标、服务标志、商业名称或整体经营模式的唯一利用(当然排除处分权能)者,其权利可以对抗任何不特定的第三人。因此,作为"利用垄断权"的特许经营权是一种具有专有性的排他性的财产权,其权利人类似于所有人但又不同于所有人。

第二,经营权说。这是我国一些学者从市场营销学的层面上来理解特许经营权的一种观点。他们认为,特许经营权是"特许经营人对特许权人授予其经营管理的商标、服务标志、商业名称或整体经营模式等无形财产所享有的,在授权范围内进行经营性占有、使用和收益的权利"[②]。此学说还认为,特许经营权是在商标、服务标志、商业名称或整体经营模式等无形财产的专有权人的专有权基础之上所派生的权利;与传统经营权相比,特许经营权并不具备权利人可以对其使用的整体经营模式、商标等无形财产进行处分的权能。

第三,产权说。这是美国学者提出的一种观点。该学说认为:"特许经营权是一种产权,是产权主体对客体,包括有形物和无形物以及其他一切客体的权利;这种权利并不是某种单一的权利,而是一个权利束。"[③]其理由在于,根据新制度经济学的观点,产权是一种权利,从另一个角度讲,它是一种自由,"产权的法律概念就是一组所有者自由行使并且其行使不受他人干涉的关于资源的权力。不受他人干涉的选择权通常称为'自由'。因此我们可以把财产定义成法律制度,它把一组关于资源的权力分配给人们,也就把资源上的自由给了人们"[④]。从特许经营权的概念、客体等有关内容来看,此权利正是一种"在授权范围内,特许经营人对特许权人特定之无形财产的一种利用自由"[⑤]。而且,产权意味着经济上的价值,是可以交易的。特许经营权作为经营性资信权,当然能够给主体带来经济利益,将此权利的法律属性界定为"产权"符合其经济本质。

---

① 尹田:《法国物权法》,法律出版社 1998 年版,第 59 页。

② 向欣、孟扬:《特许经营:商业发展的国际化潮流》,中国商业出版社 1997 年版,第 1 页。

③ Lewis G. Rudnick & Joseph W. Sheyka, *General Franchising Considerations*, Oaib IL-CLE 9-1.

④ 〔美〕罗伯特·考特、托马斯·尤伦:《法和经济学》,张军等译,上海三联书店 1994 年版,第 125 页。

⑤ 高德步:《产权与增长:论中国法律制度的效率》,中国人民大学出版社 1999 年版,第 70 页。

第四,无形财产权说。这也是我国学者提出的观点。该观点认为:“特许经营权由于其客体的非物质性,其当然属于无形财产权。”[①]其无形财产权是指,一个大于知识产权范围的无形财产权体系,包括一切基于非物质形态(包括知识经验、经营标记形态、商业资信形态)所产生的权利。[②]

以上观点从不同角度提示了特许经营权的法律属性,在一定程度上明确了特许经营权的权利归属。利用垄断权说指明了特许经营权的支配性、排他性以及与所有权的类似性。经营权说指明了特许经营权的派生性和用益性。产权说表明了特许经营权的可交易性。无形财产权说则指出了特许经营权客体的非物质性。笔者认为,对特许经营权这些法律属性的揭示,有利于我们准确地确定其在权利体系中的归属。同时,对特许经营权应归属于何种权利范畴,不能脱离既有的权利体系。

在大陆法系,“财产权”概念具有特定的内涵,即财产权是相对于人身权而言的民事权利。除了传统民法里的物权、债权外,还包括当代的知识产权、股权、信托财产权利以及票据权利等民商事法律上具有财产内容的权利。并且,作为对物的支配性的物权是建立在有体物之上的。我国不仅在立法上而且在理论上继受了大陆法系的民事权利体系,因此,对特许经营权的定位应放在这一语境下进行。

首先,从特许经营权能够给主体带来经济利益的角度看,特许经营权属于财产权。其次,在特许经营中,企业授予型的特许经营人是特许权人的商标、服务标志、商业名称或整体经营模式的唯一利用者,政府授予型的特许经营人是对原本属于政府的提供某种产品或服务的专有权的利用者,权利内容是在授权范围内对无形财产进行经营性占有、使用和收益的权利,其权利可以对抗任何不特定的第三人。从这一角度看,特许经营权是一种具有专有性的排他性的财产权,属于支配权。再次,特许经营权是在商标、服务标志、商业名称或整体经营模式等无形财产的专有权人的专有权、政府对公用事业的专营权的基础之上所派生的权利,是一种在他人财产上的用益性权利。最后,从特许经营权的客体为无形物即权利的角度看,特许经营权为“准物权”。传统物权理论认为,物权的客体为物,因而将以权利为客体的物

---

① 吴汉东、胡开忠:《无形财产权制度研究》,法律出版社2001年版,第580页。

② 同上书,第45页。

权称为“准物权”。例如,我国台湾地区学者通常认为,权利质权为一种准质权。因为以财产权为标的物的质权,在性质上毕竟与动产质权有所不同,只能准用动产质权的规定。其法律上的依据是台湾地区“民法”第 901 条规定:“权利质权,除本节另有规定外,准用关于动产质权之规定。”①同样,权利抵押权为准抵押权,“权利抵押权者,系指以地上权、永佃权、典权、探矿权、渔业权等权利为标的物,而设定的抵押权”②。特许经营权的客体既然也是权利,循着这一思路,将特许经营权应定位于“准物权”或“准用益物权”。

特许经营权是一种支配性的财产权。这与美国学者提出的产权说相吻合,因为英美法中的财产权(产权)通常是指对物性的财产权利,财产权利中的对人性权利关系属于债法调整的对象。但在大陆法系,支配性财产权主要指物权和知识产权,而物权的客体为有体物,知识产权的客体为知识产品,因此,以权利为客体的特许经营权不能直接融于传统财产权体系。而大陆法系又是一个以体系化为生命的制度体系,它无法像后现代那样容忍财产权体系的“碎片化”,容忍特许经营权存在于制度之外。维系体系的途径有二:一是更新传统体系,二是在原有体系内解决问题。

“在民法学研究中,建立一个大于知识产权范围的无形财产权体系,以包容一切基于非物质形态(包括知识经验形态、经营标记形态、商业资信形态)所产生的权利”③的主张,以及在《物权法》及民法典中保留传统的所有权制度,但引入更高层次的财产权概念,并建立无形财产体系的思路,属于第一种解决方式。笔者认为,作为法学方法论的体系化,是完整的科学意义上的体系化,强调整体性,也强调合理性。④ 体系(包括法的体系)是人为之物,它不可能是完美无缺的,体系总结总是不周延的,每一种体系都面临被修正、被淘汰的可能。体系化是一个动词,它包含了“体系选择”的意味,即

---

① 参见郑玉波:《民法物权》,三民书局 1995 年版,第 320 页。

② 谢在全:《民法物权论》(下册),中国政法大学出版社 1999 年版,第 739 页。

③ 吴汉东、胡开忠:《无形财产权制度研究》,法律出版社 2001 年版,第 45 页。

④ 李琛博士将科学的体系化定义为“根据特定的选择依据把某个知识领域作为研究对象,寻求最合理的联结因素将知识组织成整体”。李琛:《论知识产权法的体系化》,北京大学出版社 2005 年版,第 6 页。学者黄茂荣先生将体系化定义为“取向于目的、设定所期功能,将知识或事务根据其存在上之关系、作用组织起来的方法,便于工作是体系化”。黄茂荣:《法学方法论与现代民法》,中国政法大学出版社 2001 年版,第 458 页。

不断地更新、完善体系的基础。[①] 但是,如果在引进其他原则和技术予以修正能够维系体系时,应尽量维系,因为体系化具有总结、发展、约束和移植功能,断然否定一种体系,其成本是高昂的。当然,这种修正总是局部的、个别的,不能因此否定体系的合理性基础。就传统物权法而言,其是以对有体物的直接支配为合理性基础的。而特许经营权具有支配性,但又具有以权利为客体的个性,其是否能融入以有体物为客体的传统物权法体系,取决于能否有适当的技术进行修正。在传统民法中,"准用"制度即是这样一种修正技术。根据《现代汉语小词典》的解释,"准"的含义之一表示"程度上虽不完全够,但可以作为某类事物看待的,如准平原",我国台湾学者所言的"准质权",即采此义。以此类推,可将特许经营权视为"准物权",即由于其客体为权利,虽不完全符合物权的定义,但可以作为物权看待,准用物权规定。因此,在特许经营权与无形财产权的问题上,本书以为仍以维系传统财产权体系为宜,特许经营权以准用方式纳入物权体系,而无形财产权仍专指知识产权。

小　　结

在物权与债权二元结构中,对自然资源特许权有物权说和债权说之别。从契约与意定物权的关系以及采矿权等权利在性质上是对物的利用上看,自然资源特许权应属于物权。从资源的治理策略上看,在行政特许领域,通过"排除策略—治理策略—排除策略"的治理结构,形成了有限公共资源和有限自然资源从"物权—基于契约产生的权利—物权"的权利形成过程。

物权法定是物权法的基本原则,物权法定缓和是当前的潮流。特许权为基础性物权,应采法定原则;从现有的公示系统的进步来看,特许权能够实现法定;从我国经济生活的变动不居及与《行政许可法》的衔接来看,物权法定之"法"应放宽到行政法规、地方性法规。

① 科学哲学家夏佩尔把科学的研究对象称为"域",域是能够被统一说明的,如果人们发现域无法通过某个统一的理论维持其整体性,域就会破裂。参见〔美〕达德利·夏佩尔:《理由与求知》,褚平、周文彰译,上海译文出版社 2001 年版,第 308 页。

对土地使用权以外的自然资源特许权在物权法中的定位,有主张用益物权者,有主张不同于用益物权的“准物权”者。后者的理由在于相关权利的客体是行为而不是物,或其权利客体为物,但不具有特定性。这两个理由均不成立,将所谓的准物权纳入传统用益物权体系顺理成章。从特许经营权能够给主体带来经济利益的角度看,特许经营权属于财产权。特许经营权以权利即“经营资格”为客体,在大陆法系民事权利体系的语境下,特许经营权为“准物权”。

第七章　行政特许的实例分析

——以出租车经营许可为例

出租车是城市交通工具的重要组成部分。随着经济的发展和城市现代化进程的加快,出租车在我国大中城市迅速发展起来。但近年来,许多城市出租车行业先后出现了纠纷事件,有关出租车司机生存状况的报道也频频见诸报端、网上。① 一连串纠纷或矛盾的出现,严重影响了城市管理者的声望,暴露了现行出租车管理模式和运行机制在市场化改革与进程中的脆弱。出租车问题引起了一些经济界学者的关注,展开了对出租车经营特许权和公司化经营的批驳,提出了放开个体经营、甚至放开管制实行完全竞争的对策。② 笔者认为,对出租车行业究竟应当实行许可管制还是放开经营,实行个体经营还是公司化经营,尚需从法与经济学的角度做些深入分析。

政府管制出租车市场的主要原因在于市场内存在信息不对称、需求无弹性和外部性等市场失灵现象,涉及经营主体、从业数量、租价、车辆和司机等事项,核心是从业数量管制。本章从现行出租车管理模式出发,结合《行政许可法》的规定谈谈当前城市出租车许可模式的利弊,分析、反思产生矛盾的内在因素,并提出改革建议。

---

① 参见王克勤:《北京出租车业垄断黑幕》,《中国经济时报》2002 年 12 月 7 日;王小飞:《"我出钱买的车,产权为什么归公司"》,《南方周末》2004 年 10 月 14 日等。

② 参见张曙光:《政府管制:管什么,怎么管——从北京出租车提价谈起》、《北京出租车业的垄断是如何形成的——评:"北京出租车业垄断黑幕"一文》,载张曙光:《经济自由与思想自由》,台海出版社 2004 年版;郭玉闪、余晖:《行政许可法与出租车行业之变》,《南方周末》2004 年 7 月 22 日。

第一节　数量管制

《行政许可法》第 12 条规定:“有限资源开发利用、公共资源的配置以及直接关系公共利益的特定行业的市场准入等,需要赋予特定权利的事项”为可以设定行政许可的事项之一。当前主要的行政许可法的著述通常认为,出租车营运许可属于有限公共资源的配置,如“特许适用的事项范围主要有有限公共资源的有效配置(如电信频率执照、出租汽车营业许可)”等。[①] 诸多论述径直认为出租车营运许可为公共资源的配置,对出租车营运何以为有限的公共资源并未论及,许可的正当性在理论上没有直接解决。相反,有观点认为出租车行业应当放开经营,由市场竞争机制来调节,《行政许可法》关于特许的规定“和出租车经营不搭界”[②]。本书认为,出租车行业究竟应当许可还是放开,需要从管制与自治的机制设计中寻求答案。

一、自由营运与数量管制

出租车营运为公民、法人或者其他组织利用其车辆从事收费载客业务的经营活动,在市场经济环境下,原本可以由具备条件的公民、法人或者其他组织自由经营、自由竞争,由市场调节出租车行业的进与出。为保证公众享受安全和价格合理、稳定的运输服务,政府可对车辆标准[③]、租价[④]等进行管理。关于是否应该限制出租车总量,在理论界和实践中一直存在争论。支持管制者认为限制进入可以纠正市场失灵。主要理由有:限制出租车总量可以缓解交通拥挤、减少空气污染、降低行业内的管理成本、保持供给的连续性和稳定性,从而保持价格和服务质量的平衡。具体说来由于出租车

---

① 张兴祥:《中国行政许可法的理论和实务》,北京大学出版社 2003 年版,第 80 页。另参见应松年、杨解君:《行政许可法的理论与制度解读》,北京大学出版社 2004 年版,第 182 页。全国人大常委会法工委行政法室:《中华人民共和国行政许可法释义》。

② 郭玉闪、余晖:《行政许可法与出租车行业之变》,《南方周末》2004 年 7 月 22 日。

③ 对出租车车辆的管理仅限于安全考虑,成立普通许可。

④ 出租车租价管制的原因主要是出租车在道路上运行,一般无法与消费者讨价还价,由出租车竞价也不可能,只能由政府根据成本加成来定价。这不是本书讨论的重点,在此不予深论。

主要在城市范围中营运，占用的是城市公共道路资源，营运的车辆多了，会发生交通拥挤和空气污染（外部不经济）；营运的车辆少了，又满足不了社会需要。市场机制无法解决自由竞争带来的问题，或者说解决这一问题的代价太大。因此，“放开”出租车行业，由市场自治不可行，由政府实施一定的数量管制是必要的。通过数量管制，实现出租车主经营安定，确保出租车运输服务这一准公共物品供给的水准，并使一般公众可以比较容易地获得该种公共服务。

当然，数量管制也存在一些弊端，一是限制进入导致牌照价格上涨，相应地增加了进入成本，并最终形成了乘客支付的价格；二是管制机构被行业所俘获而降低了消费者的社会福利。有鉴于此，20 世纪 70—80 年代中期，美国一些城市相继解除了对出租车行业的经济管制。随着环境的变化，城市出租车数量增加了大约 1/4 至 1/3 范围。有学者在调查了解除出租车行业管制的城市的情况后提出，解除管制后出租车平均价格上升，而服务质量下降，并未达到解除管制的预期效果。由于不少城市在解除管制后的情况非常糟糕，尤其是飞机场乘车问题非常严重，这促使这些城市相继恢复了对出租车行业的价格控制或进入限制。

从理论和经济分析来看，对出租车行业实施数量管制是必要的。而实施数量管制必须能够把握供求的平衡点，确定营运出租车的恰当数量，否则就会产生“政府失灵”。这是一个技术性问题，可以通过定点观察取得一个经验数据，3—5 分钟内能够乘上车即可，低于 3 分钟表明车辆过多；多于 5 分钟表明车辆过少，供给不足。也有专家通过分析城市人口的出行特征与出租车运营特征的关系，提出以空驶率作为确定出租车总量的测量方法，认为空驶率在 30%—40% 之间较好，过高造成资源浪费，过低则降低了服务水平。总之管制的数量不是政府的任意，而是由社会经济发展状况的条件决定的。

二、数量管制与有限公共资源

由于政府管制替代市场自治对出租车进行数量限制，出租车经营权就成为政府掌握的一种有限的公共资源，一种特许权，就像有限的无线电频率一样。其特征为：在性质上本来应该是共享的，在一定时间和范围内可以由不特定社会成员自由、平等使用（公共性），但当资源的享有者数量达到一定程度时，就会出现拥挤效应，不能再有新的或更多的成员进入，否则可能导致灾难性的后果，因而在数量上是有限制的（有限性）。出租车营运数量的有限性也为北京市出租行业发展的实际情况所证明，北京市曾在 1992 年提出“一招手能停 5 辆出租车的奋斗目标”，大办出租车公司，出租车迅速从当时的 1.62 万辆发展到 1994 年的 4.9 万辆，结果空车满街跑，服务质量差，市场秩序混乱，因而于 1996 年又提出进行总量控制，其后甚至宣布不再批准新的经营者和增加出租车数量。

出租车经营权既为有限公共资源，就可以通过设定行政许可的方式进行资源配置——经营权量的分配。

三、许可、垄断与利益调整

特许作为一种将公共物品私人化并排他性地分配给特定社会成员的资源分配方式，其产生的社会关系在一定时期内具有持续稳定性的特点，垄断会因此产生。这种垄断表现为两种形式：一种是完全排他性垄断，即一种资源本身在被使用时具有完全排他性的特点而只能由被许可人使用或者拥有，例如，特定土地的使用、商标或专利权等。另一种是部分排他性垄断，即已经享有该种资源的被许可人转化为一个相对固定的集团（尤其是在政府要对其采取不利的政策时）。“这种部分排他性垄断，典型的例子就是城市出租车营运许可。”[①]因此，在出租车许可管制中存在两种对立的利益：一种是公共利益，一种是经营者作为被许可人转化为垄断集团的利益。其中，公共利益是由政府作为管制者代表的。在管制中，政府的政策稍微调整，例如，提高租费或者增加许可的投放量，会给被许可人带来巨大的经济利益或者增大竞争减损其利益。因此，被许可人有强烈的动机与利益驱动去影响政府的决策，例如，持续游说提高租费或者采取强硬姿态抵制增加许可。而相对被许可人以外的社会公众，是分散的、未经组织起来的，并且政策调整的结果对每一个消费者的影响并不大。即使总体损害是巨大的，但高额的交易成本和搭便车效应，也使消费者个体没有动机和利益去影响政府的决策。因而两者博弈的结果，往往是政府按照被许可人的要求作出有利于被

① 应松年、杨解君主编：《行政许可法的理论与制度解读》，北京大学出版社 2004 年版，第 9 页。

许可人的决策。为避免上演"俘虏剧本"①,除了依靠行政官员的职业热情或司法的、政治的压力,更可靠的办法是拟订合理的管制目标和手段以及为未经组织的公共利益提供更为有效的代表,并增加行政过程的透明度。例如,调整租费应当事前公告,并采取听证等方式后再作行政决定;公开经过经验观察得出管制数量并以此为发放许可的依据。

此外,由于作为管制者的政府往往有其自身的利益,例如,通过非竞争、非公开的方式实施许可,为权力设租、寻租;或者任意增加许可投放量,谋取利益;或者为了提升城市形象的政绩需要,一味强调"换好车型,提高价格",减少公共福利等。为避免政府利用管制权利损害被许可人的利益和公共利益,通过政治的、立法的和司法的手段,遏制政府的"以权谋私"是必须的,其中最直接的约束来自于管制方式的具体构建。

实现出租车数量管制的基本思路有二:一是管控经营主体,只有具有出租车经营权的主体才可经营出租车业务,相应其所属车辆具有出租车经营权;二是管控出租车的经营权,只要取得车辆经营权并经工商登记后就可经营出租车业务。前者为主体管制模式,后者为车辆管制模式。

第二节 主体管制模式

一、主体管制模式的运作方式

主体管制模式的运作方式为,经营主体只要符合规定的条件,都可向政府部门申请出租车经营许可,经审批从政府部门无偿获得经营权。为实现数量管制,政府部门在审批主体经营权的同时,批准其出租车的指标数。主体经营权本身无期限限制,只要保持经营权许可所要求的条件,就与经营主体的存续相始终。由于主体的经营权是经审批取得并与被许可人的经营条件相关联,故不允许自由转让,只发生经营主体之间的并购问题。这一许可机制具有普通许可的一般禁止的解除性质、无期限性及取得的无偿性,同时

① 〔美〕理查德·B.斯图尔特:《美国行政法的重构》,沈岿译,商务印书馆2002年版,第24页。

为实现数量管制实行按受理优先原则[①]发放许可。

主体管制模式以北京与上海为代表。两者的差异在于，一是上海对个体经营者强制其委托公司形态的经营者经营，从而实现了全面的公司化经营，二是上海出租车公司与司机的关系既有承包关系又有雇佣关系，雇佣司机的收入是底薪加营业收入提成，即所谓的“公车公营”。据了解，目前我国85%以上城市的出租业的管制模式与北京相同（见图1）。

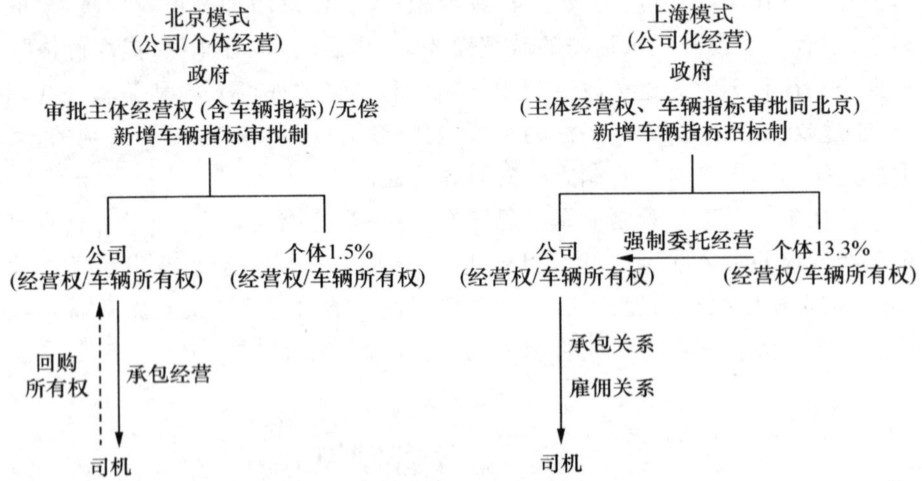

图1　北京、上海管制模式图

从便于管理的角度考虑，主体管制模式自始至终贯穿着规模化经营的指导思想。首先，在经营权取得条件中设定了车辆数量、场地、管理人员和制度要求，使得符合条件的基本上是公司，个体经营者仅占很小比例。其次，在管制过程中，又通过行政手段进一步推进规模化经营，例如，北京于2000年下令不足200辆出租车的公司由大公司收购；目前上海正在进行公司整合重组，提出最终出现7大公司。因此，主体管制模式是与公司化经营相联系的，而这种公司化经营实际上是被“法定”和人为促成的。

二、主体管制模式的弊端

主体管制模式设计的初衷是统一市场准入条件，把好市场准入关，在竞

---

① 受理优先原则即《行政许可法》规定的有数量限制的行政许可，两个或者两个以上申请人的申请均符合法定条件、标准的，行政机关应当根据受理申请的先后顺序给予许可。

争中壮大出租车行业，提升服务质量。然而事与愿违，经济学的分析和各城市的政策实践表明，主体管制模式由于许可机制的错误选择而弊端重重，引发了一系列问题。

第一，政府损失拍卖特许经营权的收入，且有违公平。在需要和实际实施总量控制的前提下，出租车经营权许可实际上是一种有数量限制的特许权。从世界各国的情况看，实施数量管制的常用办法是政府公开和直接拍卖特许权。我国《行政许可法》第 53 条也规定，行政机关应当通过招标、拍卖等公平竞争的方式实施特许。理由是：(1) 通过竞争机制的引入，保证资源配置的效率，尤其是在申请人的条件基本相同的情况下，应当采取招标或拍卖的手段来核发许可证，以维护公平。(2) 由于数量限制，并非符合条件者都能获得许可。相反，只有那些达到法定许可标准、符合特殊条件要求的少数人才能获得许可。因此，申请人获得许可，一般应当支付一定的对价，以平衡受益人与未受益人之间的利益关系。(3) 作为公共资源的使用者，获得许可的申请人应当支付资源的使用费。主体管制模式将本应拍卖的特许经营权以行政审批的方式无偿交给公司，结果公司名义上是统一经营，实际上通过承包经营将特许权卖给了司机（保证金、份子钱等就是取得经营特许权的代价）。拍卖特许权的收益落入出租车公司之手，对符合条件而未取得的经营者而言，公平也无从体现。

第二，扭曲了政府与公司之间的关系。由于公司从政府无偿取得了特许权，政府就有了直接干预企业内部事务，支配企业收入的权力。北京市政府下文要求企业给司机燃料补贴、通过行政手段重整公司，上海市由政府部门对出租车公司实行末位淘汰制、进行"重新洗牌"、强制改换车型、聘用驾驶员需经政府部门批准等措施就是证明。这使得政企关系与计划经济时代条件下没有本质的差别。

第三，扭曲了公司与司机之间的关系。主体管制模式下，实行的是所谓的公司经营体制，法规规定或政策要求出租车车辆的所有权和营运证归出租车经营公司，出租车不能买卖。在实际上车辆的出资人是司机的情形下，正常的经济关系因而发生颠倒和扭曲，出资人没有所有权，管理者却成为货真价实的所有者。出资人（劳动者）与公司的关系既非雇工也非承包，既非租赁也非合股，其资本收益和劳动报酬均无保障。

第四，许可自我增殖。许可自我增殖是指如果一项许可制度在其建立之时,没有采取措施防止可能产生的弊端,那么,旧的许可规制随着时间的推移会使负面的问题越积越多,并继而引发新的、更多且更复杂的许可规制。在主体管制模式下,原本仅是设定经营条件,鼓励进入市场,而后发现要总量控制,于是既管制经营主体又管制车辆指标;在出现变相卖车问题后,政府的管制又不得不一直延伸到了企业内部的合同关系,包括规定禁止车辆买卖、统一车辆价值保证金、营运收入保证金与承包金等。

第五,引发腐败,阻碍公民通过生产性的活动创造财富。出租车经营特许权利润丰厚,引致各类市场主体甚至政府部门、事业单位都意欲进入。但许可有限且又是通过非公开竞争的方式颁发的,于是产生私下授受和暗箱操作,引发腐败。并且,许可带来资源的不公正分配(即财富的"合法"转移),使人们将越来越多的资源和精力投入到影响行政许可权行使的活动中,从而无法激励公民努力通过生产性的活动创造新的财富。

第六,造成管制失败,无法产生良好的管制秩序。由于存在数量管制,而经营主体的经营权又无期限限制,因而一方面造成已颁发的许可与社会需要脱节,另一方面被许可人形成近乎完全性排他垄断,社会矛盾加剧。此外,政府为维系公司经营体制,多次下令禁止和整顿变相卖车,但明收暗卖仍然普遍;政府原本想通过管住出租车公司来控制出租车行业,公司却"以包代管,以罚代管"[①];由于多了公司一个层次,经营成本增大,结果黑车泛滥,非法营运猖獗。正如专家的形容,主体管制模式最终是"亏了国家,富了公司,坑了乘客,苦了司机"。

上海模式以其公司化规模经营和先进的技术手段被认为行业领先。本书认为,上海模式为保证公司实有车辆所有权和管理有序,不仅需要经营者有强大的经济实力,而且政府对公司管理的行政介入更深,例如,驾驶员的聘用需批准、经营者与从业人员的承包合同要监督等。它更多地体现的是一种国家借民间资本办出租的理念,实行的是计划经济管理手段,在根本上仍然存在主体模式的弊端。

在主体管制模式中,以实现"质"之管制的普通许可机制来实现"量"之管制的有限公共资源配置,必然衍生出分配不公、许可与社会需求脱节等矛

① 建设部、交通部、财政部、国家计委、公安部《关于清理整顿城市出租汽车等公共客运交通的意见》,1999 年 11 月 14 日。

盾。此外,政府依靠公司管市场的想法与做法与出租车经营个体化特点之间的矛盾又推波助澜制造了新的矛盾。对主体管制模式弊端的反思应当指向构建更符合市场经济规律,更有利于保护财产所有权利和经济自由的出租车管制模式。

第三节　车辆管制模式

一、车辆管制模式的运作方式

实现出租车数量管制的另一方式为车辆管制模式,以杭州和温州为代表。车辆管制模式的运作方式为,政府对附有期限的出租车经营权(即出租车营运牌照)进行拍卖或者招标,经营者有偿取得经营权并在办理工商登记后进行经营活动。出租车车辆管制模式的许可机制与主体管制模式的根本分野在于,其许可直接指向出租车车辆的经营许可,而不是指向符合一定的条件的经营者的经营许可。

在车辆管制模式中,杭州模式体现为主体管制模式与车辆管制模式的过渡,主要表现在,一是通过车辆经营权组合招标等方式,力图引导公司化经营,二是在经营者竞投取得车辆经营权后仍然要先领取主体出租车经营许可才能办理工商登记。温州对新增出租车经营权实行单个拍卖,取得经营权者基本为个人。取得经营权的个人可径直办理个体户工商登记,自主经营。温州模式对传统出租车管制模式的突破也就在直接拍卖车辆经营权并允许以个体户的营业形式经营,从而实现了经营主体的经营权、车辆所有权与经营权的统一(见图2)。

二、出租车数量管制的有效实现

基于上述分析,出租车数量管制的实现方式涉及了经营主体许可与车辆经营权许可模式、许可发放有偿与无偿、许可能否转让、许可是否附有期限、个体化与公司化经营等诸种机制的选择。本书认为,出租车管制模式的基本构造为以车辆管制模式为主体制度,以有偿竞争方式发放附有期限的许可,对个体化与公司化经营持开放态度。这一模式的建构理由及优越性

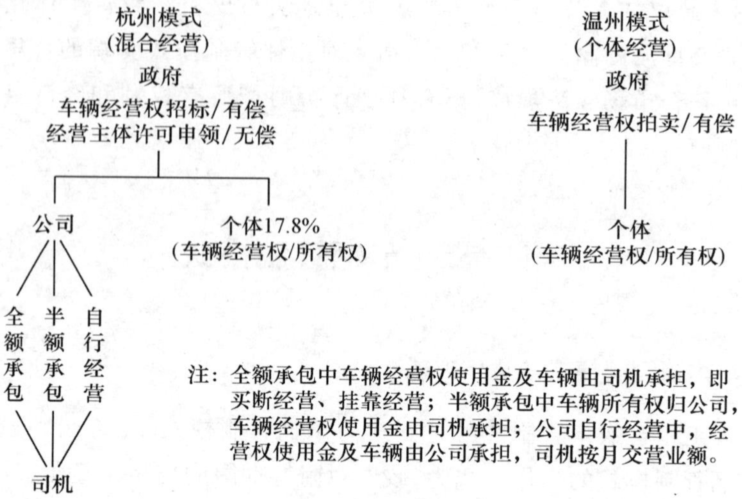

图 2　杭州、温州管制模式图

在于：

第一，实施车辆管制模式，能够直接实现数量管制目标。如前所述，对出租车行业实施的主要和根本管制是从业车辆数量的管制，因而直接在车辆经营权上设定许可是实现这一有限公共资源配置最有效率的方式。反之，主体管制模式下，主体经营权许可的功能是为市场准入把关，在经营者和车辆的数量上是开放的，它不能直接实现数量管制目的；但在仍必须实施的车辆数量管制的情形下，经营者和车辆的数量又都是有限的。得到蕴含巨大经济利益的有限资源者是当初未付出任何代价的抢占先机者。因此，以主体管制模式配置出租车数量资源只能带来资源分配的不公。

第二，以竞争方式有偿发放许可，保证公平配置资源。如前所述对因数量限制而产生的有限公共资源的配置应当通过平等竞争方式取得并支付相应对价。因此，出租车经营权许可不适用受理优先原则，而应当采取招标或者拍卖方式，由被许可人有偿取得，以维护社会公平，提高资源的使用效益。

第三，允许转让车辆经营权许可，提高资源利用效率。车辆经营权许可具有行政与民事的混合性质。按照德国的"两阶段法律关系理论"，这种混合性质可解释为：第一阶段是行政主体代表国家以公共资源所有者的身份向申请人颁发许可，而准许申请人从事利用公共资源的活动，属于行政法律关系，适用公法；第二阶段国家以特定的民事主体身份转让民事权利，因此，执行许可决定并由双方履行义务的阶段，属于民事法律关系，适用私法。出租车经营权许可所具有的民事权利性质，使其具有可交易性。此外，行政许可一般不得转让的原因在于，行政许可与持证人个人属性相关联，只有在申请人具有适当的品行、技能、素质，符合规定的条件时，才能获得行政许可，例如，律师执业资格许可。但是一些许可不是依据个人适格性或者个人技能，而是与土地、商号、车辆等紧密相连的许可则允许转让。例如，规划许可一般被认为是与地产紧密相连的，转让地产后，规划许可相应就可由取得土地的人承继。再如，美国、澳大利亚、新西兰等国家实行的捕捞配额制度，其颁发的捕捞许可证虽然是发给渔民等渔业经营者的，但其颁发的根据却是因为渔船而非渔民等渔业经营者，只有存在符合渔业法要求的渔船，该渔船的所有权人申请捕捞许可证时，渔业行政部门才会核发捕捞许可证。所以，捕捞许可证虽然不可单独转让，但当渔船转让时，捕捞许可证应该随该渔船的转让而转让，并且必须办理过户登记手续。同样，在出租车行业中，出租车的车辆经营权许可属于与特定车辆相连而可脱离被许可人人身属性的许可，即可以转让的许可。允许车辆经营权许可像商品一样自由交易，有利于缺少资源指标又需要利用该资源者可以通过交易或者受让取得，从而提高资源利用的效率。

第四，附有期限的车辆经营权许可，能够协调许可与社会发展之间的矛盾。对于如何协调已颁发的行政许可与社会需要之间脱节的矛盾，一种方式是撤回全部行政许可，但政府需要给予大笔补偿金；另一种方式，也是各国通常采用的办法，是规定特许的期限。为提高经济效益，防止被许可人形成垄断，在国外，有关招标、拍卖的许可都是附有期限的。期限届满后，政府可以另行招标、拍卖，或者根据实际情况增加、减少行政许可数量后再招标、拍卖，以此解决特许与经济社会发展之间的矛盾。在主体管制模式下，主体经营许可的无期性，必然造成许可与社会需求脱节、产生被许可人与意欲进入者之间的巨大矛盾。

第五，放开经营主体限制，能够降低经营成本。出租车经营者的经营形式属于自治范畴，是经营者的营业自由，不应也没必要作出法定或人为的限定。个体化与公司化的优势取决于社会经济发展水平和管理技术手段。在当前的社会经济发展水平下，个体劳动是出租车行业的经济技术特点：车辆是劳动工具，司机是劳动者，产品是向消费者提供代步和位移服务。由于人们出行方向、时间、地点和到达位置的无限多样性，决定了出租车业生产经营的特殊性：个别供给，分头消费，流动不居，毫无定时。个人的判断力和经验对于经营状况的好坏要负全部责任。因而出租车业最适合个体经营，即使采取公司化经营方式，也不能改变、无法改变出租车的个别运营特征。这就是推行公司化经营的北京模式下普遍存在变相卖车、明包暗卖，杭州模式下表面公司化实际混乱化，甚至上海模式中雇佣关系也是底薪加提成的经济根源。因此，在当前出租车个体经营仍然具有灵活和低成本优势的情形下，强力推行公司化经营只能重陷北京和杭州的矛盾与混乱局面。另一方面，经营形式的放开并不必然不利于公司化经营，随着社会经济的发展和管理水平与技术手段的提高，公司化经济管理的规模效益与品牌效益日渐突出，无需政府以行政手段兼并联合，经营优秀的企业自然将在竞争中“做大做强”。在走向高程度的公司化经营的过渡时期，还可能催生出专门从事出租车调度指挥的服务公司。这些都取决于市场的需要。

小　结

从便于管理的角度，管 1 千家出租车公司比管成千上万的个体户容易，管 7 家出租车公司比管 1 千家容易。在放开经营主体限制的车辆管制下，出租车行业管理考验着政府的行政管理能力和管理技术。在没有公司为中介的情形下，凭借完善的法律、法规和日益现代化的技术手段，也能够管好出租车行业：对违反出租车运营规定者按规定处罚，严重违反规定者，取消经营资格，购买特许权的价款不予退还；实行一卡制管理，由司机直接申报纳税、购买保险等。通过出租车管制模式的透视与构造，在管制与自治的关系上，仍然是那句话，让“政府的归政府，市场的归市场”。

第八章 《行政许可法》的创新与缺憾

2004年7月1日，经过7年艰难酝酿出台的《行政许可法》正式实施。《行政许可法》被认为是行政法领域的一部重要的“控权法”。笔者认为，《行政许可法》的立法宗旨和意义不仅在于规范政府治理社会的行政行为，建设有限、理性、负责的政府，更在于扩大市民社会自由、自主的空间。在诸多公法法治观念凸显的气象之下，《行政许可法》还流贯着一股私法精神。

《行政许可法》关于“听证”程序的规定、“招标拍卖”等公平竞争机制的引入、“信赖利益补偿”制度的建立，构成了该法特别闪耀的三大“亮点”。本书将以这三大制度创新为主线探寻行政许可的私权潜能，揭示许可管制与私法自治空间的消长关系，同时检视《行政许可法》的实施状况，提出其立法创举中的遗憾及面临的实践挑战。

第一节 听证程序：行政权力的软化与听证方式的挂一漏万

一、听证的引入——从一般听证到许可听证

听证在行政法领域中是指，行政主体在作出行政行为过程中听取当事人的意见，尤其是行政主体在作出不利于当事人的决定之前，应当听取当事人的意见。

听证制度是现代行政程序制度的核心，在美国、英国、德国、日本、法国等许多国家行政管理中被广泛运用。对于行政许可，在过去，一般认为听证的实际意义不大，主要考虑是申请人通过其申请及理由陈述已经得到了表述意见的机会。随后，这一观念有所改变，在英美等国，开始区分特权与一般许可，认为前者不适用听证，后者则适用。现在，随着对行政许可性质认

识的改变，人们普遍认为，行政许可直接影响公民、法人或者其他组织的生产经营活动和生活，不取得行政许可，公民、法人或者其他组织就不能从事特定活动，也就不能通过一定行为取得利益，仅此一点就要求听证成为行政许可的一项原则。因此，许多国家都规定，作出特定的行政许可决定时，需要通过听证。

在我国，1996 年制定的《行政处罚法》第一次规定相对人有请求听证的权利。随着《行政处罚法》的实施，在我国行政管理中，听证观念已广为接受，听证的制度建设已有较大发展。这些都为在《行政许可法》中引入听证程序创造了条件。在此基础上，《行政许可法》在行政许可实施程序中专门安排了一节规定行政许可的听证制度。

二、听证的价值——行政权力的软化

听证制度作为行政程序法的核心，有其无法估量的价值和意义。一般认为，在行政许可实施程序中设置听证程序，有利于提高行政许可的公正性、公开性和可接受性。一方面，听证为申请人和利害关系人提供了一个平等的陈述意见和申辩质证的机会，既保证了其平等参与的程序权利，又可以有效地保护其实体利益。另一方面，通过听证程序听取利害各方的意见，便于行政机关作出正确的行政许可决定，防止偏私和专断。事实上，听证的价值远不止于此。笔者认为，听证制度不仅有利于提高行政效能、确保依法行政，更重要的在于使每个利益受到不利影响的人都有权参加行政决定的过程，虽然他们无法决定最后的决定结果，但是他们的参与使得决定朝着有利于自己的方向发展，从而体现出一种行政权力软化——妥协性的趋势。

从世界范围看，自 20 世纪尤其是二战以来，行政权力软化已成为行政活动过程中引人注目的现象。行政权力软化主要表现为政府在作出行政决定之前，学会了与受不利影响的个人或者组织交换意见，就行政决定的具体内容进行妥协性的谈判。这种妥协性谈判的制度性依托就是从司法程序中引入的行政听证。

我国《行政许可法》明确规定了行政许可的听证程序，正是软化政府行政权力的一种制度性安排。它要求政府在作出是否同意许可申请的过程中，学会妥协性行使行政许可权。在行政许可决定之前，政府应当尽可能地多听听利害关系人的意见；在行政许可决定作出之后，无论是否准许申请，应当给出令人信服的理由。政府在行政许可过程中是以理服人而不是以力服人。

《行政许可法》关于听证的规定,为行政权力与公民权利之间的良性互动提供了制度渠道。形成权力与权利的良性互动,一方面要求政府懂得行政权力软化的意义,尽可能抹去行政权力行使过程中的支配性和强制性,学会通过与公民沟通的方式行使行政权力,使政府的权力变得让人可以亲近。另一方面,公民这一边也需要回应政府方面的努力,成为具有参与意识的理性公民。而在我国,"国家至上",运用行政权力向社会发出说一不二的行政命令的观念至今仍然存在于各级政府许多官员的意识之中。在公民方面,从历史上看,凡是专制体制下成长起来的公民一般都比较缺乏理性。政府与他们之间的对立使政府的权力经常处于高压状态,公民没有机会参与政府权力的行使过程,只能被动、消极地接受政府权力的行使结果。我国在1949年之前,社会公民便是这种生存状态。1949年之后新的社会制度原本可以培养出理性的公民,但由于政治体制仍未实现民主化、法治化,理性的公民群体仍然没有生成。在这一环境因素前提下,《行政许可法》的实施除了政府需要转变思想观念外,公民也应回归理性,成为具有自主意识的公民。

行政权力的软化与公民的参与意识如何培育?笔者认为,除公法上的宪政观念的贯彻外,更有赖于私法精神进一步扩大张力,春风化雨般地向政府输送平等观念,为公民强化自主意识。行政权力与公民权利的良性互动表现为双方都能充分考虑对方活动的价值目标,从而使各自所追求的利益达到最大化。同时,由于对立面的存在,各方的活动一旦偏离预定的规则,将会获得及时的纠偏。这本身已蕴含有私法精神的因子。而政府与公民两方面良性互动品格——更多的平等、参与、协商、沟通——都根植于私法精神的浸染。因此,夯实私法的根基,塑造和张扬私法精神,对我们这个缺乏私法传统,政府与公民都未接受过私法启蒙的社会至关重要,这不仅有益于公民私权利的实现,也有助于为行政权力与公民权利之间的良性互动打下坚实的基础。

行政许可作为现代政府管制社会的一种基本手段,调节行政权力与公民权利之间的关系。因为行政许可具有授益性,所以与具有惩罚性的行政处罚以及"减益性"的行政收费相比,行政许可给政府以"善"的面孔,因此更容易为公民接受,它更能调动行政权力与公民权利之间的良性互动关系。行政许可听证程序将是私法精神由自治领域延伸至公民与政府交往领域的一个制度安排。

三、听证程序规定——挂一漏万

在国外,为适应不同行政行为所要求的不同正义,听证的形式主要区分为"公听会"、"听证会"和"个别听证"。一般而言,当行政行为需要广泛听取众多当事人或不特定范围内的民众意见时,应召开公听会(类似立法听证);如果行政行为涉及相互有争议的多个当事人时,召开适当规模的以辩论和质证为主要内容的听证会;而当行政行为涉及单个或相互无争议的多个当事人时,则进行个别听证。而我国《行政许可法》在听证的方式和内容上虽然规定了"听证会",但在听证的方式和程序上却都挂一漏万,未能周全。

(一)"公听会"程序缺失

《行政许可法》第46条规定:"法律、法规、规章规定实施行政许可应当听证的事项,或者行政机关认为需要听证的其他涉及公共利益的重大行政许可事项,行政机关应当向社会公告,并举行听证。"很明显,这里的"听证"应被解释为"公听会"。例如,《公共文化体育设施条例》规定,因城乡建设确需拆除大型公共文化体育设施或者改变其功能、用途的,有关地方人民政府在作出决定前,应当组织专家论证,举行听证会,听取公众意见。

公听会除应当遵循"听证会"的一般规则外,其程序设置的重点是如何充分保证社会公众陈述意见的机会。而《行政许可法》关于听证程序的规定实际上是以争议当事人辩论和质证为主要内容的"听证会"程序,其程序设计未能涵盖"公听会"的特殊要求。参照国外公听会程序,笔者认为,行政机关应尽量设法使各种不同意见能在公听会中发表出来。在公听会召开的合理时间之前,行政机关应当就举行公听会的时间、地点、公听会的主要内容、关于发言者的事项(包括公听会中陈述意见的范围)、发言申请方法与申请期限等必要事项予以公告。在公听会上陈述意见的人的人数有必要限制时,行政机关应在尽量容纳各种不同意见的方式下公平地选定发言者。此外,在公听会主持人和会议发言、公听会中提出的事实和意见的处理上都还有一些区别于听证会的特殊规则。

（二）"个别听证"缺席

《行政许可法》规定了对"行政许可直接涉及申请人与他人之间重大利益关系的"，申请人、利害关系人有要求听证的权利。而对行政机关作出不利于"单个"被许可人的变更、撤销或撤回许可的决定，是否应当举行听证，《行政许可法》保持了缄默。从理论上讲，这种变更、撤销或撤回的决定，往往影响到被许可人的合法权益尤其是财产权。因此，行政机关对行政许可作出不利于相对人的变更、撤销或撤回的决定，应保障相对人享有听证的权利，使其能在行政机关面前陈述理由，为自己的利益辩护。行政机关作出严重影响被许可人合法权益的变更、撤销或撤回行政许可决定时，应当告知被许可人有举行听证的权利。被许可人要求听证的，行政机关应当依法组织"个别听证"。

（三）"审判"型听证会程序不全

《行政许可法》规定了"必须根据听证记录作决定"的"审判"型听证，并专门规定了其实施程序，但其程序的设计仍存在不少问题。例如，听证通知的内容规定不全、确定听证时间与地点应遵循的原则不清；一律公开听证过于绝对；关于回避的规定存在重大缺失；有关听证主持人权力与当事人权利的规定模糊等等。这些缺失和遗漏不利于听证程序的有效采用和顺利进行。

第二节 行政特许：私法方法的运用与特许的滥用

一、私法竞争方式引入特许

《行政许可法》第 53 条规定：涉及有限自然资源开发利用、公共资源配置以及直接关系公共利益的特定行业的市场准入等，需要赋予特定权利的许可事项，行政机关应当通过招标、拍卖等公平竞争的方式作出决定。除法律、行政法规另有规定的，依照其规定。对于特许事项，《行政许可法》的规定非常明确，原则上必须通过市场化方式进行配置。

在特许权的配置中引入招标、拍卖等公平竞争的市场化方式，是各国"放松管制"改革浪潮中的一个成功经验。特许的对象主要是有限自然资源或者有限公共资源，前者如矿产资源、水资源，后者如公共汽车运营线路、民航飞机航线等。对于有限资源而言,采取招标、拍卖等公平竞争方式发放,有利于防止暗箱操作,遏制权力寻租,并且有利于解决管制信息不对称问题,优化资源配置。因此,《行政许可法》能够引入市场化方式配置特许可以说是一次巨大的观念创新和体制创新。

二、特许配置方式单一

在提高资源配置效率、控制行政机关的自由裁量权、从源头上防治腐败方面,招标与拍卖方式具有正当性。但是,必须注意到,将作为私益物品配置方式的招标和拍卖引入许可的配置中,并不意味着绝对的公平。首先,这两种方式都是以金钱作为择优的标准和主要考虑因素,就使公益物品成为只有有钱人才能获得的特权,对于弱势人群来说明显不公。正如西蒙娜·薇依所说:“在把金钱当成各种活动唯一或几乎唯一的动机时,把金钱当成衡量一切事物的唯一或几乎唯一的尺度时,人们到处都下了不平等的毒药。”①其次,在引入市场机制方式配置特许的范围上,各国目前仍处在探索阶段。欧洲国家适用的范围比较小,美国适用的范围相对更广一些。但是,不论是适用范围有多广,至少目前还没有任何一个国家将市场化方式适用于所有的特许权配置。许多国际管制研究专家对市场化方式配置特许本身抱有怀疑态度,认为市场化方式只能解决准入环节上的问题,并不能解决准入以后的消费者福利最大化与服务质量等问题。② 在欧洲,3G 牌照通过拍卖方式配置以后,因为价格过高所造成的影响至今仍难以消除,直接制约了新一代移动通讯技术的采用。在南美一些国家,公用事业通过市场化方式开放给外资进入以后,在后续环节上也出现了许多问题,甚至直接导致政局的动荡。在我国,国有土地使用权出让一律采用“招、拍、挂”方式以后,如何消减地价上涨带来的房价攀升,让老百姓住得上房,至今仍然没有答案。最后,在特许权的配置方式上,市场化方式只是特许权配置方式之一,对于许多特许事项,仍然必须保持行政主体的政策选择能力,发挥监管机构的积极性及主动性,不可能也不应该将所有市场失灵的事项再全部交由市场化方式决定。

---

① 〔美〕西蒙娜·薇依:《扎根人类责任宣言绪论》,徐卫翔译,三联书店 2003 年版,第 15 页。

② 〔美〕理查德·吉尔伯特:《产业监管的范式及其政治经济学》,载吴敬琏主编:《比较》第 13 辑,中信出版社 2004 年版,第 69 页。

由此看来,《行政许可法》要求所有特许都要进行市场化方式配置,特许只能通过市场化一种方式进行配置,在范围与配置方式上都过于简单。

解决这一问题,关键是确定以招标、拍卖程序核发特许的范围。对于在以下几种情况下,就应采取招标、拍卖以外的方式:一是因竞争者人数太少而致无法适用招标、拍卖程序。例如,某地开办"120"急救中心,根据政府部门的规定,一个行政区域内只允许一家医疗机构开办"120"急救中心,现在只有甲医院与乙医院都基本符合法定条件,在这种情况下,为保证许可证的发放公开、公平、公正,采取招标、拍卖都不是合适的方式,相反应当选择其他真正体现公平竞争的方式,如下文中的比较听证。二是对于某些许可证的发放如果采取"招标"或"拍卖"程序,其成本太大时,根据比例原则,就应避免采取招标、拍卖程序,而应选择其他公平竞争方式。三是以金钱的多寡作为衡量谁的条件更优越的标准,将使弱势人群处境更加不利时,就不宜采用招标、拍卖方式。例如,蚌埠市以拍卖方式核发该市二百多个书报亭经营许可证的做法(尽管有一定照顾),使得作为原书报亭经营者的弱势人群(主要是下岗失业人员与残疾人)之生存处境更加不利,因而有违许可公正的原则。同样的竞争方式在不同的情景下反映的公平程度截然不同,在招标、拍卖之外,还有比较听证、竞争性谈判、竞争性询价等公平竞争方式。我们甚至可以设计一种"特许权竞争"机制,使消费者(一般分为几个消费者群体)能进入直接与潜在的生产者就"服务契约"进行谈判的程序,消费者与潜在的生产者按照行政许可机关依法制定的"游戏规则"进行谈判,并根据谈判的结果来决定许可证的发放。这样的机制排除了完全由管制者决定最佳价格—质量比所带来的弊端。

对于确实需要采取招标、拍卖方式核发许可证的,应通过其他机制来消除其本身可能存在的不公。但是,如何设计科学的竞标机制是管制理论研究与实践领域中的最大难题之一,管制研究至今仍没有成熟、统一的答案。[①]

① 例如,在我国国有土地使用权出让的市场化方式中,主要有招标与拍卖二种方式,采用不同的方式,必然会产生不同的选择结果。即使采用其中的某一种方式,不同的程序、制度设计也会产生实质上不同的结果。对于竞标机制的设计,可见〔美〕丹尼尔·F.史普博著:《管制与市场》,余晖等译,上海三联书店、上海人民出版社1999年版,第9章。对于成功与失败竞标机制设计的案例介绍,可见〔美〕保罗·米尔格罗姆:《拍卖理论的应用》,载吴敬琏主编:《比较》第16辑,中信出版社2005年版,第15页。

三、特许范围不明

《行政许可法》规定了特许的范围为“有限自然资源”、“有限公共资源”、“直接关系公共利益的特定行业的”，总体而言，有限自然资源相对比较容易划定，而对于有限公共资源及直接关系公共利益的特定行业[①]的范围究竟有多大则会有非常大的认识差异。实践中有可能使特许的范围扩大，将可能充分竞争的行业纳入特许范围，人为制造新的垄断。

首先，最为典型的是，在纷纷采用民营化的公用事业行业不当扩大了特许的范围。公用事业民营化，相对于传统由政府直接经营是一个巨大的进步。但是，简单地将公用事业从政府经营变为企业特许经营，实际上形成企业的垄断经营地位，未必是进步。实践中，公用事业民营化比较集中的电厂、水厂、污水处理厂等本来不属于垄断环节（具有自然垄断性的是电、水的管网系统），本不应该采用特许经营体制，而应该放开准入限制，通过引入竞争来改善供给，提高效率。[②] 采用特许经营体制后为吸引到投资，政府必须承诺购买量、购买价，承诺固定回报，实际上由政府承担市场变化的风险。从公用事业改革中的一些案例来看，之所以引起政府与投资者之间的争议，关键就在于在可充分竞争的行业采用了特许经营体制，经营者在特许政策的保护下独享垄断收益，而由政府承担市场变化的风险。相比之下，传统的事业体制虽然效率低下，但由于经营者是国家，至少其经营风险与收益是一致的。可以推论的是，事业单位改革中，如出版社、电视台、报纸等，如果简单地采用事企分开的企业化经营，同时又不放开准入，实际上还不如传统的事业经营体制更为公平。

其次，在特许范围不明确的前提下，强调特许事项的单一市场化配置方式，很容易使政府机关借特许经营之名，行管理收费之实，使管理就是收费的现象堂而皇之地借改革名义卷土重来，将政府的管理职责变成一般等价物进行市场交易，违反市场化改革的大方向，背离《行政许可法》的立法初衷。实践中已出现这样的现象，一些地方在财政压力之下，纷纷将一些以前

---

① 法律草案中曾使用“直接关系公共利益的垄断性企业”的表述，范围更明确一些。

② 自来水供给比较特殊，在美国、新西兰等许多国家仍维持政府直接供给体制，英国则采用垄断私有化的改革方式，实行特许经营体制。

难以想象的事项划入特许范围,通过市场化方式配置、收费,以缓解财政压力。例如,非公共建筑物外墙空间使用权拍卖,“未来三年的城区拾荒市场经营权通过竞标交给社会”[①]等。

再有,特许有数量限制,特许与有数量限制的普通许可的界限如何确定,实践中没有任何可以操作的标准或规范,很容易导致随意扩大特许的范围。

此外,特许的拍卖、招标被视为《行政许可法》的一项重要制度创新,但是这样一项重要的制度创新在实践中面临着缺乏可操作性的困境。例如,我国制定有《拍卖法》和《招标投标法》,但前者主要适用对象是一般商品,后者规范的是建筑工程,两部法律制定时都没有考虑过适用于政府特许权,因此,很难直接适用《拍卖法》或《招标投标法》配置特许权,各地的做法基本上是各行其是,五花八门。对于特许权确定后,如何签订特许经营合同,特许经营合同的性质是民事合同还是行政合同,争议解决机制的确定(能否仲裁,是民事诉讼还是行政诉讼),以及是否应该有特许期限,期限如何确定等,目前法律都没有规定,使特许经营人的权益很难得到法律的有力保障。

四、特许条件设置不当

行政许可的条件是指法律、法规所规定的,申请人取得许可必须达到的要求。许可的条件包括实质性条件与程序性条件。其中,对相对人权利影响最大的是实质性条件。实质性条件一般集中在申请人的行为能力条件,如专业能力、资格、企业的技术力量以及从事营利行业或重大经济行为的经济能力等。许可条件的确立,为行政主体与相对方都提供了明文的依据。为防止行政许可权的异化,设定明确而又公允的许可条件是必然的选择。

而在行政特许,在许可条件的设置上存在两方面的不足:一方面,由于行政特许涉及公用事业、交通、广播等领域,受传统计划经济的影响,该领域企业大多是国有大中型企业,有的甚至带有行政管理职能(如铁道部门),法律很少对其设立条件进行详细的规范。另一方面,一些滞后的法律不仅内容过于泛泛,而且存在许多过时的法律观念。例如,1994 年颁布的《城市供水条例》中规定:“城市供水企业……必须经资质审查合格并经工商管理部

---

① 郑锐、李建平:《临安市拍卖拾荒权》,《法制日报》2005 年 1 月 12 日,第 8 版。

门登记注册后,方可从事经营活动。”根据建设部颁发的《城市供水企业资质管理规定》第4条解释,“企业资质”“系指设施水平、供水的水质、管网水压、企业人员素质和经营管理水平”等。这说明在我国公用事业管理过程中仍然非常偏重于技术性的“资格认证”或者说还是习惯从技术特征出发给企业发特殊类型的身份证。而与此形成明显对比的是,目前国际上在公用事业服务行业中对厂商财产责任的关注程度已大大超过了技术责任,以保证在厂商不能正确地履行其义务而造成经济损失时能确保首先追究其相应的财产责任。再有,当前一些行政主管部门出于保障特许行业的经营水准提高服务质量的目的,或者将其所主管的行业做大做强的意愿,也倾向于对行政特许设定过高的许可条件,将能够参与竞争的对象限定在现有的从业者中,甚至现有从业者中的“佼佼者”,人为地限制竞争。

本书认为,为给市场主体提供开放的竞争机会,避免人为地抬高特许条件,抑制竞争,制造垄断,对被许可人的技术性条件要求(现有的经营规模、设施、人员素质、经营管理水平等条件)应置于通过公平竞争取得特许之后。例如,一方面,一个没有教师文凭的富人尽管不能任教,但这不妨碍他可以成为学校的股东或董事长并出钱聘请老师开办学校。另一方面,一个老师可以受聘授课,但本身并不一定必须是学校的股东或校长。正是这一责任规则观念的变化,许多国际财团相继都依靠其资产实力进入了公用事业市场,而在技术上它们则采取聘用、委托的办法加以解决。作为法律管制,对财产责任规则的合理运用也可以取得更加有效的管制效果。由此看来,我国在这些方面至少存在着法律观念上的相当的差距,并造成了政策和法律在实施中的困难。

第三节 信赖保护:行政许可财产权属性的确立及其不彻底性

一、行政许可财产权属性的确立

信赖补偿是指行政机关对已经生效的行政行为作出不利于相对人的变更、撤销或废止,而给相对人的财产造成损害的,应当补偿相对人的损失。

《行政许可法》第 8 条规定,因行政许可所依据的法律、法规、规章的修改或废止,或者准予行政许可所依据的客观情况发生重大变化的,为了公共利益的需要,行政机关可以依法变更或撤回已经生效的行政许可,但由此给行政相对人造成财产损失的,行政机关应当依法给予补偿。由此确立了行政许可领域的信赖补偿制度。

《行政许可法》通过这一制度,赋予了行政许可以财产权利属性,并提供坚实的保护。从更高层面来归纳信赖补偿制度的贡献,可以发现,它触动最深的实际上是传统的财产权利观念。

在国外,行政许可长期被视为一种特权(privilege),不论是授予权利还是解除禁止,都是政府的某种单方面决定或恩赐,与个人财产权没有任何关系。随着社会的发展,尤其是政府职能的快速扩张和对财富再分配能力的增强,国际社会开始广泛地将行政许可也视为财产权的一部分。在西方发达国家如美国和德国,许可证已被纳入宪法保护的"新财产"范围。根据美国法院的判例,属于《美国宪法》第 5 修正案正当法律程序所保护的财产,不仅包括财产法所定义的不动产、动产和金钱或证券,而且也包括社会福利、公共机构的职位、经营许可等具有财产价值的权利。行政许可财产权的确立表明,财产权已从传统的侧重于实际利益或期待利益的取得和保护,转而体现为取得财产的资格和手段本身。

许可能够与财产权利联系上,应该说是财产权利观念扩张的结果。对于行政许可具有的财产权利属性的确立,使行政许可从恩赐变成了权利,实现了实质意义的跨越。这种变化是革命性的,势必深刻影响政府与公众的关系,使双方从不平等的控制命令关系在某种程度上倾向于平等主体之间的关系。这一方面能够加强对政府行为的控制,约束政府职能的扩张,另一方面能够加强对个人权利的保护,防止政府管制措施给个人权利带来的实际损害,同时还能提高资源配置的有效性,提高社会效益。①

这种意义举一个例子就可以说明。在我国,城市的土地属于国家所有,公民、法人或者其他组织只有国有土地使用权。在过去,国有土地使用权被视为政府授予的特权,政府想拆迁就拆迁,即使拆迁也只给地上建筑物以补

① 以产权界定和可交易的许可来构筑市场关系,降低交易成本,最先由科斯在论述污染权交易时提出,目前已经成为国际社会政府管制改革的一个主要方向。

偿,而不给土地使用权以任何补偿;违背土地使用权出让合同,强制收回开发商手中的土地使用权的情形也大量存在,同样仅退回已缴纳的出让金而不给予其他补偿。在国有土地使用权领域之所以出现政府的任性和"收回"的误用,正是由于缺乏财产权的意识。实施《行政许可法》后,相对人不论是以出让方式还是以划拨方式获得的土地使用权,从性质上看都属于获得法律保护的行政许可,政府不能随意加以撤回或改变。即使根据法定条件加以改变,也要依法给予相对人补偿。而补偿不仅包括建筑物的现值,还应包括土地使用权剩余年期价值以及土地使用权人为项目经营投入的直接费用等损失。这中间实际上体现的是平衡私有财产权与公共利益的征收原理。

二、许可证可转让性受限

从相对人权利的维护来看,信赖利益保护制度确立了行政许可的财产权地位。本书前面提到的《行政许可法》的另一制度创新——特许的市场化方式的引入,更是直接将特许当做了财产权。然而,这种认识并不连贯、一致。《行政许可法》第 9 条明确规定,行政许可不得转让是原则,法律、法规规定依照法定条件和程序可以转让的是例外。例如,有关法律规定,通过出让许可方式取得的土地使用权,被许可人可以依照法定条件和程序转让。

从全国人大常委会立法过程中关于许可是否能够转让的激烈争论以及《行政许可法》第 9 条最后的表述来看,一方面,将许可的转让明确加以规定较之法律草案根本没有涉及许可的转让问题是一个明显的进步;但是,对于许可转让的原则禁止规定,仍然延续了传统的对许可的行政配置属性的看法。相关制度安排表明,《行政许可法》在贯彻行政许可的财产权的思路上是不彻底的,在不同维度中对行政许可的定性并没有实现重叠或聚集。这势必增加实践中的困惑和法律实施的难度。

以特许为例,被许可人通过市场化方式获得的权利无法通过市场化方式实现流通。一般禁止特许转让的规定,既不利于资源的有效配置,也使特许的初始市场化配置失去其制度创新的意义。实践中已经出现被许可人与政府管理机关之间新的博弈,产生大面积的台下交易与违规现象,导致政府管制失灵。例如,《渔业法》第 16 条规定:"捕捞许可证不得买卖、出租和其他形式非法转让,不得涂改"。《苏州市阳澄湖渔业管理条例》也规定,阳澄湖围网养殖许可证不得买卖、出租和以其他形式转让。但在实地调查期间还是发现有些获得养殖许可的养蟹者自己并不从事养蟹，而是把自己承包的水面再转租出去。① 法律规定在违背经济学的规律时，就会出现“脱法”现象，如同“普通法的一些规则阻止人们做有利于双方的事情，那些受到影响的人会试图改变法律或者绕开该规定，并且最终他们会成功”②。

在原则上禁止许可转让之外，对于什么情况下应当允许许可证的转让，《行政许可法》也未作出原则性或者具体的规定，而是授权法律、法规来规定。因此，立法和实践中对许可证的可交易性的把握如坠云雾，不清不楚。关于许可能否交易的标准，日本学者认为，当许可是着眼于被许可者的经历、能力、性格等人的性质而赋予时，该许可不得转让或继承，如汽车驾驶执照、医师执照等；当许可是着眼于物质设施等性质而赋予时，许可原则上可转让或继承，如汽车的车体检查等许可。按照这种观点，普通许可旨在控制危险，通常对被许可人设有若干标准和条件，被许可人的特定情况是与许可紧密联系的，为保障行政认可管制目的的实现，许可证就不得转让。对于特许，鉴于特许涉及的是有限资源的开发利用，更多地体现为对物的许可，被许可人原则上可以转让许可，除非许可的转让将损害公共利益的实现。在转让的程序上，如果法律、法规同时规定了许可的条件的，为确保受让人符合法定的许可条件，转让许可必须报经核发许可证的机关批准；如果法律、法规对许可的条件除金钱以外没有作出任何规定（如 BOT 项目公司在完成投资后获得的收费经营特许），原则上应允许许可证持有人自由买卖，但为保障行政许可机关能够对被许可人的活动及时进行监督，买卖双方必须到行政许可机关办理许可的登记手续，否则买卖合同无效。

这里以西方发达国家的排污许可证的可交易性为例来说明可交易许可证是如何以市场机制实现管制目的的。排污许可证的可交易制度的运作方式为，环保部门可在能够接受的排污总量限度内，给污染制造者分发排污许可证，并按规定的标准收取排污费。同时，允许排污量较低的公司把剩余的配额出售给其他的公司，或者用来抵消其他设施的超额部分，并允许超额排放的公司从其他公司购买排放量。这样一来，公司和个人就有激励机制去

---

① 梁源：《阳澄湖“瘦身”的产权经济分析》，载高小勇主编：《经济学帝国主义Ⅱ》，朝华出版社 2005 年版，第 195 页。

② 〔美〕大卫·D. 弗里德曼：《经济学语境下的法律规则》，杨欣欣译，法律出版社 2004 年版，第 11 页。

改善控制污染的技术,降低控制污染的费用,稀缺的资源就能得到最优配置,从而实现最终降低污染的目标。但在实践中运作可交易排污许可证制度面临两个难题:一是可允许的排污总量如何计量。其实,可允许的排污总量也是一种类似于土地的稀缺资源,在实践中也可能发生一届政府"丁吃卯粮"的情况。二是对企业排污许可证初始量的分配如何公平尚无科学合理的标准。

三、利益补偿缺乏可操作性

信赖保护中的依法给予补偿到底依什么"法"不明,导致补偿程序、补偿范围与标准不清。《行政许可法》在责任条款中并无关于补偿的规定,《民法通则》与《国家赔偿法》以及相关法律也并无关于因此种情形引起补偿的规定,"依法"补偿无"法"可依。

在联邦德国,有关信赖补偿争议的解决,不采用行政法律途径,而是采用民事法律途径。那么,保障我国公民信赖补偿请求权得以实现的"法",究竟应当依什么"法"? 我们应当采取公法的思路还是私法的思路? 如果是前者,就应当尽快出台专门的《行政补偿法》,从而为被许可人申请补偿、为行政机关给予补偿、为法院处理补偿争议提供法律依据;如果是后者,则完全可以依《民法通则》之规定,通过民事诉讼途径来解决信赖补偿争议。另外,依德国信赖补偿理论,信赖补偿应以被许可人的申请为前提,补偿的标准由行政机关确定:信赖利益是补偿的下限,被许可人因行政许可存续所能得到的利益是补偿的上限。由此可见,信赖利益补偿只限于对财产损失予以补偿,对其他损失不予以补偿。至于对财产产生的间接损失以及预期利益损失,是否予以补偿,不仅缺乏法律规定,理论上也有待于进一步研究。

第九章　建立公私法兼容的行政特许制度

较完善的行政特许制度应当具备规范的法律形式，并能有效地配置资源。以此为标准，考察我国现行行政特许制度可以发现，由于《行政许可法》对行政特许只作了概括规定，相关法律、法规缺乏必要的衔接和协调，导致具有扩张本性的行政权肆意挤占市场的功能，不仅不利于资源的配置，而且危害了市场主体的合法权益。为了更好地为社会主义市场经济服务，我们应当以有效配置资源为目标，构建完善的行政特许法律制度。

在本书前面的相关章节中，已对作为传统公法制度的行政特许的局限性进行了探讨。概括地讲，许多已有的法律、法规受传统公法观念的束缚，将行政特许视为公法主体的行政管理行为，强调行政特许权的行政配置属性。实践证明，作为传统公法制度的行政特许不足以达到有效配置资源、保障公民应有权利和自由的目的。我国应当逐步建立公私法兼容的行政特许制度，即以二元论为基础完善行政特许客体的种类范围，在方式上结合运用公法手段和私法手段，在权利保护上建立公私法兼容的制度体系。

第一节　行政特许范围的完善

一、明确各类客体的具体含义

从资源的类型上看，根据《行政许可法》第12条第2项的规定，行政特许的客体包括有限自然资源、公共资源和直接关系公共利益的特定行业的市场准入机会。

有限自然资源的范围较明确，易于划定。新出台的《物权法》第46条至第49条规定了属于国家所有的自然资源，即法律规定属于国家所有的矿藏、水流、海域、土地、森林、山岭、草原、荒地、滩涂和野生动植物。这些有限自然资源属于行政特许的客体,可通过设定行政特许方式进行分散利用。

对于何为公共资源,理论上缺乏研究,实务中更无从把握。本书认为,首先,“公共资源”应当限定为“有限公共资源”,因为不具有稀缺性的公共资源无需运用行政特许手段来配置。其次,有限公共资源在狭义上是指归国家所有的自然资源以外的共用财产,包括市政道路、航线航道、无线电频率等。为便于法律的执行,避免借公共资源之名随意扩大行政特许的适用范围,在《行政许可法》修订时,一是应在“公共资源”前增加“有限”二字,将其限定为“有限公共资源”,二是应当补充规定“有限公共资源”的概念解释。

直接关系公共利益的特定行业的市场准入事项也是一个模糊概念,对其范围究竟有多大存在非常大的认识差异。在《行政许可法》草案中,曾经使用过“直接关系公共利益的垄断性企业”的表述,其范围更为明确,并且符合《行政许可法》的立法本意和行政特许的设立原理。[①] 为此,有必要在《行政许可法》中将“直接关系公共利益的特定行业的市场准入”明确为“直接关系公共利益的垄断性行业的市场准入”,避免因对概念理解的泛化造成行政特许的滥用。

此外,合理划定行政特许的范围,还应有效区分行政特许与有数量限制的普通行政许可。本书认为,当许可有数量限制时,其为普通许可还是行政特许关键是看该许可是否建立在特定的国有财产之上。行政特许以特定的公共财物为基础。至于那些不是建立在公共财物之上的行政许可,即使由于客观条件的限制,在一个地区、在一段时期内,只能发放一定数量的许可,也只是普通许可,例如,出口配额、赴港澳居留名额、香烟零售点等。对有数量限制的普通许可应按照《行政许可法》规定按申请在先原则无偿发放许可,而不应将其纳入行政特许的范围,适用行政特许的配置规则,从而将政府的管理职责变成一般等价物进行市场交易。

---

① 立法机关认为特定行业的市场准入“主要是指进入从事公用事业服务的行业,如自来水、煤气、电力、电信、邮政等与人民群众日常生活、公共利益密切相关的行业。这些行业由于整体性和统一性的特点,无法放开竞争,放开竞争容易影响其服务效能”。全国人大法工委国家行政法室:《中华人民共和国行政许可法释义与实施指南》,中国物价出版社 2003 年版,第 58 页。

二、以二元论为基础建立国家公产制度

从财产的归属上看，行政特许的客体为国家公产，行政特许是对国家公产的特别独占利用。在我国，法律上尚未确立将国有财产区分为国家公产与国家私产、将国家公产区分为共用公产与公务公产的双重二元结构，未明确公产的法律地位。[①] 法学理论对此问题也缺乏深入研究，体现在解决方案的设计上，无论是与大陆法系国家的现有理论和实践，还是与我国的立法和实践都有较大的差距和脱节。[②] 公产法律地位的确立是完善国家所有权制度的需要，也是行政特许制度赖以成立的权源基础。我国《物权法》应当借鉴大陆法系国家关于国有财产双重结构的理论和立法实践，构建我国国家财产的双重结构。

在公产的法律适用问题上，有一元论和二元论之分。一元论以法国为代表，主张公产所有权为行政法上的所有权，故仅适用公法。二元论以德国为代表，主张公产之上仍存在民法上的所有权，同时受公私法二元体系支配。本书主张二元论，理由在于一元论创立公所有权说的目的在于解释公产所负的公共使用使命，而这完全可以通过民法所有权的权能分离和所有

---

① 新出台的《物权法》在国家所有权的规定中并未区分国家公产与国家私产，在立法过程中这一问题也未引起立法机关的关注。

② 诸民法典建议稿和物权法草案建议稿对国有财产的二元结构问题虽然有所涉及，但都不尽完善。梁慧星教授主持起草的建议稿借鉴了德国法和日本法的经验和立法，较为简洁（仅2个条文），但并不完善，一是仅规定了国家所有的矿产资源，但未将其纳入公产范畴；二是没有明确国有私产问题的处理。参见梁慧星主编：《中国民法典草案建议稿附理由（物权编）》，法律出版社2004年版，第68—69页。王利明教授主持起草的建议稿没有明确提出国家公产和国家私产的概念，仅仅将公用财产与一般国有财产区别开来。在一般国有财产的范围上，将国有自然资源、文物、国家的财政收入、国家投资形成的财产、国家机关事业单位与社会团体所使用的财产不加区分地归入一般国有财产，适用私法的一般规定，享有私法上流通物的法律地位，与现代大陆法系国家规定不符，难以得到广泛认同。参见王利明主编：《中国物权法草案建议稿及说明》，中国法制出版社2004年版，第107—108页。徐国栋教授主持的建议稿主要借鉴《意大利民法典》的经验，对国有财产的双重结构提出了完整而详细的方案，将国有财产区分为公有物与国家私有物；国家私有物又分为可处分的和不可处分的国家私有物，后者实际上相当于大陆法系其他国家中的公务用公产。参见徐国栋主编：《绿色民法典》，社会科学文献出版社2004年版，第302—303页。此外，对此问题进行过探讨的高富平博士将国家财产划分为公共财产和可在商业活动中进行市场交易的财产，同时认为国家对公共财产所享有权利只是行政法上的管理权，而不是民法上的所有权，在此前提下将国有自然资源界定为可交易的国家商业财产（私产）。

权限制理论来予以说明。并且,二元论中公产所有权为民法上所有权的观点也与我国现行的民事立法相吻合。[①] 二元论意味着公产既受民法调整,也受公法调整。除公产的设立、废除及利用管理等不能适用民法外,有关公产的一般法律关系仍受民法支配。《物权法》应以二元论为基础建立适应我国国情的国家公产制度。具体而言,应当完善以下几个方面的规定:

首先,在《物权法》关于国家所有权的规定中,将国家所有权的客体明确区分为国家公产与国家私产。国家公产为国家所有并以其物本身的使用价值直接为公众或者公务使用的财产。国家私产为国家公产之外所有的可供收益或者处分的国有财产,其以物的交换价值为一般的公共利益目的服务。

其次,明确公产的范围。大陆法系国家通常将国家公产分为共用公产与公务公产,前者指直接供公众使用的国家财产,后者指为公共利益目的由国家机构使用的国家财产。[②] 依此为标准,《物权法》规定的下列国有财产属于国家公产:(1) 第 45 条至第 50 条规定的矿藏、水流、海域、土地、森林、山林、草原、荒地、滩涂、野生动物、无线电频谱等国有自然资源;(2) 第 51 条规定的国有铁路、公路、电力设施、电信设施和油气管道等基础设施;(3) 第 53 条规定的国家机关直接支配的不动产或者动产,第 53 条规定的国家举办的事业单位直接支配的不动产或者动产。其中,国有自然资源与公共基础设施为共用公产,国家机关与事业单位支配的财产为公务公产。

再次,根据公产的性质,对公产所有权作出特别规定,规定"公产在公共利用期间,所有权不得转移,不因时效取得,不得被强制执行"。

最后,补充公产的利用规定:"在法律规定的范围内,个人可以对公产进行利用;没有特许或者特别法上的许可,不得进行专门利用"。

---

① 有学者认为,在我国现行立法中,无论是在公法,还是在私法中,都将国家对公共财产的权利看作私所有权,可以肯定地说,我国立法是不知道公所有权或者公物权的概念的,甚至公共国家财产(公产)和普通国有财产的划分本身也没有被立法者所注意。参见张建文:《转型时期的国有财产二元结构问题研究》,载刘云生主编:《中国不动产法研究》,法律出版社 2006 年版,第 163 页。

② 也有地区和国家将国家公产更为具体地划分为公务用公产、公众用公产、事业用公产和企业用公产。公务用公产主要指供国家机关使用的国家财产;公众用公产主要指直接供给公众使用的国家财产;事业用公产主要指事业单位所使用的国家财产;企业用公产主要指一部分具有特殊的战略意义或者具有重大公共利益性质的非公司制国有企业所使用的国家财产。参见《日本国有财产法》第 3 条。

三、放松准入限制

有效的资源配置是行政特许制度存在的正当理由，但这不应成为随意设定市场准入管制的借口，对不存在垄断性的行业，应实行自由竞争。对确有必要维持垄断地位的行业，应放松准入限制，引入竞争机制。

首先，对传统自然垄断行业根据其不同业务领域自然垄断性的强弱采取不同的规制方式。经济学对自然垄断概念的重新界定，引起了自然垄断业务边界的变化：传统垄断行业的业务可细分为自然垄断性业务和非自然垄断性业务。[①] 如铁路的路轨与客货运服务，电力的传输电网与发电、配电、售电，邮政的投递网络与分拣业务等，在立法时应视其性质不同而区别对待。对自然垄断环节维持其垄断地位，采取行政特许的方式实现"通过竞争获得市场（垄断地位）"。对非自然垄断环节作出放开竞争的规定。对于有限自然垄断性的环节，适度引入竞争。以电力行业为例，发电、售电是可以竞争的，应放开市场准入，鼓励新企业的进入，实行竞价上网。[②] 输电环节由于自然垄断属性，实行垄断经营，并积极促进电网的扩建以及全国联网的实现。[③] 配电领域的自然垄断性相对较弱，可以实现一定程度的竞争，如区域间的竞争等。

其次，对尚未开放市场以及行业竞争不足的垄断性领域进行相应的治理。《行政许可法》关于垄断行业的市场准入实际上是公用事业民营化的问

---

① 传统自然垄断理论建立在规模经济之上，即如果一种产品或服务的生产由单个厂商完成而成本最小，该产业就是自然垄断行业。现代经济学理论在范围经济的要领上对自然垄断行业进行了重新界定，即只有当一个企业生产整个行业产品的成本比两个或两个以上的企业分别生产该产品的总成本更低时，这个行业才是自然垄断性的。参见肖志兴：《自然垄断产业规制改革模式研究》，东北财经大学出版社 2003 年版，第 34 页。

② 强大的在位企业拥有足够的力量影响市场价格，特别是在其投资已回收的前提下，可能会将市场价格降到新企业的成本以下，令后者不得不望而却步。在英国反垄断法的发展历史上就有过这种惨痛的教训。因此，我们应在减少审批程序、剔除来自竞争对手不当阻力等方面多下工夫。

③ 输电业务因明显的规模经济和固定成本沉没的特性，实行垄断经营有利于经济效率的提高。输电网络的扩大，会令厂商进入市场的能力和买卖电力的能力大大提高，促进发电、售电领域的竞争。最为重要的是，电力资源可以从过剩的地区供给到需求出现短缺的经济发达地区，促进资源配置效率的提高。参见张占江：《自然垄断行业的反垄断法适用》，《法学研究》2006 年第 6 期，第 55 页。

题。国家专营垄断并非自然垄断的唯一解决办法,将垄断经营权交由私人部门还是维持在政府手中,在各国有不同的理论和实践。本书认为,对法定垄断而言,问题的关键不在于是否实行私有化,而在于向市场开放,通过模拟市场促进竞争的手段提高行业的运行效率。民营化意味着引入的竞争主体可以多元化而不是仅限于政府部门、国有企业事业单位。制定于20世纪80年代的《邮政法》及90年代的《铁路法》,规定这两个行业实行国家专营,已明显不适应当前的实践情况,应当在引入竞争方面作出修改。

最后,在有关行政特许的法律、法规中,应当根据特许的事项,明确设定合理的特许条件。应当避免出于提高服务水准保障经营质量或将所主管的行业做大做强的意愿,过高地设定许可的门槛,人为限制竞争的情形。行政特许的技术性的条件应置于以公平竞争方式取得特许经营权之后,被许可人不能正确履行其义务而造成的经济损失应通过财产责任来保证。

第二节 行政特许配置方式的完善

一、确立有偿取得制度

行政特许原则上应有偿取得,这一方面在于被许可人作为公共资源的使用者,一般应支付一定的对价;另一方面在于,由于资源的有限,并非所有符合条件的人都能取得许可,由被许可人支付资源使用费可平衡受益人与未受益人之间的利益关系。

关于自然资源的有偿使用。《物权法》规定,国家实行自然资源有偿使用制度。尽管《物权法》对此作出了法律另有规定除外的但书规定,但毫无疑问有偿使用应当是自然资源法的基本原则。《草原法》、《森林法》等尚未规定资源有偿使用的法律应当根据《物权法》的基本精神和要求作出相应的修改。其他已规定的资源有偿使用的法律则应对资源有偿使用的规定予以具体化,例如,明确资源有偿使用的标准、支付方式、费用的减免等,以便于法律的实施。

关于有限公共资源的有偿使用。《行政许可法》规定了行政机关实施行政许可不得收费的原则,而行政特许中自然资源、有限公共资源都应实行有偿使用,这与"许可不得收费"是不矛盾的,为厘清实践中的认识分歧,应在《行政许可法》中补充规定"有限公共资源实行有偿使用制度"。

二、强化私法配置手段

在行政特许决定的作出方式上,《行政许可法》的基本取向是引入市场化的私法手段,而非传统的行政审批方式。然而,在我国现行法中行政特许配置方式仍以审批制为主。具体而言,自然资源法都制定于20世纪80年代,虽然大都经过修订,但未触及审批制的相关内容。公共资源方面立法尚不完备,就已有的立法来看,也缺乏竞争程序的规定。目前在涉及行政特许实施程序的53部法律、行政法规中,只允许审批发放的占所有法律规范的72%之多。

虽然《行政许可法》就行政特许采取招标拍卖方式作出了但书规定——"法律、行政法规另有规定的,依照其规定"。但是,这一规定只是用来维持法律体系的统一性、协调性的技术性规定,并不能因此否认《行政许可法》引入私法手段的基本精神。现实表明,以行政审批方式来配置稀缺资源必然导致权力滥用、效率低下。因此,应当将《行政许可法》关于行政特许市场化配置方式的规定当做行政特许配置方式的改革要求和发展方向,已制定的单行法律、法规应当依此精神作出相应的修改,而不应维持与《行政许可法》立法精神相背离的状况。

在行政特许领域强调改革传统审批方式,并不一定要求一概实施公平竞争程序,应在现有的审批方式的基础上增加有关公平竞争实施方式的规定。首先,每个领域的立法中都应有公平竞争方式、审批方式两种情况予以选择。其次,根据各行业特点,区分不同情况,分别规定必须采取招标拍卖方式与可选择招标拍卖或者审批方式的不同类型。例如,对土地使用权的出让,《物权法》明确规定,工业、商业、旅游、娱乐和商品住宅等经营性用地以及同一土地有两个以上意向用地者的应当采用招标、拍卖等公开竞价的方式出让。其他行业可以以此为参考作出相关规定。对已有的立法的修订应当如此,尚未立法的道路交通、公交、燃气等领域在将来立法时也应同样考虑。

此外,需要明确的是,招标、拍卖虽然是私法手段,但在行政特许领域是作为行政审批的替代方式用来实现公法管制目的的。因此,对依法应采取招标、拍卖方式而未采取的，或者在招标、拍卖中滥用职权侵害公民合法权益的，应当通过行政程序予以救济。《行政许可法》也规定对行政机关违法不采用招标、拍卖方式，或者违反招标、拍卖程序的行为，可进行行政复议和行政诉讼。

三、采取多种公平竞争方式

《行政许可法》规定对行政特许事项应当通过招标、拍卖等方式作出决定。就招标、拍卖以外还应有什么样的公平竞争程序，参考和借鉴国外的经验和做法，除招标、拍卖方式外，可视具体情形采取比较听证、竞争性谈判、竞争性询价等公平竞争方式，甚至还可将消费者引入谈判程序，从而避免市场化方式的过于单一的弊端。这些公平竞争方式可在将来对《行政许可法》修订时予以补充，也可在有关单行法律、法规中先行作出具体规定。

四、增加合意和登记程序

本书认为，行政特许具有两阶段的法律构造，即第一阶段由国家作为公共管理者准许相对人利用特定资源，第二阶段由国家作为资源所有者向被许可人转让财产权利。其于这一构造，为发挥行政特许的制度功能，更好地体现公平与公正，维护交易安全，《行政许可法》规定的行政特许应通过招标、拍卖等公平竞争方式作出之外，还应完善以下行政特许授予制度：(1) 行政特许中应有合意程序，即行政机关在通过公平竞争程序确定被许可人后，应与其签订协议，具体约定资源的开发利用方式、期限、有偿使用费、违约责任等内容；(2) 应将登记作为授予行政特许的必须程序。

为此，在立法上，首先，应在《行政许可法》中设定统一的行政特许授予程序，在有关行政特许的授予程序的特别规定中补充“合意”及“登记”程序。具体可表述为“按照招标、拍卖等公平竞争程序确定被许可人后，行政机关应当与被许可人签订特许协议”；“行政机关应当在被许可人依法履行有关义务后颁发特许证件并对其权利进行登记”。

其次，应当在《合同法》中补充规定行政特许合同这一类型。其意义在于，明确特许合同的民事性质，避免理论和实践中的认识分歧，为权利救济提供有效的途径。当然，由于行政特许存在于不同的领域中，每一领域都有其相当独特之处，各种项目千差万别，如自然资源的开发利用与水务、煤气等网络型公用事业的特许经营。所在的领域不同、涉及的事项不同、规制的目标不同，都使得特许合同不可能存在某种固定的模式，因而《合同法》不可能规定一种固定的特许合同格式或者条款。但是，在《合同法》中规定特许合同应当包括的基本内容既是可能的，也是必要的。这些基本内容主要包括：特许合同的主体、资源有偿使用的费用、资源开发利用的方式、特许合同的年限、违约责任等。在当前信赖保护因缺乏具体法律依据而欠缺可操作性的情形下，在合同中约定解除特许合同的补偿方案不失为一种较好的权宜之计。

最后，涉及行政特许的各单行法律、法规应当根据《合同法》的基本原则和内容，对特许合同的具体内容和格式条款作出较为详细的规定。

第三节　行政特许效力的完善

行政特许的效力问题涉及特许权的性质和地位、特许权的转让、行政特许被撤回后的补偿等问题。

一、明确特许权的物权地位

从被许可人方面加以观察，行政特许的效力体现为特许权。本书认为，获得特许权即取得对特定资源的开发利用权或使用经营权，因而特许权是一种具有物质内容或直接体现为经济利益的权利即财产权。从权利性质来看，特许权的授予具有行政和民事双重性，但权利内容为私权，因其事关社会公共利益，故在取得、转让、行使等诸多方面被课以种种公法上的义务，又具有公权性。特许权是具有公权性质的私权。在大陆法系财产权体系中，自然资源特许权应定位于物权、用益物权。政府授予的特许经营权是以权利为客体的，应定位于“准物权”。在物权法中应当确立各类自然资源特许物权，并规定兜底条款，同时规定以权利为客体的无形物准用物权法的规定，在此前提下，特许物权法定之“法”可放宽到行政法规与地方性法规。这些理论上的认识体现在立法上包括以下几个方面：

第一，关于无形财产的法律适用。为妥善解决以权利为客体的无形财产在传统财产权中的定位及法律调整问题，在《物权法》规定的“本法所称物，包括不动产和动产”的基础上，明确“法律、法规规定的以权利作为客体的无形物，准用《物权法》的规定”。对于行政特许，这一规定可为国家公产中的无形物以及政府授予的特许经营权的法律调整提供依据。

第二，关于自然资源特许权的定位。《物权法》在用益物权编对建设用地使用权、海域使用权、探矿权、采矿权、取水权、养殖权和捕捞权作了一般规定，确立了其用益物权的地位。鉴于自然资源特许权不限于上述七种权利，在《物权法》用益物权编应设定兜底条款，即规定“其他依法取得的自然资源特许权，法律、法规有规定的，适用其规定，没有规定的适用本法有关规定”。这一方面可解决与前述权利性质相同的狩猎权、林木采伐权等自然资源特许权的定位及在物权法中的归属问题，另一方面可为其他法律、法规设定各项自然资源用益物权提供立法依据。

第三，关于各项行政特许权利的确立。对被许可人经行政特许后取得的权利是从权利角度加以确认还是从行政许可的角度加以规范，现行法律、法规的立法精神和具体规定并不一致。目前，《物权法》明确了七种自然资源用益物权，《土地管理法》、《海域使用管理法》、《矿产资源法》比较明确、系统地规定了国有土地使用权、海域使用权、探矿权和采矿权；2002 年修订的《水法》首次明确了取水权的概念和水权类型，但对其他水权仍未明确定名。而其他法律未从特许权人所享有的权利角度加以规定，而是侧重于行政管理层面的规制。为明确被许可人的权利主体地位，充分保护其合法利益，相关法律应在权利的确立方面作出相应修改。

第四，关于物权法定的法源。当前，与行政特许相关的许多领域还缺乏专门的法律调整，例如，有限公共资源配置及公用事业中的特许经营领域。这些领域的法律规范可能一时难以上升为或统一到国家法律层面。为适应形势的发展，规范和鼓励这一领域的改革探索，有必要在行政特许领域放宽物权法定的法源。但这应有以下两个限制：其一，应当在《物权法》对自然资源特许权和无形物作出概括性规定的前提下展开；其二，物权法定的法源仅应放宽到行政法规和地方性法规，并且行政法规和地方性法规关于特许物权种类和具体内容的规定必须符合《物权法》的基本规定。

二、增强行政特许的可转让性

行政特许不同于一般许可，由于其着眼于物的使用（特定资源的开发利用方式、期限等)而不具有人身属性,通常可以进行转让。然而,目前在向市场开放、可设定行政特许的14类行业中,有4类完全禁止许可的转让,6类未作出相关规定,只有4类允许有条件限制的转让。整体上看,有关法律、法规对行政特许持禁止转让的态度。原则禁止特许转让的规定,源于将特许看作是行政管理行为的结果。但这一规定不仅有违行政特许可转让的性质,造成了现实中脱法现象普遍的问题。而且,在引入特许初始市场化配置后,仍禁止其转让,将会使被许可人通过市场化方式获得的权利无法通过市场化方式实现流通,市场化配置失去其制度创新的意义。

在市场经济的条件下,资源的配置主要应当通过市场来进行,财产也只能在合法的流转中才能发挥其最大效用。尤其是考虑到我国自然资源和公共资源相对匮乏的现实,更有必要推动行政特许的合法流转,实现资源的合理配置。为此,相关法律、法规应按照增强行政特许可转让性的原则进行修改。同时,由于特许权的转让不同于一般商品的自由转让,为实现管制目的,在转让时还有一些程序上的限制或要求。第一,如果法律、法规对许可的条件除金钱以外没有作出任何规定(如BOT项目公司在完成投资后获得的收费经营特许、拍卖的土地使用权、水权等),应允许许可证持有人自由买卖,除非许可的转让将损害公共利益的实现。第二,为保障行政许可机关能够对被许可人的活动及时进行监督,买卖双方必须到行政许可机关办理许可的登记手续,否则买卖合同无效。第三,如果法律、法规同时规定了许可的条件,为确保受让人符合法定的许可条件,在转让的程序上,转让许可必须报经核发许可证的机关批准。

三、完善信赖利益补偿制度

《行政许可法》确立了行政许可的信赖补偿制度,即行政机关为了公共利益的需要变更、撤回已生效的行政许可,给公民、法人或其他组织造成财产损失的,应当依法给予补偿。但是,《行政许可法》在责任条款中并无关于补偿的规定,《民法通则》与《国家赔偿法》以及相关法律也并无关于因此种情形引起补偿的规定。在法律的具体实施中,补偿的标准和程序都找不到相应的规定,公民的合法权益保障仍落不到实处。

关于补偿的标准。新出台的《物权法》第42条对征收集体所有的土地和公民所有的不动产的补偿问题作出了规定。本书认为这一规定适用于撤回行政特许权的利益补偿，因为从法理上讲，在基于紧迫的公共利益需要而废止行政特许（用益物权或准物权）的情况下，废止本身就构成征收。但是，这一规定对行政特许而言仍缺乏针对性和可操作性：其一，《物权法》仅确立了7种自然资源使用权为用益物权，未经《物权法》确立为用益物权的自然资源使用权和其他特许权不适用该条规定；其二，《物权法》第42条规定的是对集体土地使用权的补偿范围和标准，对征收单位和个人所有的不动产提出了应进行补偿的要求，这些规定既很原则也与行政特许领域各种征收的情形相去甚远。

对于行政许可的补偿而言，大多数国家采取等价或充分补偿的标准。例如，日本目前主要有完全补偿说和相当补偿说。完全说认为补偿应当同赔偿一样，按照等价原则（保证财产性价值没有增减）给予补偿；而相当说认为补偿可以不适用等价原则，只要与损害大体相当即可。① 我国目前在补偿问题上普遍缺乏规定，已有的规定也与实际损害相差甚远，如《土地管理法》对征收标准的计算。在补偿问题上采取这种低标准的“抚慰性”标准，其实是在剥夺一部分人所应该享有的财产权利，严重违背公民负担平等原则，违背设立行政许可制度的初衷。我国应当建立行政许可的完全补偿标准。对行政特许的补偿，也应以完全补偿为原则，并在《物权法》以及涉及行政特许的相关法律、法规中作出具体规定。

关于补偿的程序，各国法律通常都规定有行政程序和司法诉讼程序，行政程序通常是司法程序的前置程序。我国在程序规定方面尚不健全。例如，我国《土地管理法》未规定土地征用补偿争议的司法诉讼程序，实践中已有一些地方性法规规定了这种程序和途径。为保障权利人的合法权益以及司法制约行政权，我国应当借鉴国外经验，在《行政复议法》和《行政诉讼法》中进一步明确和完善行政特许补偿的行政程序和司法诉讼程序规定。

四、加强对行政特许权的公私法保护

行政特许权实际上是经行政特许后被许可人取得的受法律保护的利益。一方面，行政特许制度为相对人设置了申请许可以及相关的义务，同时，基于公共利益的考虑在准予其从事特定的资源开发利用活动时往往还

---

① 参见〔日〕盐野宏：《行政法》，杨建顺译，法律出版社1999年版，第506页。

要求其履行一定的义务。另一方面，对于获得行政特许权的人，表明了其从事相应活动的合法性，其活动应受到法律的保障，任何人包括作出特许决定的行政机关在内不得侵犯。

行政特许权不仅涉及民事主体的私人利益，而且涉及国计民生、生态环境的保护和整个社会的可持续发展，未经行政特许而进行相关活动必然危害到公共利益。因此，对没有取得行政特许而违法进行资源利用的行为，应通过行政处罚甚至刑事处罚进行制裁，以维护正常的社会秩序和国家的整体利益。当前加强对行政特许的公法保护，一是应视情节对未经许可的各种违法行为设定相应的行政责任和刑事责任，完善公法保护的法律依据。二是对未经许可的侵害行为，权利人有权请求相关行政部门制止不法侵害。三是相关行政部门应当积极执法，制止不法侵害，以维护公共利益。此外，如果是因为行政机关的行为侵害了权利人的权利，权利人可以提起行政诉讼。

如果说对行政特许的公法保护是对权利人的利益的间接保护，那么对行政特许权的私法保护则是直接保护。① 在立法上将特许权确立为物权的情形下，对第三者而言，权利人的利益受到充分保障，当特许权受到侵害时，可以获得物权的保护方法即物权请求权的救济，并可同时请求损害赔偿。例如，矿业权的物上请求权包括停止侵害请求权、排除妨碍请求权、物的返还请求权以及消除危险请求权。对他人擅自进入国家规划矿区、破坏采矿和勘查设施、在矿区或者工作区内不法设置物件影响勘查开采作业、不当抢占矿区或者工作区或者井位的行为，或者当有致矿业权损害的现实危险存

---

①　有观点认为行政特许利益通常不受私法保护。其以中药品种保护及烟草经营特许为例，认为取得中药品种保护证书的单位及获得烟草经营的单位仅获得行政特许，不取得民事权利。当行政特许权受到侵害时，相关主体应请求相关行政部门制止不法侵害，而无权依据其行政授权向其他人主张民事权利。本书认为，其所认为的授予的中药品种保护证书以及烟草专营都是普通许可而不是行政特许，因为依《中药品种保护条例》，凡符合相应的受保护条件的生产单位都可申请。而烟草专卖尽管称为特许，但并不是对基本自然资源和公共资源利用的许可，而是出于特殊政策控制经营数量的许可，属于有数量限制的普通许可。对普通许可主要通过公法手段对没有取得资格而违法生产销售的行为依法进行处罚。因此，所谓的“行政特许利益通常不受私法保护”的说法是不成立的。参见天平：《行政特许利益通常不受私法保护——一起中药品种保护纠纷引发的思考》，《中国知识产权报》2006年9月27日，第9版。

在时，矿业权人可主张物权请求权。[1] 在上述各种情况下，只要侵权行为致矿业权人以损害，符合侵权责任的构成要件，矿业权人均可同时请求损害赔偿。当前加强对行政特许权的私法保护，主要应当注重在相关法律、法规中从权利角度明确确立行政特许权，尽可能清晰地划定权利的边界，使权利人的权利易为他人了解，以避免和减少侵权行为的发生。

① 对在他人盗采的情况下不法采掘的矿产品的归属问题，日本判例认为，只有采掘权人依据矿物法而发掘采取矿物时，才取得此类矿物的所有权。在矿物因自然力或者侵权行为而从土地分离出来的情况下，仍然作为未采掘的矿物对待，归国家所有。我国《矿产资源法》规定，盗采所形成的矿产品归国家所有（第 39 条），否定了矿业权人对此类矿产品的不当得利返还请求权，矿业权人因此所受到的损失，只能通过侵权损害赔偿等途径获得填补。

后　　记

——始于罗马

本书是我的博士论文，它的出版让我再次回想起写作它的博士生活。

（一）

2004年10月，因公前往欧洲作短期访问。经过16个小时穿越黑暗的飞行，首抵罗马，由此开始了一趟多姿多彩的欧洲大陆之旅。此前2个月，我考回了母校西南政法大学攻读民商法博士，开始了另一段旅程。它，同样始于罗马。

行程从罗马开始，方向“西北偏北”，经奥地利，过德国，到法国，直至荷兰，复又返德，波澜壮阔的乐章在科隆大教堂的雄伟气势中戛然而止。欧洲大陆三千里，看山是山，看水是水，抑或看山不是山，看水不是水，全在个人的修养与心境。入眼入心的，或许是建筑、是田野、是女郎，是艺术、是哲学、是历史……而我看到的分明是一部“民法法系的发达史”。

法学，是罗马人的贡献。罗马人，是法律的天才。“在罗马，法律老早就成为一种科学了。”罗马法以其理性之故散发着持久而深远的影响力。“它的影响不仅遍及世界，而且还缔造了一个民法法系”。不仅如此，“在罗马私法的土壤上，建成了后来作为所有法律知识必要范畴的概念设置”。因而，“即使在今天，成长中的法律工作者也仍然要以它作为古典的典范而进入法学概念世界”。罗马法，法律道路的起点。

较之欧洲大陆上大大小小的凯旋门和英雄广场所纪念的金戈铁马的征服史，大陆法系私法的古典史似乎更是一段极容易让欧洲人缅怀盛世重归荣光的历史。

罗马盛大的角斗场、奥古斯都的雕像、梵蒂冈宏伟的大教堂，都在不断提醒世人：“罗马帝国曾三次征服世界，第一次以武力，第二次以宗教，第三次以法律。武力因罗马帝国的灭亡而消灭,宗教随着人民思想觉悟的提高、科学的发展而缩小,唯有法律征服世界是最为持久的征服”。

巴黎凯旋门前,仍回响着拿破仑在流放圣赫勒拿岛时的豪气冲天的表白:“我的光荣并不在于赢得了40次战役,因为滑铁卢一役便使得这些胜利黯然失色。但是我的民法典却不会被遗忘,它将永世长存。”《法国民法典》,它的名字叫《拿破仑民法典》。

冷峻、陡峭、雄奇的科隆大教堂,让人联想到的是深邃、精确而抽象的《德国民法典》,它以“概念精准、逻辑严谨、体系严密”著称于世。其实,更多的时候,学者爱将这部把人类逻辑思维发挥到极致的法典比作建筑物。科隆大教堂与《德国民法典》,让人望而生畏的建筑奇迹,它们应当是也只能是“过分热爱复杂结构”的德国人的创造物。

传统民法渊源于罗马法,现代民法也没有远离罗马法世界。《法国民法典》和《德国民法典》这两座为后世所仰的法典典范,承继了罗马法,而其他国家的民法典又几乎都是对法德民法典的继受。这中间,包括“清晰了然”又“通情达理”,但也有着“自然法纲领的激情”的《奥地利民法典》,那是朴实的大自然与激扬的乐章交织而成的;还有充满自由和创造精神,“别具一格”的《荷兰民法典》,它是这个历来充溢着自由空气以及热衷于庇护哲学家的潮湿的低地国家的产物。由此看来,历史法学派认为法“是通过内在的,潜移默化的力量形成的”论断虽有失偏颇,但认为法是“民族精神”的体现却有几分真切。

欧洲大陆早已远离了视界,我的心神还在欧陆源远流长的法律精神中穿行游历。这是“西法东渐”后的法律学人逃不脱的路径依赖。欧洲的荣光已成历史,然中国法治之振兴还“尚需努力”。兹事体大的中国民法典已启动,法律学人甚至将此看作中国法学唯一可贡献于世界的机会。“《法国民法典》是19世纪初世界有影响的法典;《德国民法典》是20世纪初世界有影响的法典;我希望中国民法典能成为21世纪初世界有影响的法典。”愿学界泰斗谢怀栻老人的愿望成真。

(二)

罗马法的精神具有持久的普世性,“它历史性地在一个时空中统一了它所能统一的地区”——它们是除了英美世界以外的全世界。在学术领域,罗马法的理智因素也使其在近代法典化时期以前,在西方世界占据压倒一切的优势。在教师和学生心目中,罗马法魅力无穷。当然,为法律而感到恼怒、痛楚的也大有人在,法学史和文学史为我们保留了很多这样的证据(因为这些人最终不是成了大法学家,就是成了大文豪)。例如,德国诗人、小说家舍费尔就曾感叹到:

罗马法啊,你就像是,
置于我心头的梦魇,
沉在胸中的磨盘,
钉上了板子的头脑。

我从来没有这样痛恨过罗马法,也没有厌烦过法学,这是因为无论在具有"强烈和高雅的兴趣"(诸如哲学、艺术、社会和人文科学的爱好),还是在对学问孜孜以求方面都远不能与这些人物相比的缘故。

感谢导师的信任,让我重新回到罗马法的起点。"罗马不是一天建成的",的确,罗马法、大陆法系的形成有着古老的渊源和漫长的历史。学问也非一日之功。尽管是个勤奋的法律工作者,然而几近空白的学术积累让我站在这个起点上梦魇萦绕,胸中沉着磨盘。

旅行已经结束,道路刚刚开始。"万里路,千卷书",万里路易行,千卷书难读。这让我每次路过破旧的研究生楼前,都不能不向那块破旧的标语牌行上一个注目礼,牌子上写着"古之立大事者,不唯有超世之才,亦必有坚韧不拔之志"。研究生院里只有这一块牌子,因此,唯有以意志,坚韧不拔的意志,才能即始于罗马而又抵达光辉灿烂的罗马。

西方谚语说:"条条道路通罗马。"苏力以凡尔哈伦的诗句——"所有的道路都通向城市"作为当代中国社会变迁的隐喻,苏力又问:"你的贡献是什么?农民贡献了粮食,工人贡献了钢铁,对于学人来说,我拿什么奉献给你?"邓正来答曰:"知识增量。"或许,努力到尽头,我仍然创造不了"知识增量",对学术无所奉献。然而更大的可能是,或许罗马不在你所欲(或已经)证实或证立的命题处,而恰在前进路途中所掌握的理论和运用的方法,在智力劳作中你已经分享到了应得的成果。重要的是获得尽可能多的理论和发展出一种研究的能力,正是在此意义上,"条条道路通罗马"。

（三）

上面的文字写于2004年底，接着往下再写已是三年半后的今天。

回首这段始于罗马法的学习之旅，最终却以一部“行政特许的私法分析”来作了结，似乎有些偏离主线。我想，自己“不时地冒险翻过专业领域的墙头”，“到民法的边界，去看看公私法的‘相邻关系’”实乃情势使然。因为，“其实规范国家生活的公法与规范社会生活的私法，本来就有多重牵连，抽离公法思考的民法研究固然无法适当解决许多实务上的问题，发展滞后的公法释义学若不懂借用民法的精密概念逻辑，洞视民法背后的体制理念，也很难不陷入过犹不及的错误”。而行政特许正是一项与公私法都有着多重牵连的制度。我相信用私法的眼光来检视这一传统上的公法制度，能够更好地解决相关理论及实务问题，并更好地保护私权。因而在方法论和终极目的上，如果将私法和私权比作罗马，那么这样一个研究，它是既始于罗马，又是终于罗马的。

此种尝试得到了诸多学术前辈的首肯。我想这种肯定更多的是对研究中所体现的问题意识以及方法的认可，因为回头再看这篇当时被李开国教授形容为让民法学者“耳目一新”的论文时，我已深深地认识到了它的粗浅和简陋。然而囿于时间、精力尤其是学术水平的限制，一时尚无法作出更好的修改。为此，我只能抱持这样一个信念，即这项研究成果无论是对于所研究的问题，还是自己今后的学术之路，都仅仅是一个起点。

此时此刻，更为重要的是，即使是如此简陋的成果，也凝聚了众多前辈的关怀和同辈的支持。对这些关爱，我无从报偿，只能希冀藉此论文出版之际，衷心地表达一下自己的谢意。

感谢我的导师张玉敏教授。张老师也是我的硕士导师。无论是在读书学习期间，还是在从事地方立法工作期间，张老师始终是给我最多激励、教导和鞭策的人。她鼓励我坚持学习，执著于学术追求；引导我发挥具有较好的民法专业基础与较丰富的行政法治实践经验的个人特色，指导我写作这样一篇博士论文，并在关键时刻予以点拨，譬如，“行政特许的私法分析”这个题目就是张老师最后改定的（原来的题目是“私法视域下的行政特许”）。更重要的是，多年来，张老师以其超拔的学识人品、道德文章深深地感染和影响着我。她不仅是我学术上博大的导师，更是人生道路上的良师。能师从张老师是我一生的幸事。

感谢西南政法大学民商法学院的李开国教授、赵万一教授、陈苇教授和石慧荣教授在学业上的指导，尤其是开题时所给予的鼓励，让我有机会对这个“非典型民法题目”展开研究。感谢余能斌教授、覃有土教授、许明月教授、陶鑫良教授、来小鹏教授、刘俊教授等论文评阅及答辩委员会的专家，他们认真细致地审阅了论文，既对论文的理论和实践意义、写作水平给予了肯定和好评，又对论文的学术观点和论证提出了需要进一步思考和探讨之处，让我能反思检视，受益良多。

感谢珠海市人大常委会以及法工委的历任领导和同事，没有他们多年来的殷切关怀和鼎力支持，我不可能顺利完成学业。

感谢北京大学出版社的副总编辑杨立范先生，是他亲自打来电话告诉我论文已通过审稿，让我喜出望外。同样感谢北大出版社的各位编审、编辑老师的大力帮助，让拙作能够付梓。

感谢何炼红、王焜和彭融三位女博士，让我领略和感受到了一种深刻的、智慧的和鼓舞人心的友谊。感谢同门师姐弟以及朱学辉、赵萌两位挚友，帮我校对文稿并对提出了有益的意见。感谢2006年春广东省委党校同期的领导和同学所给予的热情的鼓励。

感谢家人的理解和支持，尤其是2004年入小学的小儿海天，他的可爱让我开怀，他的独立让我欣慰，他的懂事让我感激；还有海天的大姑朱静女士，勤劳能干的她让我在繁忙之时能有所依靠。也以此书纪念我的父母，至今我仍能时时刻刻感受到来自他们的庇佑和无尽的爱。

三年的旅程匆匆，三年的苦乐与共。不像在行政特许合同中，政府的行政主体身份业已隐退其后，读博期间，在“学生身份”之外，我的“行政主体（公务员）身份”以及“家庭身份”从未退隐，这三重身份时常压得人喘不过气来。逼得人只能将不相容的思维和生活尽可能融贯起来，力图求得某种融合和共振：从工作中提炼问题，以理论指导实践，在教子中坚持身教重于言传。求知问学中的疑虑与坚定、茫然与确信、惶恐与自信、快乐与艰辛与这种忙迫的生活记忆交织在一起，以至于我认为用狄更斯在《双城记》中开篇的话来形容那段时间的生活是极贴切的：

那是理智开化的岁月，那是混沌蒙昧的岁月；那是信仰笃诚的年代，那是疑云重重的年代；那是阳光灿烂的季节，那是长夜晦暗的季节；那是欣欣向荣的春天，那是死气沉沉的冬天；我们眼前无所不有，我们眼前一无所有，我们都径直奔向天堂，我们都径直奔向另一条路……说它好，是最高级的；说它不好，也是最高级的。

时至今日，我想说的是，因为有了以上这些感激与敬意，温情与谢意，那三年的时光是好的，最高级的。学术之外，这些家人、亲人、友人、恩人的关怀同样是我学习期间的重要收获，它们将陪伴我的人生之旅，引领我前行。

王智斌

2008 年 8 月